U0497741

新时代
财会理论与实务探讨

四川省会计工作者优秀论文选

（2020）

On The Theory And Practice
Of
Accounting In The New Era

Selected Papers
Of
Accounting Workers
In
Sichuan Province

ASS
ACCOUNTING SOCIETY OF SICHUAN PROVINCE
1981

主编 安春华 刘绣峰

副主编 张蜀钊 朱在祥 谢红

西南财经大学出版社
Southwestern University of Finance & Economics Press

图书在版编目(CIP)数据

新时代财会理论与实务探讨:四川省会计工作者优秀论文选:2020/安春华,
刘绣峰主编.—成都:西南财经大学出版社,2021.1
ISBN 978-7-5504-4786-8

Ⅰ.①新… Ⅱ.①安…②刘… Ⅲ.①财务会计—文集 Ⅳ.①F234.4-53

中国版本图书馆 CIP 数据核字(2021)第 012778 号

新时代财会理论与实务探讨:四川省会计工作者优秀论文选(2020)

XINSHIDAI CAIKUAI LILUN YU SHIWU TANTAO:SICHUANSHENG KUAIJI GONGZUOZHE YOUXIU LUNWENXUAN(2020)

主　编　安春华　刘绣峰

副主编　张蜀钊　朱在祥　谢红

责任编辑:汪涌波

装帧设计:傅瑜

责任印制:朱曼丽

出版发行	西南财经大学出版社(四川省成都市光华村街 55 号)
网　　址	http://www.bookcj.com
电子邮件	bookcj@foxmail.com
邮政编码	610074
电　　话	028-87353785
照　　排	四川胜翔数码印务设计有限公司
印　　刷	成都金龙印务有限责任公司
成品尺寸	185mm×260mm
印　　张	19
字　　数	371 千字
版　　次	2021 年 1 月第 1 版
印　　次	2021 年 1 月第 1 次印刷
书　　号	ISBN 978-7-5504-4786-8
定　　价	98.00 元

1. 版权所有,翻印必究。

2. 如有印刷、装订等差错,可向本社营销部调换。

编委会

编委会主任：黎家远

主　　　编：安春华　刘绣峰

副　主　编：张蜀钊　朱在祥　谢　红

编　　　委：黄　友　黄　晋　向育宾　邱海波

白南翔　郭彦宏　向　真

序

2020年初夏，一场来势汹汹的疫情在举国防控之下得到有效控制。新冠病毒没有击垮我们，反而让我们在危难之后，更加坚定前行。为尽快恢复正常的经济和社会生活，疫情之后，刚刚复工复产的四川会计工作者们以饱满的热情，积极投身到各行各业的会计工作中。

疫情防控不可松懈，恢复发展已是必然。大家在工作中，既要保持疫情防控的警醒之心，又要在做好疫情防控的前提下狠抓经济发展，以毫不懈怠的精神状态和一往无前的奋斗精神，积极参与常态化疫情防控和促进经济发展的各项工作，最大限度地凝聚力量、提振信心，作为会计工作者可谓重任在肩。

“自古蜀中多才俊”，在四川会计行业，同样也涌现出一批优秀的行业领军者。他们努力夯实专业知识，深度研究会计准则、财务金融、资本市场、公司治理、公司战略、内部控制等各个专题。他们积极投身社会实践，在高校、金融、建筑、能源、交通、酒业、文旅、家电、互联网等各个行业发挥着重要作用。作为四川财经工作的建设者，他们一丝不苟，在学懂、弄通、做实、创新理论上下功夫，不断提高专业人员的职业素养和操守，展现出疫情之下的中国力量、中国精神、中国效率，在各自平凡的岗位上铆足劲，真抓实干，解决实际工作中的难题，体现出了新时代会计工作者的职业精神和道德操守。

新时代赋予新使命，新征程需要新担当。古语说，不谋全局者不足以谋一域。会计工作林林总总，而会计学会则承担着“谋全局”的职责。四川省会计学会近几年来，围绕提高会计信息质量、深化会计改革、研究行业会计政策、参与最新会计准则修订及职称评审政策修订等工作，不断展示着四川省会计行业的新成果，服务四川经济发展。而今疫情危机尚未完全解除，四川省会计学会组织策划出版《新时代财会理论与实务探讨——四川省会计工作者优秀论文选（2020）》，正是谋全国之“一域”、谋四川之“全局”的新举措。相信四川省会计学会以这种担当和勇气服务于未来四川全省会计工作和经济发展，必将为四川经济建设注入活力，也为推动成渝地区双城经济圈建设、促进构建新时代西部大开发新格局做出积极的贡献。

“财者为国之命，而万世之本。国之所以存亡，事之所以成败，常必由之。”为国计财，为民纾困，是会计工作者的职业道德和时代责任。2020 年是全面建成小康社会目标的实现之年，也是打赢脱贫攻坚战的收官之年，而四川经济发展也将站在新的历史高点。作为新时代的会计人，期待大家不忘职业初心，牢记行业使命，为四川经济的腾飞和国家会计行业的发展锦上添花。

受之托，勉为序。

马永强

2020 年 10 月

目录 CONTENTS

第一篇　会计准则

第二篇 内部控制与风险

第三篇 管理会计

第一篇

会计准则

行政事业单位实施政府会计准则制度情况调查与思考

——基于眉山市行政事业单位调查数据

张淑英　刘汉学　侯德宽　王敏敏　王珑颉

[摘要] 财政部于2015年10月、2017年11月相继颁布了《政府会计准则》《政府会计制度——行政事业单位会计科目和报表》，要求各行政事业单位于2019年1月1日开始全面实施。政府会计准则制度的实施，对行政事业单位财务人员专业素质提出了更高的要求。本文基于眉山市行政事业单位贯彻实施政府会计准则制度现状、存在问题进行分析，揭示政府会计准则制度执行过程中的难点、盲点，针对执行中存在的问题提出解决办法，旨在促进执行政府会计准则制度的精准性，提升会计信息质量，强化预算绩效。

[关键词] 政府会计准则　会计信息　财务智能化　公共基础设施

调查背景

为了贯彻落实党的十八届三中全会精神，加快推进政府会计改革，构建统一、科学、规范的政府会计标准体系和权责发生制——政府综合财务报告制度，财政部于2015年10月和2017年11月分别颁布了《政府会计准则——基本准则》（以下称《基本准则》）、《政府会计制度——行政事业单位会计科目和报表》（财会〔2017〕25号），要求各行政事业单位自2019年1月1日起施行，着力规范行政事业单位会计核算、提高会计信息质量。

为了掌握眉山市辖区内行政事业单位贯彻实施政府会计准则制度情况，课题组为了保证问卷调查数据的真实合理性，一是采用问卷调查、通过网络推送发放调查问卷，发放问卷 1 045 份，收回有效问卷共 970 份，调查问卷回收率为 93%；二是访谈和实地走访，并通过会计核算平台查阅相关信息；三是通过行业主管部门深入单位抽查等方式，以求调查结果能真实地反映实际情况。

一、基本情况

（一）会计管理相关情况

1. 单位情况

课题组通过发放电子调查问卷的方式展开调研，参与调查问卷单位共 971 个。调查统计显示，行政单位 408 个、事业单位 545 个、其他单位 18 个；从机构设置和人员配备情况来看，单独设置会计机构的 508 个，没有单独设置的 463 个；单独配备了会计人员的单位 816 个，兼职会计的单位 155 个。

2. 会计人员年龄情况

调查统计显示，从事财务工作有 1 895 人，如图 1 所示，21～30 岁 362 人，占比为 19%，31～40 岁 603 人，占比为 32%，41～50 岁 707 人，占比为 37%，51～60 岁 223 人，占比为 12%。

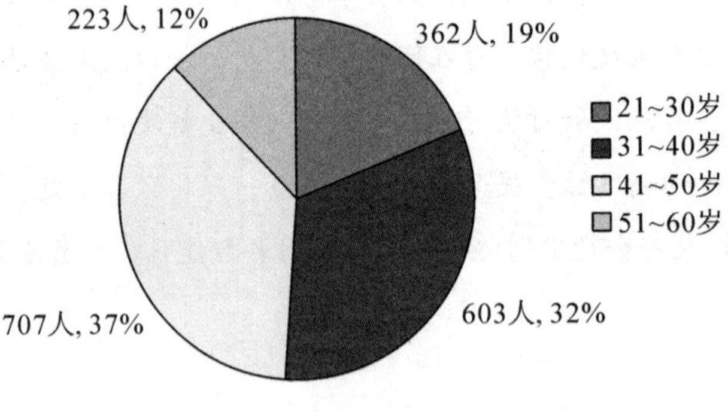

图 1　调查单位会计人员年龄结构情况

3. 会计人员素质情况

调查统计数据显示，从事财务工作的 1 895 人中，无专业技术资格的 1 303 人，占比为 68.76%；具有初级职称的 373 人，占比为 19.68%；具有中级职称的 199 人，占比为 10.5%；具有高级职称的 20 人，占比为 1.06%；具有专科学历的 940 人，占比为 49.60%；具有本科学历的 931 人，占比为 49.13%；具有硕士学历的 24 人，占比为 1.27%。（见图 2）

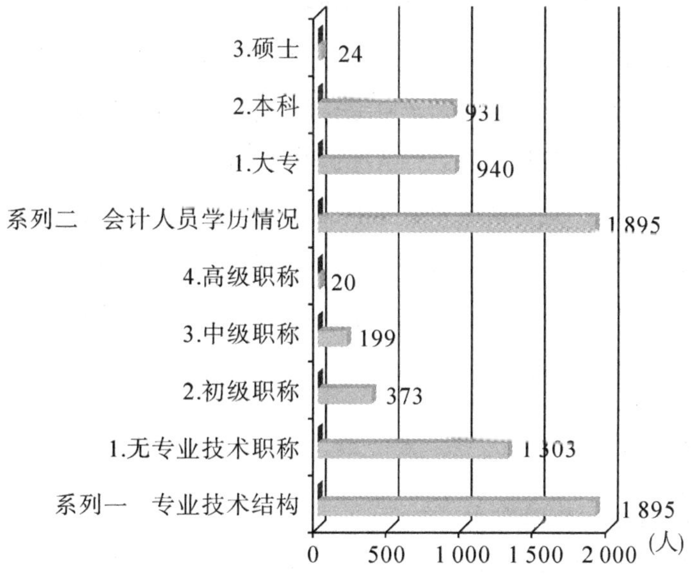

图 2　调查单位会计人员素质情况图

（二）准则制度实施情况

（1）全面引入权责发生制。从调查问卷情况来看，眉山市 970 个行政事业单位全面引入权责发生制会计确认基础，准确反映行政事业单位履职成本，提升预算绩效管理水平。

（2）构建了政府会计核算模式。一是搭建统一规范的会计核算平台。眉山市县两级财政出资搭建会计核算平台，构建了“财务会计与预算会计适度分离并相互衔接”的会计核算模式，全市纳入会计核算平台的 790 个单位做到了财务会计与预算会计适度分离并相互衔接的会计核算模式，实现了双功能、双基础、双报告目标。通过平行记账手段，在同一会计核算系统中全面反映政府会计主体预算执行信息和财务信息。二是单独自行升级会计核算软件系统。未纳入财政统建的核算系统，实行单独自行升级会计核算系统。全市有 181 个单位，其中，医院 16 户、基层医疗机构 141 户、专业公共卫生机构 24 户。市县医院因业务管理需要，加之行业主管部门重视财务管理工作，加大信息化投入，运用成熟的 HIS 管理系统，实现业务财务深度融合，做到了准则制度精准实施。

（3）严格执行会计核算标准体系。政府会计准则制度体系将原来行政单位会计制度、事业单位会计制度、医院会计制度、医疗机构会计制度、中小学会计制度、高校会计制度等各行业会计制度整合为一套规范的政府会计标准体系，有利于提高会计信息可比性，为编制政府综合报告和汇总部门决算奠定了基础。从执行情况来看，各单位严格按照政府会计准则制度科目体系进行核算，中小学、医院、医疗机构等单位，结合行业特点严格按照《政府会计制度——行政事业单位会计科目和报表》的补充规定和衔接规定的通知执行。

(4) 完成政府财务报告体系编报工作。政府会计准则制度下的政府财务报告体系主要包括政府部门财务报告和政府综合财务报告。行政事业单位编制部门财务报告，反映本部门的财务状况和运行情况；财政部门编制政府综合财务报告，反映政府整体的财务状况、运行情况和财政中长期可持续性。政府财务报告体系更能全面清晰地反映政府预算执行信息，更能满足社会公众的信息需求。截至 2020 年 1 月，眉山市 970 个单位全面完成财务综合报告，占调查样本的 100%；市县财政部门已全面代编政府综合财务报告。

二、主要做法

（一）领导重视，保障有力

眉山市县（区）财政部门高度重视政府会计准则制度贯彻实施工作，做到早宣传、早布置、早落实，专门安排培训经费做支撑保障；市财政局把推行政府会计准则制度贯彻实施工作列入 2019 年财政重点工作清单，每两周在局机关工作例会上报告工作进展及存在问题。全市行政事业单位对贯彻实施政府会计准则制度工作高度重视，执行面 99%。

（二）全面宣传，全员培训

一是抓好宣传。2018 年眉山市举办以政府会计准则制度为主要内容的会计知识竞赛活动，有 1 000 余名财会人员积极响应并参加，组织 1 145 名行政事业单位财务人员参加全省政府会计准则制度网上答题竞赛，提升对政府会计准则制度认知度。二是培训全覆盖。对政府会计准则制度培训按照“横向到边，纵向到底”要求，市县财政按时完成了市本级和各县区行政事业单位财务人员的培训工作，全市培训财务人员 4 800 人次，使广大财务人员熟练掌握政府会计准则制度各项规定和具体要求，提高专业技术技能。三是发挥平台交流。利用《眉山财政研究》刊物，登载关于政府会计准则相关政策以及执行过程中的难点、盲点和工作交流文章。

（三）高端引领，辐射带动

眉山市安排了实务界的省高端会计人才和财经院校教授组织的全省政府会计准则制度师资培训，并组成了眉山市政府会计咨询专家小组，对全市行政事业单位财务人员进行培训，从政府会计准则制度改革背景到制度设计，从理论到实务操作，让广大财务人员对政府会计准则制度有了一个从宏观到微观的全面了解。

（四）搭建平台，准则落地

为了更好地推进政府会计准则制度的贯彻实施，眉山市财政共投入建设资金 196 万元，搭建政府会计准则制度核算平台，实现财务会计核算系统与财政管理系统无缝对接。核算平台通过与国库支付系统、资产管理系统对接，自动生成会计凭证；通过与决算系统、综合财务报表系统对接，自动生成相关报表数据，大幅度提高了政府会计核算的效率和质量。

三、问题分析

从调查问卷数据统计来看，全市所有单位都填报了贯彻实施政府会计准则制度相关工作情况。从实际调查情况来看，由于市县财政支付中心、行业主管部门重视程度、财务人员专业水准不同，执行效果有差异。主要问题如下：

（一）新旧制度衔接不及时

部分单位未按照财政部《关于印发〈政府会计制度——行政事业单位会计科目和报表〉与〈行政单位会计制度〉〈事业单位会计制度〉有关衔接问题处理规定的通知》（财会〔2018〕3号）要求进行新旧制度衔接，据调查，截至2019年11月底，全市有402个单位未将期初数按新政府会计准则制度要求进行对接转换，占全部1 693个单位的23%。

（二）未准确反映单位家底

推行政府会计准则制度改革，建立以权责发生制为核心的政府会计综合报告制度，全面反映资产和负债存量，合理配置资源，实现财政可持续发展。而个别单位贯彻实施政府会计准则制度不到位，不精准，未能准确反映单位家底，影响了政府会计信息的真实性。

（1）未计提固定资产折旧。根据《政府会计准则3号——固定资产》第十六条要求，政府会计主体对固定资产计提折旧，而大部分单位贯彻实施不到位。截至2019年12月上旬，经调查财政大平台数据统计（见表1），有1 693个单位纳入国库集中支付中心核算平台：按政府会计准则制度进行补提和按月计提折旧账套有1 041个单位，占统计样本的61.48%；未对固定资产计提折旧核算的账套有652个，占统计样本的38.52%。

表1　2019年12月眉山市行政事业单位计提固定资产折旧情况统计

行政区划名称	纳入支付中心核算单位户数/个	已按月计提固定资产折旧单位户数/个	执行比例/%
眉山市本级	187	0	0
东坡区	215	0	0
彭山区	221	150	68
仁寿县	373	373	100

表1(续)

行政区划名称	纳入支付中心核算单位户数/个	已按月计提固定资产折旧单位户数/个	执行比例/%
洪雅县	487	482	99
丹棱县	107	36	33.60
青神县	103	0	0
合计	1 693	1 041	61.49

（2）未全面核算资产。新政府会计准则规定，要对政府储备物资和公共基础设施进行单独核算。经调查，目前仅有洪雅县1个单位对政府储备物资进行了建账核算，全市其他管理政府储备物资的单位都未进行建账核算。从公共基础设施建账核算情况来看，全市仅洪雅县2个单位进行了公共基础设施会计核算，而市级部门及其他县（区）如交通、城市管理、教育体育等部门，都没有按规定确定公共基础设施的初始入账成本，存在管理缺位。

（三）未准确反映单位支出成本

根据财政部关于印发的《政府会计制度——行政事业单位会计科目和报表》与《行政单位会计制度》《事业单位会计制度》（财会〔2018〕3号）文件相关规定，行政事业单位会计科目中“经费支出”核算会计科目发生如下变化：首先是对“经费支出”科目进行拆分。根据新政府会计制度规定：将原经费支出科目进行拆分，区分业务活动和其他活动，预算会计分别计入行政支出和其他支出；财务会计分别计入业务活动费用和其他费用。其次是取消了拨出经费科目，取消了行政主管部门拨付所属单位经费使用会计核算科目“拨出经费”。由此可见，新政府会计准则制度对单位预算管理权责要求更加明确。据调查教育管理等行政主管部门的情况，由于预算编制未和事权很好契合，导致转拨专项经费无对应会计科目进行核算，部分单位通过“业务活动费用”会计科目核算，以拨代支，存在项目支出重复计算现象，影响了支出真实性。

（四）会计信息化系统不完善

经对市、县（区）两级行政事业单位财务人员进行调查，普遍认为市、县财政构建的集中会计核算平台功能还不够完善，一是软件功能不完善。主要是无固定资产管理模块，不能清晰地反映固定资产增减变化及使用状况，无法自动计提固定资产折旧；支付系统与会计核算系统数据未实现同步生成数据，提供会计信息不及时；系统运行速慢，工作效率低；查询功能不完善，不能实时、全面查询单位财务情况；系统未有效集成预算管理、资产管理、采购管理、合同管理等内部控制相关要求的财务管理内容，不能满足精细化核算管理需求。二是软件开发商技术参差不齐，服务能力不强。政府会计准则制度的实施，软件需要换代升级，给软件供应商带来商机。部分供应商技术开发能力差、技术实力不强，不能及时解决软件运行过程中出现的问题。三是系统开发缺乏统筹考虑，未实现业财融合。如医疗卫生机构由于资金力量不足，使用会计核算软件功能单一，未把业务财务有效契合在一起，财务管理水平不高。

（五）会计机构和人员配备薄弱

一是会计机构配备不到位。通过问卷调查970个单位，设立会计机构408个，占比为42%，未单独设立机构462个，占比为58%。二是会计队伍力量较弱，年龄结构不合理。从调查情况来看，大部分单位只有1个财务人员，兼职现象较为突出；从年龄结构来看，40~60岁的占比为49.08%，年龄结构不合理。三是财务人员专业素质不高。由于现在党政部门财务人员的从业要求无门槛，财务人员专业素质不高。从调查数据可知，初级职称人员占比为12.5%，中级职称人员占比为5.8%，高级职称人员占比为0.6%。大部分财务人员无财务会计专业基础，学习和掌握政府会计准则制度有一定难度。

四、对策建议

（一）完善准则制度体系，提升执行精准度

一是建议增加“拨出经费”科目。由于基层行业主管部门如教育、卫生等行业主管部门，从职能上存在资金第二次分配的情况，新会计准则制度取消了“拨出经费”科目，影响了行政行业主管部门下拨经费核算，导致“管理费用”或“业务费用”虚增。建议财政部增加“拨出经费”科目。二是厘清实施范围。目前由于《工会经费会计制度》《民间非盈利组织会计制度》等未进行修改，依附于行政事业单位中的工会经费、党费、团费，所有单位均按照《政府会计准则制度》进行会计核算，建议财政部完善制度体系，提升制度执行精准度。

（二）加强领导，强化会计队伍建设

要使政府会计准则制度精准落地，需要匹配相应的会计专业队伍。各单位要加强会计工作领导，重视会计人才队伍建设，将有财务管理专业背景的优秀人才引入会计队伍，优化财务人员结构，拓宽行政事业单位财务人员的晋升通道，提升其职业荣誉感、自豪感。要给会计人员创造多岗锻炼的机会，推动管理会计应用，当好政府会计改革的实施者和推行者。

（三）强化培训力度，提升专业化水平

政府会计准则制度比原行政事业单位会计制度变化大，内容新，对会计人员专业素质提出了更高要求。各级财政部门要以政府会计制度改革的实施为契机，加大政府会计准则制度培训力度，加强对财务软件操作培训，提升单位财务人员的实际操作能力，强化督促指导，提升执行精准度。各单位财务人员要在前期基本学通的基础上，学深学透制度内容，找准政府会计准则制度重点、难点和盲点，掌握制度精髓，将执行过程中存在的问题及时和财政部门沟通反映，减少执行偏差。

（四）以信息化为抓手，构建财务智能化平台

政府会计准则制度具有双功能、双基础、双报告核算模式，财务软件是基础。从眉山市目前的情况来看，虽然市、县（区）财政部门已牵头构建各级行政事业单位财务集中核算平台，但因选择的软件开发商技术力量不强，存在财务信息系统与其他信息系统信息无法融通，形成信息孤岛，难以满足单位精细化管理需求。财政部门应牵头构建智能化财务共享平台，以财务共享为载体，以大数据为核心引领财务转型，充分发挥大数据管理优势，做好财务流程标准化，将内部控制预算管理、收支管理、采购管理、项目管理、资产管理、合同管理等业务流程集成于财务管理系统，充分发挥大数据优势，实现员工智能报销、单据电子化、可视化上传、在线移动审核、财务管理系统自动提取数据，实现会计智能化分析、智能化控制、智能化报告，让信息多跑路，服务零见面，强化管理手段，提升价值管理。

（五）做优咨询服务，做实监督检查

一是建立跟踪指导服务机制。各级财政部门应组建政府会计准则制度专家团队，发挥咨询平台作用。建立分级诊断机制，以财政行业管理为龙头，主管部门为骨干，各单位会计人员为基础，提高咨询服务的效率。各财政国库集中支付中心要积极为各单位提供新旧衔接的简易操作流程和实施方案模板，针对咨询答疑过程中形成的共性问题，进行归纳总结，定期编汇成册，供各单位在实际应用中参考。二是要建立监督检查机制。各级财政部门通过会计信息质量检查，或政府采购社会中介机构第三方服务，加强监督检查，并跟踪指导及帮助解决执行过程中的一些问题和困难，促进政府会计准则制度的精准贯彻实施。

（六）摸清家底，强化资产管理

一是对公共基础设施开展清查盘点。目前大部分公共基础设施分散在各职能部门，如交通、城管、教育、体育等，由于建设主体和使用管理主体不一致，会计核算账务上未如实反映。财政资产管理部门应联合各职能部门开展资产清查统计，形成本级政府管理公共基础设施实物清单，建立公共基础设施管理台账。二是解决资产确权问题。如交通基础设施，国道、省道、乡道不同事权，由不同政府主体投资，需要在摸清实物量的基础上，出台符合实际的确权办法，对主体不清、不明、有争议的资产进行确权。三是强化单位固定资产管理。各单位要做好固定资产清理，及时做好固定资产旧账折旧补提和新账计提，准确核算固定资产价值。

新会计准则下，浓香型高端白酒区域经销商获得返利冲抵货款会计及税务处理研究

李洋伟

[摘要] 2019年高端白酒轮番涨价，提升了高端白酒的价值与利润空间，浓香型高端白酒在整个高端酒中所占的比例较高。为了进一步巩固市场占有率，高端白酒品牌销售公司采取以销售返利的形式补贴区域经销商公司，而返利的确定及兑付有别于常规商业返利，相应地，其会计及税务处理也应做特别处理。本文结合新会计准则关于收入的规定，在高端白酒行业探讨返利的确定及兑付特性，运用会计估计专业判断，将预测返利纳入会计核算，以期提高会计信息的可比性，为公司防范税务风险和做出更优的决策提供支持。

[关键词] 白酒行业　销售返利　货款　会计处理

2017年7月5日，我国正式发布了《关于修订印发〈企业会计准则第14号——收入〉的通知》（财会〔2017〕22号）。新会计准则明确了收入确认的核心原则是“企业应当在履行了合同中的履约义务，即在客户取得相关商品或服务的控制权时确认收入”。基于该核心原则，新会计准则规定了收入确认计量的“五步法”模型：①识别与客户订立的合同；②识别合同中的单项履约义务；③确定交易价格；④将交易价格分摊至各单项履约义务；⑤履行每一单项履约义务时确认收入。收入的核算方式变更，将对于返利同步产生影响。

2019年高端白酒轮番涨价，涨价的主要原因是高端白酒消费者主要集中于高端客户。研究发现：高端白酒消费者价格敏感度和收入水平呈反比，收入水平越高，对价格敏感度越低。高端白酒消费人群有限，而在边际定价机制下，仅有很少一部分人影响定价。目前房价上涨导致财产分配持续分化，社会财富分配呈现塔尖形结构，高净值人群持有资产规模快速提升，人均持有可投资资产明显分化，对于高端白酒的需求量增加。故目前高端白酒价格状态是基于供需双方自愿自利博弈的

结果，并非成本加成定价，其涨价符合经济学的一般规律。

为促进销售，浓香型高端白酒在批发零售环节也会提供多种形式的销售激励措施，包括折扣和销量返利、商品的费用投入，以及客户奖励积分等。在新会计准则下，这些激励措施按其种类可以作为收入的减项、费用，或是单独的交付项目（如考核合作经销商的任务达标的情况下）核算。

在新会计准则下，折扣、返利、减免、价格优惠、绩效奖金或类似的激励措施均作为可变对价核算。可变对价根据期望值或最可能发生金额确定，应当不超过在相关不确定性消除时累计已确认收入极可能不会发生重大转回的金额。新会计准则对在销售交易和奖励积分之间分摊对价时采用余值法有所限制。本文以某公司经销合同部分内容节选为例：

浓香型高端白酒经销合同往往是框架合同，明确年度销售指标，如下列条款所示：

经销产品（条码名或物料名）	年度销售目标
	合计________件
	合计________件
总　　计	________件

根据高端白酒现阶段行情，结合市场推广现状，协调确定经销商的每月计划配额表。本合同项下产品的销售价格建议详见附件。但甲方（品牌经销商，以下简称“甲方”）有权根据自身产品保障能力、成本结构变化、产品整体营销及售前、售中、售后服务需求等，调整销售价格建议并以书面形式提前通知乙方（区域经销商，以下简称“乙方”）。通知送达乙方之日，新的销售价格建议随即取代本合同附件成为本合同组成部分。在合同约定的年度销售目标范围内，双方共同制定月度销售目标，即月度计划配额表，乙方在每月的计划配额内向甲方打款进货。

高端白酒批发零售行业按照“五步法”模型进行确认和计量，操作起来和旧会计准则基本一致，不再赘述。下面重点探讨销售返利冲抵货款会计及税务处理事项：

一、白酒销售返利的确定、确认及兑付

（一）销售返利确定

白酒销售公司基于其经营战略与理念设计，针对区域市场的销售业务制定专门的评价体系，要求经销商执行并对执行情况进行考核，依考核结果确定各市场终端的销售返利率。特定经营周期（月度、季度和年度）给予经销商的各种项目的销

售返利基本上由销售任务完成量确定。考核指标体系既包括计划内配额执行情况、计划外配额执行情况、陈列量等定量指标，也包括客户满意度调查、价格达成情况和有无“窜货”等定性指标。各项指标的评价周期不一、有月度或季度的分项成绩，也有季度、年度的整体结果。评价项目一般由销售公司、品牌经销单位的内部调查机构承担，评价的实施、评价结果的传输和确认需要时间，依此确定的销售返利率及返利金额不可避免地延后于经营当期，短则一月，长则跨季或跨年。

（二）销售返利确认

销售返利针对各区域市场、各业务项目推广重点来设定，情况多样。销售公司在确定经销商特定期间应得销售返利（含税或不含税）后同经销商对账，确认后销售返利将计入区域经销商的可用账户中。

（三）销售返利兑付

销售返利通常在区域经销商向品牌经销商采购酒品时，以销售折扣的方式兑付，品牌经销商以区域经销商的“可用账户”余额为限、在不超过“合理折扣率”幅度内，对经销产品采购金额“给予”一定比例的销售折扣。比如区域经销商本期采购酒品 500 万元，价税合计 565 万元。假设其在品牌经销商的可用账户余额为 113 万元（含税）并全部使用，则本次采购只需支付价税合计 452 万元。综上可以看出，依考核结果确定返利比率的模式必然使得销售返利的确认成为期后事项，以销售折扣方式兑付返利并非真正意义上的采购折扣。

二、销售返利核算

销售返利确认滞后、兑付与采购绑定、品牌经销商确定“折扣比例”，区域经销商会计核算需要解决期间损益配比以及不同批次商品采购的计量问题。为解决时间的错配问题，便捷有效的办法是充分利用会计估计。

（一）预估返利金额和冲减当期成本

高质量的会计信息应体现公允反映各期的经营成果及财务状况，如上所述，区域经销商收到通知并确认的返利不属于确认当期，当期兑付的返利与该期也无业务上的关联，以此确认损益必将扭曲会计信息。从会计估计的角度看，全面预测相应各期业务情况的返利金额并以此作为经营决策的参考将更有意义。理论上讲，以不含税预计返利冲减当期营业成本，合理实现了平销模式下经营损益的配比。操作层面上，区域经销商可通过在“应收账款”科目下增设“预计返利”和“可用返利”二级科目分别核算当期预计可实现的返利和确认的返利，“预计返利”与各期经营实绩对应，根据返利通知或确认函将相应金额结转至“可用返利”，商品采购时以“可用返利”对冲折扣额，消除损益跨期确认的问题。

高端白酒采购成本和市场价格反向偏离，销售返利的实质是品牌经销商基于销售或采购数量给予区域经销商的价格性补贴。各区域经销商所获补贴因考核而有所差异，体现品牌经销商经营理念或导向，返利与销售或采购数量紧密挂钩表明了品牌经销商的平销模式，损益核算的基本点在于尽可能精准地匹配各期业绩。

（二）折扣视同兑付、还原库存成本

区域经销商对“暂存”品牌经销商“可用账户”的可用返利拥有所有权，采购商品时品牌经销商给予折扣是其支付返利的途径而非真正意义上的价格减免。在返利余额充裕的情形下，折扣比例受制于品牌经销商设定的上限；在返利余额不足的情形下，基本的折扣也将得不到保证，以折扣后价格计量商品采购导致存货成本的不合理波动，以及销售毛利的扭曲。返利兑付是企业已实现的返利资源的耗用过程，实质重于形式，商品成本计量应还原为真实的采购成本，即折扣前成本。

三、税务处理

对品牌经销商而言，在同一张发票上分别注明销售额和折扣额的做法符合国家税务总局《关于印发〈增值税若干具体问题的规定〉的通知》（国税发〔1993〕154 号）“按折扣后的销售额征收增值税”的规定。从区域经销商角度来看，销售返利与商品销售数量挂钩，国家税务总局《关于商业企业向货物供应方收取的部分费用征收流转税问题的通知》（国税发〔2004〕136 号）表述为：“对商业企业向供货方收取的与商品销售量、销售额挂钩（如以一定比例、金额、数量计算）的各种返还收入，均应按照平销返利行为的有关规定冲减当期增值税进项税金，不征收营业税。”会计在核算时，区域经销商应以折扣前采购成本计量存货、确认进项税，折扣金额冲减“应收账款——可用返利”、折扣税额作为“进项税转出”。

四、举例

2020 年 1 月某区域经销商与品牌经销商确认以前期间返利 90 万元（不含税，下同），此笔返利当初预计 85 万元。月末根据对各项指标的自我评价，估算当月可实现返利 60 万元，区域经销商账户累计可用余额 150 万元。次月，采购酒品 500 万元（不含税），品牌经销商发票显示：白酒销售金额 500 万元、税额 65 万元，折扣金额-100 万元、税额-13 万元，实际支付价税合计 452 万元。

（一）1 月末预计当月实现返利、结转确认金额（以前期间）

借：应收账款——返利——预计返利　　600 000

　贷：主营业务成本　　600 000

借：应收账款——返利——可用返利　　900 000

　贷：应收账款——返利——预计返利　　900 000

本月确认的返利较初始预计数相差 50 000 元，同样本期预计返利也会与将来的确认金额产生差异。一定时期内预计与确认金额的正负偏差将滚动抵销，季末或年末随着相关信息的完整进行复核、综合调整。

（二）2020 年 2 月采购商品，核算商品成本，转出进项税金

借：库存商品　　5 000 000

　　应交税费——应交增值税——进项税额　　650 000

　贷：银行存款/其他货币资金　　4 520 000

　　　应收账款——返利——可用返利　　1 000 000

　　　应交税费——应交增值税——进项税转出　　130 000

上述会计处理，预估当期实现的不含税返利 600 000 元冲减主营业务成本，期间配比性增强。应收账款中“预计返利”余额由于预测准度问题和确认滞后，将会持续存在。在足够长的时期内，偏差将自动修复，但区域经销商仍需设定可接受偏差水平并对异常变化及时分析、调整。品牌经销商以折扣后金额计缴销项税，区域经销商全额确认进项税的同时，将折扣的进项税予以转出，二者达到一致。以不含税金额计量可用返利并冲抵货款（折扣），与发票金额直观挂钩，简单直观。在符合税法的要求下，提供的会计信息为公司决策提供了帮助。

PPP 项目供水公司会计核算改进

杨　冬

[摘要] PPP 模式在供水等领域广泛采用。存在固定回报的 PPP 供水项目会计核算与纳税处理有较大差异。如何将会计核算与纳税处理有机联系，避免税务纠纷，加强经营管理，成为 PPP 项目供水公司面临的问题。本文通过改进会计核算，架起会计核算与纳税申报的桥梁，简化会计工作，合理解释含税差异。

[关键词] PPP 模式　会计核算　改进

近几年 PPP 模式（公私合营模式）在供水等公共基础设施领域广泛采用。不同的回报机制下，PPP 项目的会计核算不同，甚至会计核算和纳税处理存在较大差异（以下简称“含税差异”）。笔者拟对实际工作的 PPP 项目会计核算进行探讨，使会计核算符合新的会计准则要求，同时兼顾纳税处理和内部管理需要。

一、PPP 项目会计核算与纳税处理差异分析

一般情况下，即 BOO 模式（集投资、设计、建设、经营于一体的专业模式）下，供水公司建造供水设施支付对价计入固定资产。供水设施固定资产折旧计入生产成本，从用户收取的水费计入营业收入。此时，含税差异跟一般企业无异，在此不再赘述。

PPP 模式下，存量项目一般采用 TOT 模式（移交—经营—移交模式）实施，新建项目一般采用 BOT 模式（建设—经营—转让模式）实施。TOT 模式取得供水特许经营权的支付对价，为社会资本方向政府缴纳的特许经营权转让价款；BOT 模式取得供水特许经营权的支付对价，为建造供水设施的建造成本。TOT 或 BOT 模式取得的供水设施不应计入固定资产。

如果供水公司获取的回报，全部为非固定回报，则取得特许经营权支付对价全部计入无形资产。此时，较之 BOO 模式下，唯一的区别是供水设施成本收回是通

过无形资产摊销而非固定资产折旧。除此之外，会计核算和纳税处理与 BOO 模式供水公司无异。

如果供水公司获取的回报存在固定回报，则取得特许经营权支付对价中固定回报对应部分计入金融资产。供水公司取得的固定回报不应确认为营业收入，而是确认为长期应收款收回及对应的投资收益。从税收角度，供水公司取得的不论固定回报，还是非固定回报，只是计价模型不同而已，均应作为自来水销售收入申报纳税。这种情况下，供水公司会计报表反映的营业收入和利润、纳税申报的收入和应纳税所得额存在较大差异，甚至计算基础完全不同。

二、PPP 项目供水公司会计核算改进思路

通过上述分析，存在固定回报的 PPP 项目供水公司含税差异较大，甚至计算基础完全不同。直接调整会计报表数据申报纳税，对财务人员不仅专业能力要求高，而且工作量大。同时，会计报表对税务主管部门开展稽核监管也没有太大的作用。为避免税务争议，供水公司应主动将供水特许经营协议和含税差异说明在税务主管部门备案。同时，在遵守会计准则和税收法律法规的基础上，改进会计核算，设置过渡会计科目，将会计核算与纳税申报有机结合。通过设置过渡会计科目，方便财务人员纳税申报，也方便税务主管部门读懂企业会计报表和与纳税申报表的联系。

三、案例分析

S 公司作为社会资本方，中标 M 市供排水 PPP 项目。该 PPP 项目存量项目实施方式为 TOT，增量项目实施方式为 BOT。特许经营协议约定，社会资本方在当地成立供水和排水项目公司，项目公司的回报包括使用者付费和政府可行性缺口补助。年政府可行性缺口补助=年可用性服务费+年运营维护收费−年使用者付费。年可用性服务费=特许经营权转让价款/30×（1+回报率）×（1+增值税适用税率），年运营维护收费=年运营维护成本×（1+回报率）×（1+增值税适用税率）。年运营维护成本为除供排水基础设施折旧以外的直接生产成本加上管理费用。对于排水项目，由政府购买污水处理公共服务，政府是唯一购买方，即使用者付费和政府可行性缺口补助来源一致。排水项目核算相对简单，在此不再赘述。本文主要探讨供水项目会计核算改进。对于供水公司，其回报第一来源为自来水用户缴纳的水费，不足部分由政府可行性缺口补助补足。

可用性服务费为固定回报，社会资本方缴纳的特许经营权转让价款应确认为金融资产，可用性服务费应按照摊余成本法确认本息收回。运营维护收费应确认为营

业收入，其对应的运营维护成本确认为直接生产成本或管理费用。供水公司的回报第一来源为自来水用户缴纳水费，必须为用户开具自来水销售发票。给予供水公司的政府可行性缺口补助，视为政府为保持低水价的补差，税收上认定是售水收入的一部分。本案例含税差异在于收入和成本费用的口径不一致。纳税处理上，可用性服务费和运营维护收费均认定为自来水销售收入，按3%征收率简易征收增值税；供水特许经营权价款按30年特许经营期摊销计入成本费用。会计核算上，供水特许经营权价款确认为金融资产，可用性服务费不确认为营业收入，而是确认为本息收回；可用性服务费中本金部分不确认为成本费用，而是作为长期应收款收回。纳税申报时，供水特许经营权转让价款按30年摊销计入成本费用，每个期间金额一致，不用单独对会计核算改进，纳税申报直接调整。其重点在于如何通过会计核算改进，用过渡科目把金融资产核算与纳税申报收入确定联系起来。

（一）会计核算的改进

1. 一般情况下售水收入核算

根据抄表情况，将售水量录入营销信息系统。根据营销信息系统数据，确认售水收入。对应会计分录为：

借：应收账款——应收水费

　　预收账款——预收水费

　贷：主营业务收入——水费收入——生活用水

　　　主营业务收入——水费收入——非生活用水

　　　主营业务收入——水费收入——特种用水

　　　应交税费——应交增值税（销项）

　　　其他应付款——代收污水处理费

　　　其他应付款——代收水资源税

纳税申报时，直接根据主营业务收入——水费收入各明细科目发生额进行纳税申报。

2. 改进后会计核算

抄表和营销信息系统数据与一般情况无异。设置长期应收款——应收水费各明细科目作为过渡科目，与一般情况下主营业务收入——水费收入各明细科目一致。

（1）售水环节

根据营销信息系统数据，编制售水环节会计分录：

借：应收账款——应收水费

　　预收账款——预收水费

　贷：长期应收款——水费收入——生活用水

长期应收款——水费收入——非生活用水

长期应收款——水费收入——特种用水

应交税费——应交增值税（销项）

其他应付款——代收污水处理费

其他应付款——代收水资源税

（2）确认可用性服务费环节

按摊余成本法确认特许经营权金融资产投资收益。如果自来水用户缴费不足以覆盖金融资产收回本息，则需要政府可行性缺口补助补足。编制如下会计分录：

借：长期应收款——水费收入——生活用水

长期应收款——水费收入——非生活用水

长期应收款——水费收入——特种用水

应收账款——应收可行性缺口补助（如使用者付费不足覆盖金融资产收回本息）

贷：长期应收款——特许经营权

投资收益

应交税费——应交增值税（销项税额）（可行性缺口补助部分增值税销项）

（3）确认运营维护收费环节

如果自来水用户缴费不足以覆盖运营维护收费，则需要政府可行性缺口补助补足。编制如下会计分录：

借：长期应收款——水费收入——生活用水

长期应收款——水费收入——非生活用水

长期应收款——水费收入——特种用水

应收账款——应收可行性缺口补助（如使用者付费不足覆盖运营维护收费）

贷：主营业务收入——自来水售水收入

应交税费——应交增值税（销项税额）（可行性缺口补助部分增值税销项）

（二）改进后会计核算与纳税申报和内部管理的衔接

通过以上会计核算改进，会计分录和会计报表符合会计准则要求。长期应收款——水费收入各明细科目贷方发生额，与营销信息系统中各类性质用水的不含税收入一致。在确认可用性服务费和运营维护收费环节，长期应收款——水费收入各明细科目借方冲回，每个会计期末长期应收款——水费收入各明细科目无余额。长期应收款——应收水费各明细科目贷方发生额是申报纳税的依据，应重点记录并向税务主管机关做好备案说明。供水公司管理当局，根据营销信息系统各类性质用水的售水量和销售收入对销售环节进行管理。应收账款——应收水费和预收账款——

预收水费会计科目余额应与营销信息系统各类性质用水的应收金额和预收金额保持一致。

四、会计核算改进的意义

通过以上会计核算的改进，可以将会计核算与纳税申报和内部管理有机结合。通过设置过渡会计科目，将差异较大的会计核算数据和纳税申报数据联系起来。纳税申报数据在会计核算中有据可循，可避免税务纠纷。过渡会计科目与营销信息系统业务数据保持一致，准确完整披露业务信息，同时也有利于加强内部控制管理。

参考文献：

[1] 财政部. 企业会计准则 2018 版 [M]. 上海：立信会计出版社，2018.
[2] 中国注册会计师协会. 会计 [M]. 北京：中国财政经济出版社，2019.

出纳在财务管理中的作用

戚艳梅

[摘要] 出纳和会计都是企业财务管理工作中不可或缺的职位，二者的重要性是相等的。出纳的工作职责是确保企业财务管理工作有序进行的基础，只有出纳做好本职工作，才能充分发挥企业财务管理工作的作用。本文通过对出纳在财务管理中的作用进行分析，并提出相应的建议，希望可以让出纳这一职位在财务管理中发挥出更大的作用。

[关键词] 出纳　财务管理　企业

一、出纳在财务管理中的作用

（一）出纳的岗位职责

出纳的岗位职责包括以下几点：①负责企业的现金收入和支付。②代表企业到银行进行资金结算。③对企业现金支出收入和银行业务往来进行每日记录和清算，确保其企业财务账单的准确性。④对企业的现金、证券、印章进行妥善保管。⑤严格管理企业的空白收据和空白支票，并单独设立登记本，促使企业其他员工按照统一的标准领用这些财务工具。⑥在日常工作中帮助会计进行清算企业资产、核对银行账单、及时找出企业财务存在的问题，并予以协助解决。

（二）出纳的不可替代性

无论是在什么类型的企业中，出纳的作用和职责都是不可替代的，并且一般人也没有资格胜任这个职位。我国会计相关法律规定：出纳职位不得由与企业领导人有亲缘关系的人担任。由此可知，出纳工作对企业的重要作用，通常情况下，大部分企业都会在财务管理部门中将出纳这一职位独立出来，以此来保证企业财务管理的安全。

（三）财务管理工作的重要组成部分

出纳工作是财务管理工作的重要组成部分，首先，由于其具有确保企业资金安全和检验货币真假的作用，因此出纳工作开展的好坏将直接影响企业财务出现问题的概率大小。其次，出纳工作还可以审核企业的相关财务票据，保障这些票据的合理性和合法性。最后，出纳还可以将企业财务上的相关信息及时传达给财务部门领导，帮助其及时做出正确的决策。出纳的这些工作职责，都是企业财务管理工作的重点，是不可或缺的工作，因此，出纳在企业财务管理中具有关键性作用。

（四）财务工作纪律的领头人

出纳是企业财务工作的前端，不管是财务收入还是财务支出都需要先经过出纳。出纳的基本工作职责就是收付现金和支出现金，其工作的每一个环节都必须严格遵守企业的财务纪律。现阶段，我国财务管理相关法律法规都比较健全，企业出纳工作者在日常工作中也会不可避免地遇到一些与财务管理法律规定不符的资金收支问题，这个时候，出纳工作者必须坚守道德底线按法按规办事，确保企业利益不受损害。

（五）出纳在财务管理中的循环作用

出纳工作是企业财务工作的前端，同时也是终端。出纳参与了企业财务工作的全过程，不管是收付资金、拨付款项，还是购买材料和设备、取得收入、回收账款，这些财务工作的流程都与出纳的工作息息相关。由此可见，出纳的工作其实质是一项综合性的工作。

（六）出纳的现金预算作用

出纳工作者在日常的财务工作中，应结合自身财务经验对企业的资金周转情况进行分析，预测企业的财务情况，帮助企业进行投资或筹资，从而推动企业实现更好地发展。例如：出纳可以预测企业在什么时间段内现金充裕，企业相关投资人员可以根据出纳的预测提前确定投资对象，使企业获得最大的投资回报。如果出纳预测到企业何时出现资金周转困难，财务部门可以及时制定筹资方案，应对资金困难，确保企业的正常生产活动的开展。

二、充分发挥出纳作用的建议

（一）提高出纳人员的思想职业素养

一个企业要健康发展离不开资金的支持，而财务部门就是给予企业发展资金支持的部门，出纳是企业财务工作的前端和终端，出纳每天都会经手大量的现金，因此，企业要对出纳人员的职业素养提出严格的要求。“君子爱财，取之有道”，虽然每个人都需要钱财，但要用正确的方法得到它。企业出纳人员需要树立正确的价值观，严格遵守财务规章制度，不要对钱财有非分之想。在日常工作过程中要经得住钱财的诱惑，绝不能中饱私囊而损害企业和国家的利益。

（二）加强职业培训，提高出纳人员的专业水平

由于出纳人员的主要工作是现金收支，任何一丝疏忽大意都可能引发不良的后果，因此出纳人员要不断加强自身的职业技能学习，在工作过程中一丝不苟，严格认真。出纳人员要成为工作中的有心人，自身应树立责任意识，敦促自己在工作过程中对企业的每一笔现金支出和收入都要仔细核对，对于企业的每一项规章制度都要严格执行。出纳人员还要不畏强权，坚持真理，对于一些以权谋私的行为应坚决拒绝，自觉维护企业的经济利益。随着时代的发展，社会和企业也会随之对财务管理工作提出了新的要求，传统的业务流程也逐渐发生了改变，如果出纳工作者不与时俱进，更新知识，被时代所淘汰是在所难免的。因此，出纳工作者要通过网络、电视等媒体了解财务管理工作发生的变化，并自主参加培训，学习现代出纳知识，熟悉现代出纳业务流程，使自身的专业素质能够满足企业发展的要求，只有这样，出纳工作者才能圆满完成本职工作任务。

三、结语

作为一个出纳工作者，一定要具有良好的专业素质、职业操守以及敬业的精神。会计部门作为现代企业管理的核心机构，对其从业人员，有着很高的职业素质要求。作为出纳工作者必须养成严谨的工作态度，会计不是一件具有创新意识的工作，它靠一个又一个精准的数字来反映企业的财经状况，所有出纳工作者一定要加强自己对数字的敏感度，及时发现问题、解决问题、弥补漏洞。

出纳工作者在日常工作过程中应树立正确的思想道德意识，并不断提升自身的业务水平，满足财务管理工作日新月异的发展要求，从而推动企业实现可持续发展。

参考文献：

［1］黄国强. 出纳工作在财务管理中的重要作用分析［J］. 时代农机，2018，45（12）：171.

［2］徐学平. 关于出纳在财务管理中的作用探讨［J］. 纳税，2018，12（27）：115.

［3］陈玲. 出纳工作在财务管理中的重要作用探讨［J］. 财会学习，2017（7）：70.

［4］张燕燕. 出纳工作在财务管理中的重要作用分析［J］. 财经界（学术版），2016（14）：269.

[5] 吴秀明. 论出纳工作在财务管理中的重要作用 [J]. 商场现代化，2015 (Z2)：174-175.

[6] 奚晓鸽. 出纳在财务管理中的作用 [J]. 中外企业家，2014 (30)：61.

企业会计基础工作规范及财务分析

李艳平

［摘要］本文结合企业实际，总结和深入剖析了会计基础工作中凭证附件和记账凭证等方面存在的问题，在此基础上提出规范性的做法，以更好满足企业内部控制的要求。在财务分析方面，目前二级单位进行财务分析时只是罗列大量数据，未就主要差异原因进行深入分析，对企业存在的问题及建议浮于表面、深度不够，缺乏对企业现金流量、运营能力、偿债能力、盈利能力等方面的综合分析，本文拟就上述问题提出建议并详细阐述如何撰写对企业决策有用的财务分析报告。

［关键词］会计基础工作规范　财务分析

一、会计基础工作

（一）会计基础工作的重要性

会计基础工作是企业财务工作中非常重要的部分，在进行财务管理过程中，管理人员也要通过会计基础工作来衡量企业的整体财务水平。因此会计基础工作对于促进企业经济的健康发展有着非常重要的作用。企业要加强对会计基础工作的重视，同时还要不断地提高会计基础工作在会计核算中的地位，从而更好地促进企业整体经济水平的提高。基于会计基础工作的重要性，会计基础工作质量成为评价财务人员业务水平重要依据之一。

（二）会计基础工作存在的问题及规范性建议

1. 附件存在的问题及规范性建议

（1）无附件情况

目前存在的主要问题有：暂估成本时无任何计提依据；调账无说明，随意性强；计提折旧无折旧明细表。

建议规范的做法如下：暂估成本时必须写清楚暂估原因、依据，并经相关部门确认，单位负责人签字后方可暂估；调账时应注明原凭证日期及其编号，并简要说明调账原因，若原因较复杂，应另附说明书及有关原始记录；原凭证也应注明“已于×××年×月第×号凭证更正”；除结转损益和更正错误（摘要栏写清楚）的记账凭证可以不附原始凭证外，其他记账凭证必须附有原始凭证；如果一张原始凭证涉及几张记账凭证，可以把原始凭证附在一张主要的记账凭证后面，并在其他记账凭证上注明附有该原始凭证的记账凭证的编号或者附原始凭证复印件。

（2）有附件但附件不规范的情况

目前存在的主要问题有：在办理材料、备品备件出库时，出库单无制表人、收货人及负责人签字；原材料出入库单上只有数量，未填写金额；入库单上金额、数量有手动修改迹象，但修改人未签字或盖章。

建议规范的做法如下：领料单必须经过车间负责人、收料人、仓库管理员和发料人等共同签名或盖章方可生效；原材料出（入）、库单库房必须填写数量、金额等要素，且财务应定期与实物部门进行对账，确保账账、账实相符；原始凭证不得涂改、挖补，发现原始凭证有错误的，应当由开出单位重开或者更正，更正处应当加盖更正人或更正部门的印鉴。

2. 记账凭证方面存在以下问题及规范性建议

目前，记账凭证方面存在以下问题：记账凭证无审核人、记账人签字或签章；记账凭证涂改金额、手写会计科目、改凭证号、凭证日期等；装订记账凭证时对附件张数手工填写或者修改，但未对 NC 系统中记账凭证的附件张数进行相应的修改，造成 NC 系统凭证附件张数与纸质凭证附件张数不一致；凭证上附件张数与实际附件不相符；凭证上显示有附件张数，实际未附附件；凭证后附有附件，但是附件张数却以 0 体现。

建议规范的做法如下：记账凭证上要有制单、审核、记账、会计主管人员的签名或盖章；记账凭证发生错误，必须由制单本人进行修改，工作移交后由接替人进行修改，修改后的记账凭证必须重新打印；记账凭证应及时审核，发现问题按正确的修改方法进行修改，确保纸质记账凭证与 NCC 系统中的记账凭证信息完全一致；所附原始凭证张数的计算，应以原始凭证自然张数为准，但如报销等零散票据，可以粘贴在一张小额票据贴集单上，作为一张原始凭证处理。

二、财务分析

（一）财务分析的重要性

通过财务分析不断挖掘潜力，从各方面发现问题，找出差距，充分认识未被利用的人力、物力资源，寻找利用不当的原因，提出具体的应对措施，促进企业经营活动按照企业价值最大化目标运行及为投资决策提供依据。因此，财务分析工作对于企业经营决策具有重要意义。

（二）二级单位财务分析存在的问题及财务分析报告撰写建议

1. 二级单位财务分析存在的问题

目前企业二级单位财务分析主要从收入、产量、生产成本、费用、利润五个方面与预算和上年同期数据做比较，大部分单位都是简单的罗列大量数据，未进行原因分析或对差异原因分析不准确；对企业存在的问题及建议浮于表面、深度不够；缺少对企业现金流量、运营能力、偿债能力、盈利能力等方面的分析。

2. 财务分析报告撰写的建议

首先，差异原因要找准，不能只简单罗列大量的数据，对差异大的要重点分析。收入差异主要是对销量、销价进行分析，影响销量、单价除市场原因外，还有企业自身的原因，如产品质量、产量、成本不具优势等方面的原因影响了销量和销价；产量差异可能产生于销量制约、设备故障、限电、限气、检修、环保等方面的原因影响；生产成本差异大可能是由于产量、价格、单耗等方面的影响，成熟企业的产品（除产量影响外）一般成本波动不大，如除产量影响外的成本波动大，要找准主要原因进行重点分析；费用差异大的可能原因有：集中发生的影响（如大修）、一次性发生的影响（如经营费用）；利润差异大的原因可以从以下方面进行分析：销售的影响（量和价）、成本影响（产量、原料单耗、单价等方面的影响）、费用影响。

其次，二级单位对其存在的问题及建议不能浮于表面，要深度分析。出现这种情况的主要原因有：①财务人员自身素养已无法适应工作的需求；②财务人员未深入了解企业的生产经营情况，或者因掌握的信息不全面所致。建议采取以下措施：①定期或不定期地开展有针对性的业务培训及经验交流；②要求会计人员下车间了解生产情况，横向、纵向沟通、尽可能地掌握企业的生产经营实际情况。

最后，建议增加对企业现金流量、运营能力、偿债能力、盈利能力等方面的分析，通过对上述指标的分析，预测企业收益水平和风险程度，为投资决策提供有价值的依据。

三、结语

会计人员要不断地从实践中总结经验、按照企业管理要求做好会计基础工作；同时通过财务分析，挖掘本单位潜力，从各方面发现问题，找出差距，提出具体的应对措施，促进企业经营活动按照企业价值最大化目标运行及为投资决策提供依据。财务人员需要加强学习、多到基层了解实际生产情况，尽可能多地掌握企业生产经营情况和信息，更好地服务本企业的生产经营。

基于个人所得税改革的研究

安文婷

[摘要] 2019 年 1 月 1 日正式实施修改后的《中华人民共和国个人所得税法》，纳税起征点调高，新增专项附加扣除，调整纳税级距。本文通过案例分析等了解新个税对比旧个税的节税率，并通过新旧个税的对比分析新个税的优点及不足。在了解新个税的基础上，发现在职工全年薪酬确定的条件下，缴纳的个人所得税会因为工资薪金和全年一次性奖金分配方案的不同而有所差异。据此对个人所得税做了简单的税收筹划。

[关键词] 个人所得税　税收筹划　专项附加扣除

一、前 言

（一）研究背景和意义

我国现阶段贫富两极分化问题较突出。社会成员的收入差距过大，不仅阻碍了经济的发展，而且影响社会安定，这是政府面临的重大社会敏感问题。因此，政府必须采取必要的干预措施，运用再分配手段对贫富差距进行调节。另外，预计 2020 年我国人口老龄化比例将达到 20%，人口老龄化问题加重，于是“完善个人所得税法律机制”的改革愈显重要。

自 1980 年以来，个税立法历经七次修改，本次个人所得税改革，与上次修改时隔七年。《中华人民共和国个人所得税法》（以下简称《个人所得税法》）于 2019 年 1 月 1 日起正式实施，此次出台的个人所得税在税制及征管方式上都有重大变革，首次增加了子女教育、继续教育、大病医疗、住房贷款利息或者住房租金、赡养老人六项专项附加扣除，规定了扣除范围、标准以及扣除方式，侧重减轻较低收入群体的税负。

职工薪酬不仅关系到职工自身利益，而且关乎企业纳税筹划的问题，个人所得税纳税筹划有利于提高员工满意度，关系到企业的长久发展，纳税筹划在为企业员工增加可支配收入的同时有利于增强企业的纳税意识。随着时代发展，企业人力资源的发展、增强核心竞争力与是否进行科学合理的薪酬分配相关联。一些公司月度缴纳个人所得税不尽相同，有的个人缴一两千元，有的个人缴四五万元，可见对个人所得税进行合理避税对职工个人来说显得尤为重要。

（二）研究思路

本文首先介绍了2019年1月1日起正式实施的《个人所得税法》的主要修改内容，包括调整税率级距、调高纳税起征点、增加专项附加扣除。其次，举例计算新税率下的前四阶超额累进税对比旧税率的节税率，通过新旧税率的对比，分析提出税收筹划的建议。最后，提出税收筹划的风险以及税收筹划风险防范措施，在考虑税收筹划风险的基础上提出了新税法下的简单税收筹划防范措施。

二、《个人所得税法》主要修改内容

（一）个人所得税征税范围及薪酬范围

1. 个人所得税征税范围

修订后的个人所得税的征税范围包括工资、薪金所得，稿酬所得，劳务报酬所得，特许权使用费所得，经营所得、利息、股息、红利所得，财产租赁所得，财产转让所得，偶然所得等。

2. 薪酬范围

（1）工资、奖金、补贴、津贴

工资就是企业每月分发的工资薪金；奖金包括年终奖金和绩效奖金等；补贴包括交通补助等；津贴包括因工作环境特殊所支付的额外工资补助，如高温补贴等。

（2）职工福利费

职工福利费是指企业以薪酬为标准用一定比例提取的用于奖励员工、集体福利等所支付的费用，应按照工资总额的14%计算确定职工福利费。

（3）“五险一金”

“五险一金”包括医疗保险、养老保险、工伤保险、失业保险、生育保险和住房公积金。

（4）非货币性支出的福利

非货币性福利主要是指企业发给职工的除了货币以外的其他形式的职工薪酬，包括节日向职工发放物品、提供给员工住房优惠、餐饮服务等。

（5）其他与职工相关的薪金支出

许多公司上市以后，可以通过股票、期权、股息、分红等方式奖励职工。

（二）调整税率级距，调高纳税起征点

新《个人所得税法》的综合所得税率表税率结构有调整，税率级距有扩大，税率调整为3%～45%，起征点提高到5 000元。3%、10%、20%税率范围扩大，25%税率的级距缩小。新个税体呈现为橄榄球形，低收人群基数大征收额少，高收人群基数少征收额大。其新旧对比见表1、表2。

表1　2019年综合所得个人所得税税率（含速算扣除数）月度（新）

级数	全月应纳税所得额（X）/元	税率/%	速算扣除数
1	X≤3 000	3	0
2	3 000<X≤12 000	10	210
3	12 000<X≤25 000	20	1 410
4	25 000<X≤35 000	25	2 660
5	35 000<X≤55 000	30	4 410
6	55 000<X≤80 000	35	7 160
7	X>80 000	45	15 160

表2　2018年综合所得个人所得税税率（含速算扣除数）月度（旧）

级数	全月应纳税所得额（X）/元	税率/%	速算扣除数
1	X≤1 500	3	0
2	1 500<X≤4 500	10	105
3	4 500<X≤9 000	20	555
4	9 000<X≤35 000	25	1 005
5	35 000<X≤55 000	30	2 755
6	55 000<X≤80 000	35	5 505
7	X>80 000	45	13 505

（三）增加专项附加扣除六项

新个税法首次增加了子女教育支出、继续教育支出、大病医疗支出、住房贷款利息和住房租金、赡养老人支出等专项附加扣除。

1. 子女教育专项附加扣除

纳税人的子女接受全日制学历教育的相关支出，按照每个子女每月1 000元的标准定额扣除。学历教育包括义务教育（小学、初中教育）、高中阶段教育（普通高中、中等职业、技工教育）、高等教育（大学专科、大学本科、硕士研究生、博士研究生教育）。年满3岁至小学入学前处于学前教育阶段的子女，按照每个子女每月1 000元的标准执行。父母可以选择由其中一方按扣除标准的100%扣除，也

可以选择由双方分别按扣除标准的50%扣除，具体扣除方式在一个纳税年度内不能变更。

2. 继续教育专项附加扣除

纳税人在中国境内接受学历（学位）继续教育的支出，在学历（学位）教育期间按照每月400元定额扣除。同一学历（学位）继续教育的扣除期限不能超过48个月。纳税人接受技能人员职业资格继续教育、专业技术人员职业资格继续教育的支出，在取得相关证书的当年，按照3 600元定额扣除。个人接受本科及以下学历（学位）继续教育，符合本办法规定扣除条件的，可以选择由其父母扣除，也可以选择由本人扣除。

3. 大病医疗支出专项附加扣除

在一个纳税年度内，纳税人发生的与基本医保相关的医药费用支出，扣除医保报销后个人负担（医保目录范围内的自付部分）累计超过15 000元的部分，由纳税人在办理年度汇算清缴时，在80 000元限额内据实扣除。

纳税人发生的医药费用支出可以选择由本人或者其配偶扣除；未成年子女发生的医药费用支出可以选择由其父母一方扣除。纳税人及其配偶、未成年子女发生的医药费用支出，按规定分别计算扣除额。

4. 住房贷款利息专项附加扣除

纳税人本人或者配偶单独或者共同使用商业银行或者住房公积金个人住房贷款为本人或者其配偶购买中国境内住房，发生的首套住房贷款利息支出，在实际发生贷款利息的年度，按照每月1 000元的标准定额扣除，扣除期限最长不超过240个月。纳税人只能享受一次首套住房贷款的利息扣除。首套住房贷款是指购买住房享受首套住房贷款利率的住房贷款。经夫妻双方约定，可以选择由其中一方扣除，具体扣除方式在一个纳税年度内不能变更。

5. 住房租金专项附加扣除

纳税人在主要工作城市没有自有住房而发生的住房租金支出，可以按照地区的户籍人口数采取不同的定额扣除标准（市辖区户籍人口，以国家统计局公布的数据为准）。纳税人的配偶在纳税人的主要工作城市有自有住房的，视同纳税人在主要工作城市有自有住房。夫妻双方主要工作城市相同的，只能由一方扣除住房租金支出。住房租金支出由签订租赁住房合同的承租人扣除。纳税人及其配偶在一个纳税年度内不能同时分别享受住房贷款利息和住房租金专项附加扣除。

6. 赡养老人支出专项附加扣除

纳税人赡养一位及以上被赡养人的赡养支出，统一按照纳税人是否为独生子女的标准定额扣除。可以由赡养人均摊或者约定分摊，也可以由被赡养人指定分摊。

约定或者指定分摊的须签订书面分摊协议，指定分摊优先于约定分摊。具体分摊方式和额度在一个纳税年度内不能变更。被赡养人是指年满 60 岁的父母，以及子女均已去世的年满 60 岁的祖父母、外祖父母。

（四）其他修订

税收征收方式由分类征收制走向混合征收制。我国在个人所得税改革之前实行分类征收制模式，这种模式是特定社会经济条件下的产物，但相对而言，这种征收模式计算较为烦琐，无形间增加了税制复杂性也造成税务部门征管成本的攀升。此次个人所得税改革在考虑多项因素的基础上将所得项目由之前的 11 类减为 9 类。一方面对工资薪金所得、劳务报酬所得、稿酬所得、特许权使用费所得使用实行按年汇总纳税、日常分月或分次预扣预缴、年终汇算清缴；另一方面，其他包括经营所得、利息、股息红利所得、财产租赁所得、财产转让所得、偶然所得等实行分类制征收。

世界各国通常采取住所、居住时间、意愿三种标准来判定居民和非居民纳税人身份。我国为了有效地行使税收管辖权，采用住所标准和居住时间两个并列性判定标准来划分纳税人身份，个人只要符合或达到其中任何一个标准，就可以被认定为居民个人纳税人。我国个人所得税明确居民个人负有无限纳税义务，其取得的应纳税所得无论来源于中国境内还是境外任何地方，都要在中国缴纳个人所得税。非居民个人仅就其来源于中国境内的所得向中国缴纳个人所得税。实行居民纳税人综合所得分月或分次和年度汇算清缴。

新《个人所得税法》修改了劳务报酬所得、稿酬所得、特许权使用费所得费用扣除的规定。新《个人所得税法》规定：劳务报酬所得、稿酬所得、特许权使用费所得以收入减除 20%的费用后的余额为收入额。稿酬所得的收入额减按 70%计算，不再以 4 000 元为界线进行定额或定率扣除，相对而言计算更加简单。

三、新旧个税对比

（一）新个税计算

1. 新个税计算公式

由于应纳税额实行的是超额累进税率的办法，所以可以采用以最高适用税率和速算扣除数为依据的快速计算的方法（见表 3）。它的计算公式为：

（1）综合所得的计算公式：

应纳税金额=［工资所得-费用(60 000)-专项扣除(“五险一金”)-专项附加扣除-符合规定的］×使用税率-速算扣除数

（2）累计预扣法

本期应预扣预缴税额=（累计预扣预缴应纳税所得额×预扣率-速算扣除数）-累计减免税额-累计已预扣预缴税额

累计预扣预缴应纳税所得额=截至当月累计收入-累计专项扣除（“五险一金”）-累计减除费用

表 3　2019 年综合所得个人所得税税率（含速算扣除数）（年度）

级数	全年应纳税所得额（X）/元	税率/%	速算扣除数
1	X≤36 000	3	0
2	36 000<X≤144 000	10	2 520
3	144 000<X≤300 000	20	16 920
4	300 000<X≤420 000	25	31 920
5	420 000<X≤660 000	30	52 920
6	660 000<X≤960 000	35	85 920
7	X>960 000	45	181 920

2. 个税修改后节税率分析案例

假设张三、李四、王五、周六分别来自北京、上海、广州、深圳。在不考虑专项附加扣除的情况下纳入“五险一金”的情况，案例提取比例分别按照工资薪金的 4%、2%、1%、4%进行缴纳。（见表 4）

表 4　节税率分析案例

姓名	工资/元	养老/元	医疗/元	失业/元	公积金/元	新个税下应纳税/元	旧个税下应纳税/元	年节税率/%
张三	6 000	240	120	60	240	10. 2	79	87
李四	15 000	600	300	150	600	625	1 457. 5	57
王五	30 000	1 200	600	300	1 200	2 930	4 759	39
周六	60 000	2 400	1 200	600	2 400	10 110	12 215	17

（1）张三

新个税：

每月应纳税额=（6 000-5 000-240-120-60-240）×3%=10. 2（元）

旧个税：

每月应纳税额=（6 000-3 500-240-120-60-240）×10%-105=79（元）

计算下来新个税比旧个税年节税 68. 8 元，节税率达 87%。

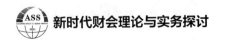

（2）李四

新个税：

每月应纳税额＝（15 000－5 000－600－300－150－600）×10%－210＝625（元）

旧个税：

每月应纳税额＝(15 000－3 500－600－300－150－600)×25%－1 005＝1 457. 5（元）

计算下来新个税比旧个税月节税 832. 5 元，节税率达 57%。

（3）王五

新个税：

每月应纳税额＝(30 000－5 000－1 200－600－300－1 200)×20%－1 410＝2 930（元）

旧个税：

每月应纳税额＝(30 000－3 500－1 200－600－300－1 200)×25%－1 005＝4 795（元）

计算下来新个税比旧个税月节税 1 865. 0 元，节税率达 39%。

（4）周六

新个税：

每月应纳税额＝(60 000－5 000－2 400－1 200－600－2 400)×30%－4 410＝10 110(元)

旧个税：

每月应纳税额＝(60 000－3 500－2 400－1 200－600－2 400)×30%－2 755＝12 215(元)

计算下来新个税比旧个税月节税 2 105. 0 元，节税率达 17%。

由此可见在个人所得税改革后节税效果明显，在税级距调整后，随着收入的提高，纳税人的节税幅度减少。

（二）应纳税额计算中的特殊问题处理

关于全年一次性奖金、中央企业负责人年度绩效薪金延期兑现收入和任期的规定：居民个人取得全年一次性奖金，在 2021 年 12 月 31 日前可选择不并入当年综合所得，按表 5 的扣税方法，由扣缴义务人发放时代扣代缴：将居民个人取得的全年一次性奖金，除以 12，按其商数依照按月换算后的综合所得税税率表确定适用税率和速算扣除数。在一个纳税年度内，对每一个纳税人，该计税方法只允许采用一次。居民个人取得全年一次性奖金，也可以选择并入当年综合所得计算纳税。

表 5　按月换算后综合所得税率

级数	全月应纳税所得额（X）/元	税率/%	速算扣除数
1	X≤3 000	3	0
2	3 000<X≤12 000	10	210
3	12 000<X≤25 000	20	1 410

表5(续)

级数	全月应纳税所得额（X）/元	税率/%	速算扣除数
4	25 000<X≤35 000	25	2 660
5	35 000<X≤55 000	30	4 410
6	55 000<X≤80 000	35	7 160
9	X>80 000	45	15 160

（1）全年一次性奖金不并入综合所得：

应纳税额=全年一次性奖金收入×适用税率-速算扣除数

（2）并入当年综合所得计算纳税：

综合所得应纳税所得额=工资薪金+年终奖+劳务报酬×（1-20%）+特许权使用费×（1-20%）+稿酬×（1-20%）×70%-基本减除费用-专项扣除-专项附加扣除-其他扣除

应纳税额=全年一次性奖金收入×适用税率-速算扣除数。本书案例仅分析工资薪金所得及年终一次性奖金。

（三）新个税法的优点

（1）此次新个税法与原有政策相比，在调节个人收入方面，更能体现社会公平，据悉，2016 年中国个人所得税收入将近 1 800 亿元，65%来源于工薪阶层，工薪阶层成了个税缴纳的主体，而真正高收入群体的纳税占比并不高。起征点的调整由 3 500 元调至 5 000 元是在统筹兼顾了全国城镇居民的人均基本消费支出、居民消费价格指数等因素而确定的费用扣除标准。按近三年全国居民消费增长率测算，2018 年的人均负担消费支出已达到每月 4 200 元，所以基本税率起征点的调节在消除纳税人心中“劫贫济富”的不公平感之外还具有一定前瞻性，在华居住外籍人员满 183 天的与国内居民执行同样的个税起征点也体现了公平。

（2）新个税法的专项附加扣除是对个税的一大创新和完善。专项附加的扣除更具人性化，体现了以人为本。附加的扣除考虑到了纳税人的实际负担。也不难看出随着开放的逐步深入，国家经济实力逐渐增强，国家有愿望、有能力改善民生；有能力为经济贫困的劳动者排忧解难，雪中送炭。

（四）新个税法的不足及展望

新个税法中子女教育附加扣除中未包括 0~3 岁幼儿，3 周岁前的子女培养成本高，可加大个人所得税优惠项目。应根据子女教育不同阶段的支出进行细化，以及大学阶段后的研究生教育阶段，大多数研究生已具备生存技能，可剔除专项附加扣除等。

大病医疗中：医疗费用没有细化，可以参照被纳入我国农村医疗大病保障的20种疾病，建议我国大病医疗费用主要包括20种疾病以及癌症等治疗期间发生的相关费用，并可以提高一定的附加扣除比例。

住房租金中，个人出租住房需要缴纳的税种非常多，但在目前市场上，户主几乎不会主动去纳税，房东的房租收入被记录后，由于要交税，房东可能会涨价。要解决房东与房客的矛盾，可以安排过渡期（给予缓冲期），同时抓紧房地产租赁市场各项长效机制建设，待其建立起来后，再明确统一的租赁合同范本以及如何对房屋出租收入征税等情况。或者税务局适当下调租房税点，减轻房东的税负，让其更容易接受出租住房纳税的事实。对房屋租赁所得可考虑进行超额累进税。

赡养老人未考虑被赡养人的健康状况以及赡养人数。赡养老人专项附加扣除可依据纳税人照顾赡养对象和负担养老支出的情况确定申请条件。

个税征收方式不符合量能课税原则，目前我国在个人所得税的征收上所选择的方式是以个人为单位进行的，这样的征收模式具有一定的片面性，没有充分考虑到纳税人的实际生活情况以及税负负担。

对此我们可以优化个税申报方式，可以增加以家庭为单位的方式进行纳税征收，允许纳税人通过适合自身的方式进行申报。

居民个人的基本费用扣除标准统一设置为5 000元，这种全国“一刀切”的做法尽管便于降低税收征管成本，但不同地区、不同家庭的生活成本存在较大差异。对此，在未来税制改革中，税收费用扣除可根据各地实际情况进行动态调整，建立弹性税制。

四、新税法下的个人所得税收筹划

（一）税收筹划风险的表现

由于纳税人根据自有财务知识来制定避税方案，自身的判断具有主观性，导致纳税人制定出来的方案有可能是带有主观风险的。

在对税法没有达到一定了解的情况下进行税收筹划可能有违法性风险。只考虑降低税负会有片面性风险。

税收筹划具有依法性和事前筹划性，一般税收筹划方案是否可行取决于税务机关的审查与认定，一旦因为纳税人的原因或者是信息的不准确，纳税人选择的方案没有通过税务机关的审查，将会被认为是违法行为。

税收筹划是有一定条件支持的，纳税人未及时关注到条件的变化可能导致条件性风险。

税收筹划要发生组织学习、培训等成本的支出，可能出现盈余小于筹划成本的成本性风险。

（二）防范税收筹划风险的措施

（1）树立税收筹划的风险意识。税收筹划是企业经济活动中采取的手段之一，但需在一定的政策和合法范围内进行才能有效降低企业的税收负担，而且降税不能以加大纳税风险为代价，在进行税收筹划时，企业要树立税收筹划的风险意识，充分考虑各个因素和项目的合法合理性，掌握好规划税收筹划的尺度。

（2）实现税收筹划与企业最终目标一致。税收筹划是为了使企业实现税后利润最大化和降低企业税负而进行的一种经济活动与管理手段。因此，税收筹划应该与企业财务目标相一致，都是为了实现企业价值的最大化。为实现这个目标，税收筹划应当围绕这一目标而进行防止税收筹划片面性风险发生。

（3）税收筹划要符合国家税法的要求。企业管理者要学习和遵守税法，时刻关注税法和税收政策的变动，使得税收筹划在合法范围内发挥作用，避免偷漏税等违法事件的发生。

（4）在税收筹划中贯彻成本效益原则。只有税收筹划的潜在性收益大于税收筹划的成本时，才能说这项筹划方案符合成本效益原则。税收筹划要有灵活性，随着税法的改变税收筹划方案也要与之调整。

（5）纳税筹划要对财务人员进行培养。企业要不断提升财务人员的业务能力，保证其能够更好地处理缴税方案。

（三）个人所得税税收筹划的意义

个人所得税的纳税筹划有利于企业的长久发展。企业作为员工个人所得税的代缴代扣义务人，一般仅涉及员工的工资薪金。而员工对自身个人所得税缴纳比例的关注度是较低的。员工更重视每月可从企业获得的实际可支配收入。如果企业通过个人所得税的纳税筹划在一定程度上增加了员工可支配收入，这可以提升员工的工作热情，从员工自身内部激励对工作的主动积极性，从而减少员工流失率，加强员工稳定性，减少人力资源相关的成本，这对企业的长久发展具有重要的保障作用。

个人所得税的纳税筹划有利于增强企业的纳税意识。避税过程中会让纳税人潜意识地了解和研究税法及最新的相关政策，提高纳税人对税法的理解水平，加强纳税认知，将偷税、漏税等违法思想行为“扼杀在摇篮里”。

个人所得税的纳税筹划有利于减少企业税赋资金，虽影响不大，但积少成多，利于减少企业税负。

（四）新个税法下的个税筹划案例分析

1. 通过年终奖进行税收筹划举例

（1）奖金发放以及月工资的税收筹划

通过对个人工资纳税筹划问题的分析，可以降低纳税人税负。企业按照年终奖不并入当年综合所得的情况下，如果每月工资不高，若纳税人应纳税所得额为负，而年终奖发放较多时，正常计算代扣的实际税负会超过个人所承担的税负，而平均工资的发放，具有前瞻性地将奖金以及季度奖均匀地分摊到每个月之中，可以降低个人所得税的税负；若工资薪金所得在适用超额累进税的税率高于一次性奖金，则可以将部分工资薪金所得的收入分摊到年终奖中以降低税负。所以，企业在个人薪金发放的过程中，应该通过对工资的合理安排，有效降低员工的个人税负。

下面将通过两个避税案例分析说明运用年终奖和综合个人所得的合理分配可降低税率。

案例 1（月收入分摊至年终）

假设刘某每月收入 10 000 元，年终奖 15 000 元，“五险一金”的扣除为 1 000 元，子女教育附加扣除由夫妻双方按扣除标准的 50%进行扣除（无其他可扣除项）。

①原方案：不做任何调整，直接常规计算

工资应纳税额［(10 000−5 000−1 000−500)×10%−210］×12＝1 680（元）

年终奖应纳税额 15 000×3%＝450（元）

合计应纳税 2 130 元。

②纳税筹划后方案

把月应纳税所得额达到二级超额累进税率缴纳的部分 500 元计入年终奖中，12 个月就是 6 000 元，则月收入为 9 500 元，年终奖为 21 000 元。

工资应纳税额（9 500−5 000−1 000−500）×3%×12＝1 080（元）

年终奖应纳税额 21 000×3%＝630（元）

合计应纳税 1 710 元。

此案例中把达到二级超额累进税率缴纳的部分的工资薪金分配到了年终奖中，达到了有效的节税，年节税 420 元。

案例 2（年终分摊至月收入）

假设全年职工薪酬既定，刘某每月收入 5 000 元，年终奖 10 000 元，“五险一金”的扣除为 500 元，子女教育附加扣除由夫妻双方按扣除标准的 50%进行扣除。(无其他可扣除项)

①原方案：不做任何调整，直接常规计算

工资进行附加及专项扣除后应纳税所得额是负数。

年终奖应纳税额＝10 000×3%＝300（元）　　　　合计纳税 300 元

②纳税筹划后方案

假设在年初就已知年终奖的最低发放金额。将年终 10 000 元分配至月工资发放中，前两个月工资不变，还是 5 000 元，年终的最低发放金额平均分配到后 10 个月，一个月增加 1 000 元，后 10 个月每个月工资就是 6 000 元，年底就不用发年终奖，而职工所得并没有减少。

纳税筹划后应纳所得额为 0，筹划后年节税 300 元。

此案例中当工资薪金应纳税所得额为负时，年终奖与工资薪金合并计税最优。

从两个案例可以看出在一次性奖金不并入综合所得的情况下，通过分配收入与奖金可以收到节税的效果。

在一次性奖金不并入当年综合所得的情况下，如果一次性奖金的发放具有前瞻性，一次性奖金与工资薪金所得可以合理分配的话，应纳税所得额为负时，年终奖与工资薪金合并计税最优，因为将要纳税的弥补了工资薪金负数部分的应纳税所得额；工资薪金应纳税所得额大于等于零，且与年终奖之和小于等于 36 000 元时，这是由于个人综合所得税额与一次性奖金适用税率均为 3%，应纳税额相同。年终奖单独计税和并入工资薪金计税没有区别。

（2）一次性奖金是否并入当年年综合所得

案例 3　假设李某税前月收入为 13 300 元，养老医疗等总计附加扣除 5 000 元，享受子女教育扣除每月 1 000 元，住房租金扣除每月 1 500 元，年终发年终奖 50 000 元。

①年终奖并入综合所得

综合应纳税额所得额＝（13 300−5 000−1 000−1 500−5 000）×12+50 000

＝59 600（元）

应纳税额＝59 600×10%−2 520＝3 440（元）

②年终奖不并入综合所得

工资薪金应纳税额＝（13 300−5 000−1 000−1 500−5 000）×12×3%＝288（元）

年终奖应纳税额＝50 000×10%−210＝4 790（元）

合计年应纳税额＝4 790+288＝5 078（元）

此时年终奖并入综合所得比不并入综合所得税负低，节税 1 638 元。

2. 通过职工福利进行税收筹划举例

随着员工收入的增加，应缴纳个人所得税也会增加，所以企业在和员工签订合同时，可以通过以必要的职工福利替代工资薪金的净额。职工福利的提高可以满足企业职工的长期保障需求，可有效降低部分职工税负。另外，选择免征个人所得税的理财项目，也可以避免纳税，使员工个人从中获利。

案例 4　假设在刘某每月收入 10 000 元的基础上，增加通信费补贴 300 元和代餐补贴 400 元，年终奖 15 000 元，“五险一金”的扣除为 1 000 元，子女教育附加扣除由夫妻双方按扣除标准的 50%进行扣除。

增加通信费补贴 300 元和代餐补贴 400 元前：年应纳税额合计 2 130 元。

则工资薪金应纳税额 = [（10 000+300+400−1 000−500−5 000）×10%−210]×12

= 2 520

年终奖应纳税额 = 15 000×3% = 450（元）

增加通信费补贴 300 元和代餐补贴 400 元后：年合计应纳税额 = 2 970（元）

刘某的年个人所得税增加了 840 元，如果公司不再直接发放补贴，而是通过公司直接替刘某充话费，配备员工餐代替代餐补贴，可以达到年节税 840 元，收到比较好的节税效果，且福利没有发生很大出入。

3. 进行个人所得税税收筹划的其他方式

（1）降低税基。税基是企业或个人缴纳税额的计税基础，税法规定的一些优惠政策，如扣除项目可以直接减少应纳税额，从而可增加员工个人实际的收入。

（2）选择低税率。税法规定个人所得税采用 7 级超额累进税率，对于不同的薪资水平税率有差别，在税基较低的情况下，再采用低税率明显会大大降低应纳税额。但这种方法必须在法律规定的情况下合理选择与自身有关的相应的税率。不得违反税收筹划的合法性。

（3）增加扣除项目。在个人所得税方面，税法规定了员工的“五险一金”不在应纳税所得额之中，但税法对扣除的范围作了详细的规定，在纳税筹划中，筹划人员必须要考虑扣除项目这个环节。除基本费用扣除及专项扣除、专项附加扣除，还有依法规定的其他扣除，包括个人缴付符合国家规定的企业年金、职业年金，个人购买符合国家规定的商业健康保险、税收递延型商业养老保险的支出，以及国务院规定的其他项目。

五、结论

一方面，新个税税收政策比原有政策在调节个人收入方面更能体现社会公平。新个税法的专项附加扣除是对个税的一大创新和完善。但新税法也有不足之处，对不足之处进行完善可以使税法更具人性化和效率。另一方面，我国的经济发展离不开税务。为了满足更多纳税人的切身利益，企业要在不违法的条件下，合理地对员工个人所得税进行纳税筹划，从而减轻税负，使员工获益。这不仅可以实现纳税人实际可支配收入最大化，还能促进我国税法的发展。

个人所得税纳税筹划有利于企业的长久发展，有利于增强企业纳税意识，还有利于企业减少赋税资金。但税收筹划要注意避免主观性风险、违法性风险、片面性风险、成本性等风险。

参考文献：

[1] 金婉. 浅析我国个人所得税纳税筹划［J］. 当代经济，2016（29）.

[2] 叶茂群. 基于年终一次性奖金的工资薪金个人所得税税收筹划［J］. 财会学习，2017（4）.

[3] 王淑敏. 企业税务筹划战略管理浅谈［J］. 财会通讯（理财），2018（1）.

[4] 周璐. 个人所得税制度下企业的纳税筹划［J］. 花炮科技与市场，2019（1）：71.

[5] 定敏. 税制改革后个人所得税纳税筹划问题分析［J］. 财会学习，2019（14）：172，174.

[6] 刘兴东. 新个人所得税政策下的纳税筹划［J］. 现代营销（信息版），2019（6）：11-12.

浅谈固定资产管理问题及对策分析

——以 L 公司为例

张婷婷

[摘要] 固定资产是企业的重要资源，是企业得以再生产和持续经营的物质保证，具有数量大、种类多、价值高、使用周期长、使用地点分散、管理难度大等特点，加强固定资产管理，对企业保持可持续发展至关重要。对固定资产的有效管理，能够保证资产的质量，提高使用效率，更好地适应经营管理形势的需要。本文通过对 L 公司固定资产的研究，找出了其中存在的问题，并提出了解决措施。

[关键词] 固定资产　固定资产管理　解决措施

一、固定资产管理概述

（一）固定资产的含义、确认及计量

1. 固定资产的含义

固定资产是指企业为生产产品、提供劳务、出租或者经营管理而持有的、使用时间超过 12 个月的，价值达到一定标准的非货币性资产，包括房屋、建筑物、机器、机械、运输工具以及其他与生产经营活动有关的设备、器具、工具等。不属于生产经营主要设备的物品，使用年限超过 2 年的，也应当作为固定资产。固定资产是企业的劳动手段，也是企业赖以生产经营的主要资产。

2. 固定资产的确认

一项资产如要作为固定资产加以确认，首先需要符合固定资产的定义，其次还要符合固定资产的确认条件，即与该固定资产有关的经济利益很可能流入企业，同时，该固定资产的成本能够可靠地计量。

3. 固定资产的计量

固定资产的成本，是指企业购建某项固定资产达到预定可使用状态前所发生的一切合理、必要的支出。这些支出包括直接发生的价款、运杂费、包装费和安装成本等，也包括间接发生的，如应承担的借款利息、外币借款折算差额以及应分摊的其他间接费用。

对于特殊行业的特定固定资产，确定其初始入账成本时还应考虑弃置费用。弃置费用通常是指根据国家法律和行政法规、国际公约等规定，企业承担的环境保护和生态恢复等义务所确定的支出。一般工商企业的固定资产发生的报废清理费用，不属于弃置费用，应当在发生时作为固定资产处置费用处理。

（二）固定资产管理的目标及范围

固定资产管理制度主要包括固定资产的预算决策、购置、验收、登记入库、领用、调拨、维修保养、清查和处置等。而在企业生产经营中，固定资产管理主要有购置、验收、登记入账、日常使用管理、盘点核算、处置转移等。

固定资产的管理与企业的生产经营息息相关，它不仅关系着企业的正常经营，也关系着企业未来的发展前景。固定资产的管理目标包括以下几点：①固定资产能否为利益相关者提供有用的决策信息；②固定资产是否达到了资源的合理配置，是否实现了资源利用最优化；③固定资产是否真实准确，是否做到了账实相符；④固定资产折旧和减值准备是否合理。

（三）固定资产管理的作用

固定资产管理维系着企业的正常生产运营，反映了一个企业的整体管理水平。进行有效的固定资产管理，提高固定资产管理水平对企业的发展将起到重要的作用。

（1）有利于实现公司资产的安全完整，实现保值增值。通过固定资产管理，落实固定资产安保措施，对固定资产进行必要的维护和保养，使固定资产发挥的效益最大化，以此来实现固定资产的保值增值。

（2）有利于提高资产的利用率，促进生产经营正常发展。清楚地掌握所有固定资产的情况，可以使固定资产被充分利用，提高资产利用率，给企业的生产及未来发展带来积极的作用。

（3）提升公司管理能力，增强企业竞争力。固定资产管理作为企业管理的一项重要内容，管理得好，能为企业节约资金；相反，则会给企业带来不可估量的损失。

二、L 公司简介及发展现状

（一）公司简介

L 公司是一家钒钛磁铁矿加工企业，成立于 2008 年，公司注册资本 6 000 万元。L 公司主要是加工处理低品位、难磨难选表外矿及风化矿。公司产能 50 万吨/年。其工艺主要有破碎、筛分、磨选、浓缩以及多级磁选。L 公司固定资产高达 1.91 亿元，其中包括破碎系统、生产车间及设备、集办公与住宿为一体的综合楼、浓缩池、管道等一系列设施。

（二）公司发展现状

L 公司从建成投入使用以来，由于用水供应不足、原料供应不足等问题，年产量只有 20 多万吨。在此期间，公司经历过两次大事件，第一次是 L 公司由于市场环境恶劣等原因，于 2014 年年底至 2015 年年底停产 1 年，给公司造成了重大损失，人工成本以及高额的借款利息、资产折旧，导致公司一直处于亏损状态；第二次是在 2015 年底恢复生产后，L 公司的另一股东退出，此后，L 公司成为上属公司全资子公司。

在生产方面，L 公司实行委托劳务公司进行加工，在此模式下，成本、折旧等所有费用由该公司承担，在成本未超过规定范围内，节约成本就作为劳务公司委托加工的加工费用。自公司成立以来，基本处于亏损状态，为解决该公司连续亏损的问题，L 公司积极寻求解决办法。于是，2018 年 5 月，新的生产运作模式诞生，L 公司将整体的生产线承包给外单位，只收取租金，不再进行自主生产。但是，为了充分利用公司资源，2020 年，L 公司决定收回自主生产。

在资产投入方面，L 公司最初投建固定资产 1.76 亿元，随着时间的推移，为降低成本，减少折旧，计提减值准备 2 200 多万元，2019 年为自主生产投入固定资产 1 800 多万元，至今，L 公司固定资产达到了 1.91 亿元，其中包括新、旧两个破碎系统，整套生产设备，综合楼等一系列固定资产。

三、L 公司固定资产管理存在的问题

L 公司自成立以来，固定资产占比过重，折旧比例高，人员变动频繁，由此产生了一系列问题。

（1）L 公司自完全建成投入使用后，固定资产占整个资产的比例高达 50%以上。由于 L 公司固定资产增加是依靠借款购买，由此产生的借款利息等导致负债不断增加。近几年，L 公司资产负债率都达到 90%以上，甚至出现资不抵债的情况。由于固定资产比重过大，长期占用企业资金，直接影响到了企业的变现能力及支付能力。

（2）L公司在兴建前未进行完整的工程设计及合理预算，导致公司固定资产在建成后高达1.76亿元。由于L公司生产线属于边建造边设计的工程，因此购入了大量无用资产，导致已购入固定资产未进行充分合理的利用，造成了大量的浪费。

（3）L公司在固定资产采购过程中未进行全程监管，可能导致部分固定资产成本偏高，即固定资产原值增加。由于L公司是委托投资方全权建造，在购入固定资产的过程中，并未完全参与，不能准确得到固定资产的最优价格，即不能完全控制固定资产成本。

（4）由于设计得不合理，购入了大量无用资产，最终导致大量资产闲置报废。L公司成立之初就是服务于攀钢，由此建造了很多无用资产，例如精矿堆场、尾矿库、破碎场等，都是完成后未投入使用的项目，造成大量的资金流出，增加了固定资产原值，同时也增加了固定资产折旧，导致成本增加，利润减少，也就增加了L公司的亏损。

（5）未设置和配备专门的固定资产管理人员，对公司的固定资产管理不完善。从L公司成立以来，未建立完善的固定资产卡片，大量固定资产找不到来源，更换固定资产管理人员后，固定资产原值找不到依据。虽然每年末都会进行固定资产盘查，由于盘查数据来自财务，导致实物与账务虽然吻合，但是账务遗漏的固定资产清查不出来，对固定资产不能进行准确的管理。

（6）由于L公司从建成后，生产一直由劳务公司承担，生产人员对设备不熟悉，又未进行专业的实操培训，导致对固定资产操作容易失误，造成了不少固定资产损坏，增加了维修成本。

（7）财务处理上不够完善。由于财务人员专业知识不够，在处理固定资产时未设立正确的固定资产卡片，将部分固定资产糅合到一起，导致固定资产原值不准确，从而不能准确计提每月折旧额。同时，由于对固定资产成本的计量不够准确，导致部分固定资产多记或少计了税费、装卸费、运费等，也将部分应费用化不应资本化的费用计入了固定资产成本，最终导致固定资产增加。

四、解决对策

（1）应建立完善的固定资产管理系统，配备专业人员管理固定资产，进行固定资产日常的管理和维护，增加固定资产使用效率及寿命。每条企业线都应配备专业固定资产管理人员，一方面对实物进行确认及管理，确保实物与账务保持一致，发现固定资产账务有问题的，应及时找出原因并想办法解决；另一方面，安排对固定资产进行日常的维护，不是出现问题后才进行维修，而应防患于未然，最大限度地发挥固定资产的效益。

（2）建立完善的固定资产卡片，除了财务系统里的固定资产卡片，还应该设立纸质版固定资产卡片。卡片内容应主要包括固定资产名称、原值、原值来源及来源附件等；当发现固定资产管理过程中出现问题时，可以根据纸质版固定资产卡片进行更改；在更换固定资产管理人员后，新任管理人员能够准确确认固定资产原值及依据，不至于因人员变更后就找不到依据。

（3）处理闲置和报废固定资产。在财务处理上，应及时将闲置和报废固定资产计提减值准备，进而减少折旧，降低成本，最终增加利润。在实物上，将闲置固定资产加以重新利用、维修或更改，发挥它的剩余价值。除此之外，还可以将闲置固定资产进行出租或出售，增加固定资产收入，增加企业现金流。

（4）增加财务人员固定资产方面的专业知识，减少财务过程中的失误。财务人员应加强专业知识的学习，在对固定资产进行登记时，应准确确认固定资产成本是否可以抵扣进项税、是否需要加装卸费等，在不确定的情况下，应多与其他部门沟通，确保每一项固定资产原值的准确性。

（5）在构建固定资产时，做出合理的决策，并进行合理的预算。领导层在做增加固定资产决策时，应充分考虑固定资产的实用性，不能盲目决策，造成资产建成后的浪费或者建造成无用资产。决策完成后，应该进行合理的预算，充分利用资金，及时跟进工程进度与预算的差异，避免造成不必要的资金浪费。

对企业而言，固定资产管理至关重要，对资产管理不善，将会导致固定资产的减值或者损毁。有效的固定资产管理，不仅能够发挥出固定资产的最大效益，而且还能降低企业成本，减少不必要的资金支出。

浅谈企业资产管理中的问题及措施

范秋月

［摘要］现如今，我国经济高速发展，企业要在竞争如此激烈的市场中站稳脚跟并求得长远发展，提高企业的经营管理水平是必不可少的环节。而资产管理是管理层特别需要关注的重中之重，一旦资产管理出现问题必将影响各部门的工作开展，对于制造型企业来说还会影响企业的正常生产。本文对企业资产管理工作中出现的一些问题进行研究并提出相应的整改措施意见，借以达到资产优化，完善企业的资产管理制度，推动企业资产管理的创新和发展，提高企业的经济发展的目的。

［关键词］资产管理　问题　措施

绪论

近年来，在我国经济高速发展的过程中，大多数企业相继展开了加强资产管理的工作，建立健全资产管理制度，以推动企业的发展。企业资产管理就是对企业所拥有或控制的资产进行合理分配，发挥最大的作用，为企业创造更大的价值。资产作为企业运营的基础保障条件，是建立企业管理制度的重要基础，也是企业可持续发展的关键因素[1]。然而一些企业在进行资产管理的工作中依然存在很多的缺陷，导致企业管理未能发挥应有的作用。在生产企业中，资产一般指单位对其具有控制权、自己使用的且货币能够可靠计量的资产，大体包括货币资金、存货、材料备件、房屋设备、各种应收及预付款项等。同时，资产的安全是企业维持稳定快速发展的保障，其中，资金管理显得尤为重要。

一、概述

（一）企业资产管理的概念

资产是由企业过去的交易或事项形成的、由企业拥有或者控制的、预期会给企业带来经济利益且成本能够可靠计量的资源。而资产管理是企业管理的中心环节，资产管理的对象是企业拥有或控制的有形、无形资产，通过企业的协调和配置，提高资产可利用率、降低企业运行维护成本，从而达到资产优化的目的，实现企业资产管理。

（二）企业资产管理的重要性

随着我国经济高速发展，全球经济一体化的趋势也日益明显，企业的资产管理也越发重要。加强企业资产管理，是企业资产安全运行的保障，是提高企业生产能力的核心，也是企业持续全面生产的关键。首先，加强资产管理可以有效提高资产使用率，实现资产利用最大化。其次，能降低企业维护成本，减少闲置资产。最后，能根据企业生产经营情况，合理配置资源，优化产业生产结构，完善企业财务管理制度，提高企业内各部门的工作生产效率，促进企业长期稳定发展。

二、资产管理中存在的问题

随着我国经济的发展，我国大中小企业经营的业务也越来越繁杂，资产种类也愈加多样化，这也导致我国企业资产管理的难度日益加大，在实际中或多或少都会出现一些问题，大致包括资金管理、存货物资管理、固定资产管理等方面的问题。这主要是因为管理制度建立不完善和内部控制制度不到位引起的。

（一）资产管理理念落后

在我国社会主义市场经济高速发展的过程中，企业的管理能力与制度建设未能得到相应的发展，制度的不完善以及管理层的理念落后都会导致企业的生产经营能力滞后乃至下降。首先，管理者应制定与本企业相适宜的长远规划和战略目标，不能只追求近期利益而忽略企业的长远发展。其次，管理者应增强学习能力，提高管理水平，具备与时俱进的管理理念，才能不断完善资产管理制度。最后，对资产管理没有予以足够的重视，未建立与之相关的制度并进行管理。没有在相关部门设置资产管理人员，将企业管理制度、内部控制制度以及财务信息系统结合起来完善资产管理制度，从而提高企业的资产管理水平。

（二）资金管理制度不完善

在企业运行过程中，货币资金是最为重要的一环，是企业生产的首要保障。首先，关于资金使用的申请，手续过于烦杂，流程过于繁琐，使得资金不能及时到位，从而影响企业的生产。比如，电费、水费等合同约定当月支付的项目，如若转款不及时可能导致断水断电及发生与客商的纠纷，从而减少企业的生产产量。其次，企业未能建立健全资金的审批制度，特别是大额资金的审批，没有成立专项资金讨论组，只是自上而下一人说了算的制度，不利于企业资金统筹及使用[2]。比如，工程项目的投资，若不经充分论证而一人独断专行很可能因为思考不周全而引起投资的失利以及资金的损失。再次，资金的使用未能与企业自身的预算相结合，导致企业货币资金的沉积或过度使用，加重了企业资金负担，从而导致企业产生经济损失。最后，企业资金内部控制制度不健全，财务人员职责不分离。各个单位应根据自身业务划分职责范围，比如，应付款项涉及业务种类多、金额较大的情况，就应该单独设立债权债务岗位，使得财务管理系统更加完整。

（三）存货物资管理不严格

首先，库房管理人员管理不规范、登记不及时以及生产人员领用不合理。备件等存货到了后没有及时收纳整理，导致库存信息管理不规范。夜间值班生产员工领用备件，没有及时开具出库单，导致库存数量对不上。生产员工超额领用又未及时退还，也会引起库存数据的不真实。其次，存货储量不合理，闲置资产积压。备件购买预算与实际使用率不符合，导致大量备件的堆积，或者因存货不足，临时性频繁购货产生了更多的成本。存货储量不足，会影响生产，从而降低利润；存货储量过多，占用的资金量大以及资产的沉积，引起维护成本增加。再次，存货计价方法不规范。根据《存货准则》第十四条规定，存货发出成本的确定方法包括：先进先出法、加权平均法和个别计价法。企业应该根据实际情况选择合适的计价方法，并及时对存货进行减值测试，计提跌价准备。最后，存货的盘点没有落实。企业的财务人员以及生产部门的人员应不定时抽查盘点库存的数量以及金额，避免出现账实不符的情况以及采购人员虚增或减少货物的情况。

（四）固定资产管理不规范

固定资产是指企业为生产商品、提供劳务、出租或经营管理而持有的，使用寿命超过一个会计年度的有形资产。在企业中，固定资产占有资产的比例是最大的，数量最多，种类也是最为繁杂的。由此，固定资产管理也就显得尤为重要。首先，固定资产账实不符。企业没有定时对固定资产进行盘点，导致出现账实不符的现象。主要是因为企业购进固定资产的采购人员没有及时办理手续，导致资产增加但财务账上并没有体现。还有固定资产报废处置，没有出具相关证明，工作人员就私下处理了，导致账实不符。其次，固定资产使用率不高。固定资产价值高，维护成本也高，如果固定资产不常使用，很难给企业带来相应的回报价值，导致资产闲置，从而产生更高的闲置成本，资金占用量大，导致企业经营困难[3]。最后，固定资产维护不到位。固定资产坏了没有及时修理维护或维护不到位都会产生更多的维护成本，造成企业资产周转率差。

三、措施

（一）设置专门的资产管理机构

在企业内部设置专门的资产管理机构，建立科学的资产管理体系，提高资产管理人员的业务水平以及风险意识。首先，需要合理分工，明确划分各个岗位的职责，建立职工绩效考核体系与资产指标评价体系，确保资产的安全和有效利用，提高员工的自觉性和积极性。其次，制定科学的资产管理流程，职工必须对各自负责的资产或环节承担责任，采购、验收、检修、盘点、报废等环节需要进行严格的登记和分析，以保证资产的真实性和可用性。最后，管理人员应对各项资产有清晰的认识，其信息数据的安全性要有明确的保障。

（二）建立完善的资金管理制度

随着经济的快速发展，互联网的使用也越来越便捷，将资金管理与信息化相结合，达到信息使用及时、处理及时的效果。建立从上而下、资金层层审批、意见透明的管理制度，有利于资金的管理和资金有计划的使用。加强企业内部财务信息系统的构建，简化资金审批手续，落实资金的使用情况。对于专项资金的申请建立讨论组，促进员工之间的意见交流，从而降低资金损失的可能性。健全资金预算与绩效考核制度，更好地统筹规划闲置资金的使用[4]。完善资金内部控制制度，划分各个财务人员的职责。财务信息的使用应做到不同人员其使用权限不同，保证财务信息的安全性。加强财务人员业务知识和财经法规知识的学习，注重企业资金往来的核对，做好应收应付款项的账龄分析，避免坏账的产生。

（三）完善企业存货管理制度

建立健全存货管理人员管理制度，及时登记入库出库单据并整理库存数量及摆放，对于存货管理人员的职责进行明确的划分，将库房管理人员的工作纳入考核。企业应派各部门的人员不定时抽查并实地盘点存货的数量是否账实相符。完善企业存货采购预算管理制度，企业应该将财务使用预算与生产力结合，根据市场的需求及自身能力购买存货，合理购货，避免大量闲置资金被占用，减少闲置资产的产生。完善企业存货领用制度，生产车间按照企业生产计划领用材料备件，规范领用手续并及时登记，避免账实误差。

（四）优化固定资产管理结构

1. 完善固定资产管理制度

固定资产作为现代企业日常运营与未来发展的重要因素，完善固定资产管理有助于推动企业稳定并快速地发展。首先，提高企业管理人员对固定资产的认知，一切从实际出发，加强管理人员对固定资产的使用、保养维护等方面的培训，提升固定资产的使用效率，减少资产的闲置支出。管理人员应该不定期对固定资产进行盘点抽查，确保账实相符，同时也要对固定资产的使用状况、库存情况进行分析整理，对于损坏、老化的设备应及时提交报废处置申请，避免出现影响生产的情况以及不必要的支出。财务人员在对固定资产报废处理时，申请等附件签字的手续一定要齐全，严格遵守固定资产报废的相关程序与规定。

2. 加强固定资产的使用管理

企业应该结合自身实际经营业务购入固定资产，提高企业生产能力。对固定资产定期进行检修和保养维护，延长资产的使用寿命，提高资产的使用效率，为企业创造更多的价值。对于不常使用的固定资产，因维修价值高，企业也应该想办法从中获取价值，租赁给其他部门或单位，收取一定的租金，也能减少一定的闲置成本。企业应定期举办固定资产使用的培训，促进职工之间的交流，提高职工的操作能力，减少因为操作不当而引发的设备损害。同时，加强职工的安全教育，提高职工的安全意识，避免安全事故的发生。

3. 完善企业固定资产内部控制制度

为了企业稳定快速的发展，完善企业固定资产内部控制制度很有必要。首先，明确固定资产工作人员各自的分工。预算、采购、验收、检修、维护、操作人员应该职责分工明确。预算人员对固定资产的价值进行分析，采购人员货比三家购进固定资产，验收人员对固定资产的好坏进行验收入库，检修人员定时对固定资产进行修理维护，操作人员应该认真学习固定资产的使用方法，安全操作。其次，完善企业绩效考核制度。对于违规报废处置的行为纳入绩效考核并予以处罚。

四、结语

在日趋激烈的市场竞争下，资产是企业发展的关键，资产管理已成为企业发展的重要因素，是企业管理的重要环节，做好企业的资产管理工作至关重要。将建立科学有效的资产管理制度和符合自身发展需要的资产管理系统相结合作为完成企业资产管理的实施手段，并确保其有效实施。企业应加强企业内部控制制度建设，结合企业自身的预算管理制度及绩效管理制度，形成符合自身发展的资产管理监督体系，从而提高企业资产使用效率，提升企业总体市场价值。做好企业资产管理工作不仅能够保障企业基本的生存和发展，还能够不断提高企业的市场竞争力，对企业实现长期战略目标具有重要意义[5]。

参考文献：

[1] 王滢. 关于加强企业资产管理的思考 [J]. 中国商论，2020 (10)：113-114.

[2] 张红丽. 关于加强企业资产管理的思考 [J]. 中国商论，2020 (9)：120-121.

[3] 刘家灿. 企业资产管理常见问题与应对措施探究 [J]. 中外企业家，2020 (16)：43.

[4] 范闽. 大型企业固定资产管理存在的问题及对策分析 [J]. 纳税，2019，13 (34)：257-258.

[5] 苗建峰. 关于加强企业资产管理的思考 [J]. 纳税，2020，14 (11)：136-137.

浅析会计监督弱化的原因及对策

陈虹羽

[摘要] 改革开放后我国市场经济发展迅猛，会计监督作为一项监督企业财务会计的重要举措，也得到了迅速发展。实践表明，会计监督能够很好地监督企业的财务活动，披露真实的财务会计信息给领导层以及投资者参考借鉴。然而，从历年来我国查处的虚假财务信息案例可以看出，我国会计监督中存在不少徇私舞弊现象。整体来看，我国目前会计监督呈现出弱化趋势，这严重违背了市场经济公平公正的原则，不利于经济可持续发展。鉴于此，本文主要研究会计监督存在的问题、原因及对策，并以某银行为例进行了分析。以期本文研究成果能为我国提升会计监督质量提供一定的理论参考。

[关键词] 会计监督　弱化　问题　对策　某银行

一、引言

会计监督，顾名思义就是对会计工作进行监督，监督过程中依据国家相关法律、法规，利用准确而全面的会计信息实现对经济活动进行监督和调控，目的是提升财务会计质量[1]。伴随着我国市场经济的迅速发展，现代的企业制度已经相当健全，相应的会计监督体系也逐渐完善，其所涉及的范围和内容已很广泛。与此同时，社会公众、投资人等对会计信息披露的完善性和真实性的要求也越来越高，促使着企业需要不断将内部监督、政府监督以及社会监督有机融合起来[2]。然而，笔者在深入企业内部调研时发现，目前很多公司的会计监督秩序混乱、虚假会计信息盛行，会计监督弱化现象较为明显[3]。这严重影响到企业的财务透明程度，损害了投资人、债权人了解财务会计信息的知情权。因此，企业应该从优化会计监督的内部环境和外部环境两方面入手，建立完善的会计监督机制来加强企业的财务会计监督。

二、会计监督弱化的原因分析

我国的会计监督近年来呈现出逐渐弱化的现象，虽然国家从制度层面、人力层面等做了很多努力，但弱化的态势并未得到彻底的扭转，会计监督信息披露虚假、会计师事务所恶性竞争等现象依然存在。这些现象严重扰乱了会计监督市场，给投资者、债权人，甚至国家造成了很大的经济损失。笔者认为，会计监督弱化主要有以下几方面原因。

（一）公司管理结构单一

规范的管理需要公司内部设立董事会、股东大会以及公司管理层，三方共同制约形成一个有机的整体。纵观国际上比较著名的大公司，它们无一不建立了完善的激励约束机制，管理层竭尽全力地去经营，目的是实现各位股东利益的最大化。然而，我国的公司在内部组织结构上存在着诸多问题，主要表现如下：一是公司股权过渡中，造成大部分股权不能正常地在市场中流通。我国的很多上市公司基本上是经过改组后才上市的，其股权主要集中在国家以及个别法人手中，因而公司股东对于公司主要管理层能力的高低并不是很关心，这就导致公司在经营方面常存在很多问题。二是很多公司的股东大会形式化严重。《中华人民共和国公司法》（以下简称《公司法》）明确规定，公司股东有管理经营本公司的义务。然而，在现实情况中，股东大会形式化现象严重，很多公司的日常经营活动，比如商品生产、材料费用等，均是由公司管理层或者董事会来掌控，似乎与股东并无多大关系。这明显不符合有关法规。

（二）会计师事务所监督行为扭曲

回顾我国过去几年发生的会计公司披露虚假信息案件，着实令人感到痛惜。比如，某实业公司重大案件，当时负责审计公司财务会计的某会计师事务所辅助某实业公司伪造虚假财务信息。这起案件严重影响了国人对会计师事务所监督公司财务的可信度，严重影响了会计师事务所的良好社会形象。究其根源，就在于会计师事务所的监督行为发生了扭曲，未尽到会计师事务所本应该尽到的责任。笔者将原因归结为以下两点：一是会计师事务所缺乏独立性。独立性是任何一个事物存在价值的前提条件，会计师事务所同样也不例外。实践表明，会计师事务所必须要具备足够的独立性，这种独立性表现为会计监督费用独立、人员组成独立以及机构运行独立。二是会计师事务所缺乏风险意识。我国目前的会计师事务所实行挂靠机制，这使得会计机构内部的人员法律意识、风险意识淡薄。虽然 1998 年已取消了这一机制，但脱钩时间有限，尚未从根本上消除其影响。这造成会计人员在实行会计监督的过程中片面追求创收，缺乏风险意识，忽略职业道德，对于披露虚假会计信息造成的社会影响置之不顾。可见，我国证券机构和众多会计师事务所亟须加强会计监督从业人员的风险意识。

（三）政府会计监督力度下降

查阅近年来我国政府的会计监督实例，不难发现监督力度下降是其呈现的总特征。笔者将监督力度下降的原因归纳为以下两个方面：一是国家的会计监督管理体制存在可改进的空间。在我国现行的会计管理体制背景下，会计人员既要遵循会计行业法律法规，又要接受企业领导人的管理，这种制度设计增加了他们开展工作的难度。二是会计人员的素质有待进一步提升。

伴随着我国经济的发展会计行业也得到了迅速的发展，会计机构以及会计从业人员已有了大幅度增加，这使得会计行业人员鱼龙混杂，虽然也涌现出了很多优秀的会计机构及从业人员，但不可否认也存在一些会计法律意识淡薄，不遵守行业规定的会计人员，这部分人员的存在极大地降低了会计监督行业整体人员的综合素质。因此，国家需要出台相关行业法律法规，严格把控会计人员从业资质，坚决将综合业务素质低的人员排除在会计监督行业之外。

三、强化会计监督的若干对策建议

（一）健全会计监督行业法律法规

前文已经谈到我国的会计监督法律法规不够健全，虽然新的《中华人民共和国会计法》（以下简称《会计法》）已经颁布并实施，但从其应用效果来看，会计信息造假类现象并未得到根治，会计监督弱化的趋势也未得到逆转。这就要求我国的会计立法机构要充分地考虑现实情况，针对会计监督在运行中存在的问题修订《会计法》。会计监督在现实社会中的有效运行离不开相关法律法规的保护，这就要求会计立法机构修订现有保障会计监督实施的法律法规，切实将会计监督法制化。

（二）强化会计监督的执行力度

修订《会计法》的目的是让会计监督合法化，让其实施中有法可依。但仅此并不够，必须要强化会计监督的执行力度。这就需要妥善处理好以下几个问题：一是要增强领导干部的遵纪守法意识，领导带头依法办事，严格遵守公司财务规定，坚决杜绝领导干部肆意妄为，滥用职权为自己谋利益。二是建立完善的行政执法体系，规范执法人员的行为。政府需要建立公开透明的行政执法程序，规范违反财务会计的处罚规定。三是要树立会计监督行政执法的威严性，提高执法的效率和质量。确保会计监督的主体合法，监督内容合法，监督对象守法。四是加强会计监督队伍建设，提高会计监督从业人员的综合素质，强化他们执法、守法的意识。五是建立监督行政执法的机制，确保行政执法公平公正。

（三）建立完善的内部会计监督体系

内部控制涉及企业的各类经济活动，应是一个完整的体系，核心是会计监督控制系统。要建立完善的内部会计监督体系，需从以下几方面入手：①加强企业内部的资金控制，明确规定各类资金的使用审批程序；②加强财务风险控制，企业应合理把控市场，科学地规划自身投资，将财务风险控制在合理范围内；③加强企业内部固定资产的监督控制，并将其纳入会计监督体系中，定期对其摸排核算；④树立会计监督的威严性。企业应提升内部会计监督的地位，制定相应规章制度确保会计监督日常业务顺利有序开展，坚决杜绝个别领导插手会计监督，确保会计监督的威严不受侵犯。

（四）建立完善的外部会计监督体系

前文已经叙述了我国外部会计监督主要是指社会会计监督和政府部门的监督，这两类监督是整个会计监督体系的重要组成部分。这就要求我国建立完善的外部会计监督体系。具体做法有：①建立协同性的政府监督机制，确保政府部门的财务会计监督与企业内部的监督相互沟通，避免政府部门和企业内部的监督相互重叠而浪费资源。②建立规范性的社会监督机制，这首先需要提高社会监督的地位，增强他们在会计监督中的独立性，坚决杜绝各类会计监督机构恶性竞争，扰乱市场。③建立科学合理的财务会计监督激励机制。会计监督中出现的问题，根本原因还是人的问题，会计从业人员的工作状况直接影响到会计监督的质量。这就要求政府部门建立科学合理的财务会计监督激励机制，对于表现优异的会计监督人员，可对其进行物质货币奖励，对于工作态度差、积极性不够强的从业人员可考虑降低薪酬。实现薪酬与会计监督人员的工作能力相挂钩。

四、某银行案例分析

（一）某银行会计监督现状概述

1996 年 6 月某银行成立于山东省某市，是一家由国有股份、中资法人股份、外资股份和众多个人股份等共同组成的具有独立法人资格的股份制商业银行。某银行在其发展历程中经过三次更名。于 2004 年引入澳洲联邦银行入股，成为某省首家、全国第四家与外资银行实现战略合作的城市商业银行，2009 年由某某商业银行更名为某银行。截至 2017 年年末，注册资本 41.22 亿元，资产规模 2 362 亿元，下辖天津、青岛、聊城、泰安、德州、临沂、滨州、东营、烟台、日照分行，152 家营业网点，是中国银行业协会城市商业银行工作委员会副主任单位。

现今中国很多商业银行，为了追求上市、做大资产规模等发展目标，盲目扩大经营规模，但是没有建立与之相匹配的防范风险的管理机制。2010年，某银行由银行内部从业人员和外部社会人员协作配合的重大金融诈骗案就是商业银行内控风险管理失调的代表。某银行在2010年年末，总资产为821.25亿元，较年初的617.36亿元增长了33.03%。年末存款余额为656.93亿元，较年初的546.55亿元增长了20.20%。年末贷款余额为421.53亿元，较年初的353.1亿元增长了19.49%。这表明2010年是某银行业务快速增长的一年。但是某银行的这种高风险的追求急速扩张方式，也使得某银行内部风险监管建设没有跟上其扩张的速度，给某银行未来的经营管理与自身发展带来了无法挽回的严重后果。

（二）某银行会计监督中存在的问题

通过对某银行的发展历史和具有代表年度的银行财务数据情况进行分析，某银行从城市信用社改制成为股份制商业银行的组织形式以来，不断盲目地追求扩大经营规模，造成了银行内部控制制度的建设不完善，会计工作的具体制度也没有落实到位。某银行对招聘进入银行的工作人员也不注重职业技能和专业素质的培养，责任意识不强。在某银行的经营管理中，经常出现一人兼职多个岗位的现象，这就会出现一名工作人员既负责会计监督工作又负责行政管理工作。这些问题使某银行的会计风险大幅增高，进而给犯罪人员留下可乘之机，给银行和社会造成了巨大的财产损失。除上述问题某银行在日常的会计监督中还存在以下两个问题：

1. 某银行制度落实不到位

某银行营业网点出现不按照银行规章进行业务操作的情况，其原因为：一是某银行受工作人员、银行运营成本等方面的限制，造成在客观上无法执行符合银行章程的要求。如某银行要求业务内部往来是按旬对账，而某些支行却存在因为工作人员人数不够，操作速度上不去等方面的原因，只能在内部实行按月份对账的情况。二是由于有些业务制度规定的操作性问题，虽然有相关的操作规定，但是在某些具体业务方面规定得不够详尽，或者出现了与实际操作不符的情况，导致某银行业务经办人员不知怎样正确操作处理。如《支付结算办法》规定，客户销户后，客户必须要将剩余的票证送还给银行，可是在实际银行业务运作中一些客户不会交回，因为没有相关的硬性规定，办理的业务人员也只能不了了之。三是业务人员在主观上不想执行到位。如关于支票的折角验印问题，有些基层支行的会计人员由于与客户在业务往来中很熟，经常把支票随手折一下就算应付了检查，没有去和银行预留的印鉴卡进行核实比对。

2. 某银行会计监督手段落后

某银行会计电算化虽然和以前相比有了很大提升，但专业技术的手段仍较落后，这就导致不能有效地防止银行经济风险。比如在当时的某银行的验印还主要是通过员工的肉眼观察的方法验证，这就造成了仿造的印鉴大多很难被检验识别。虽然各界对于商业银行会计监督的重视在不断提升，电子科技手段被广泛应用到各行业，也促进了商业银行会计电算化水平的发展，但还是存在一些问题，例如：目前某银行票证的检查还主要依靠银行工作人员的专业技能知识、工作经验来进行判断，这就导致越来越多伪造的票证很难被辨认出来。某银行人员信息监控体系也不够完善和严谨，一旦银行内业务工作人员受到利益驱使，就会很容易利用职务之便来窃取银行客户个人信息，这就会给某银行的发展带来极大的风险隐患。

（三）某银行会计监督的解决措施

1. 强化某银行制度落实力度

某银行的银行制度落实问题主要是因为银行会计工作人员一直处于一种“干好了没功劳，干不好要出问题”的状态，出现错误往往罚得多，工作表现好往往奖得少，严重打击了某银行会计工作人员工作的积极性。某银行要健全会计的监督职能，就要彻底改变曾经只重视工作问题而不重视工作业绩，只惩罚违规人员而不奖励守纪会计人员的状况。针对这一状况某银行应该对银行内部的会计工作人员的会计工作质量进行科学合理的考核评价，对于那些会计工作做得好的，要进行奖励，对优秀会计人员的工作经验要加以总结并加强交流学习；反之，就要对不良情况进行处罚。某银行要彻底解决制度落实不到位的问题就要彻底抛弃过去只注重员工精神激励，却不重视对员工进行物质奖励的手段，应该适当增加一些对员工可以延长休假时间、按工作业绩进行加薪奖励等内容的激励措施制度，以此来提高某银行监督效率。

2. 提高会计监督的科学手段

随着某银行业务领域和业务品种的不断增多，结合科技力量强化银行内部监督变得尤为重要，使得提高银行会计监督电子化上升到成为整个银行监督质量的保障基础。某银行应该加强计算机应用系统的建设，探索会计监督与电子科技等高新技术结合，以此来提高自身会计监督的技术手段，强化会计监督的力度。根据某银行自身业务实际需要，突破传统银行管理的要求，建立一套完善的包括会计监督在内的银行风险监测警系统，通过严密的计算机技术来检测和控制某银行日常中的业务处理操作，时时监控，从而有效防范银行会计风险，提高某银行经营管理水平。

五、结语

我国市场经济的迅速发展催生了很多大中小型企业，企业存在的价值就是在经济活动中获取利润。会计监督作为管理经济活动的一项重要举措，能够很好地管控企业内部的各类经济行为。然而，我国经济总量巨大，各类大中小型企业数不胜数，加之会计监督起步晚，尚存在很多不足，这与迅速发展的企业经济极其不匹配。因此，我国的会计监督近年来呈现出逐渐弱化的趋势，严重损害了我国经济健康有序发展。本文对我国的会计监督体系进行了粗浅的研究，旨在提升我国会计监督的质量。但鉴于水平有限，不妥之处在所难免，希望读者批评指正。

参考文献：

[1] 韩潇萱. 我国企业会计监督弱化的原因分析及治理措施 [J]. 农家参谋，2019（11）：227.

[2] 汪小丁. 企业会计监督弱化的原因及治理措施 [J]. 农家参谋，2019（8）：199，201.

[3] 蒲雅楠. 企业会计监督弱化的原因及对策研究 [J]. 现代经济信息，2019（4）：172-173，176.

[4] 蔡丽娟. 对企业会计监督的思考 [J]. 中国集体经济，2018（31）：134-136.

[5] 庞敬芹. 试论企业会计监督弱化的原因及对策 [J]. 中外企业家，2018（29）：12.

[6] 陈芳. 探究财政会计监督力度弱化的原因与强化对策 [J]. 2018，12（29）：72，75.

[7] 禹红. 对事业单位会计监督弱化的成因及其对策的分析 [J]. 科技资讯，2018，16（26）：92-93.

[8] 丁涛. 企业财务共享实施中的问题与对策 [J]. 国际商务财会，2018（9）：65-67.

[9] 方红洋. 关于强化会计监督的思考 [J]. 财会学习，2018（23）：115-116.

[10] 郭娣荣. 对会计监督的几点看法 [J]. 当代会计，2018（8）：9-10.

[11] 宋仁君. 关于企业会计监督弱化的原因及治理措施的思考 [J]. 商场现代化，2018（12）：130-131.

浅析原始凭证的失真

张雪妍

［摘要］原始凭证在现阶段社会经济发展中广泛应用，它的真伪直接影响着会计工作是否可以正常进行。原始凭证是会计资料和会计信息中非常重要的一部分，它的失真会对会计相关工作的真实性造成相当大的影响。因此，为了保证会计资料的真实性，会计相关部门必须对原始凭证进行严格的把关。原始凭证的失真会严重影响到会计资料的真实性和完整性，虽然《会计法》等会计相关法律已经实施，也使会计工作者有法可依，但原始凭证失真问题并没有因此得到根本性的解决，亟须在以后的会计工作中对防止原始凭证的失真做到切实的防范。

［关键词］原始凭证　失真　危害

一、原始凭证的相关概念

（一）原始凭证

原始凭证也叫作单据，它是在经济业务发生或者是在经济业务完成时取得的，主要用来记录或者证明经济业务是否发生、经济业务是否完成和完成情况的文字凭据。原始凭证不仅仅用来记录经济业务的发生或者完成情况，还可以用来明确相应的经济责任，是会计核算工作可以得到顺利进行的重要会计依据和原始资料，是在所有的会计资料中最具法律效力的一种。

（二）非原始凭证

不能证明经济业务的发生或者经济业务完成情况的单据，不能作为原始凭证。例如购销合同、购料申请单。

二、原始凭证失真的危害

（一）对国家的经济决策产生相应的影响

原始凭证如果失真，会直接影响到会计信息的真实性。而会计信息的失真又会影响到单位经济活动的正常开展，因此会影响到国家的经济决策，社会的经济秩序就很容易处于混乱不堪的状态。

（二）给企业、单位、部门一系列不正之风提供了条件

1. 原始凭证的失真会为企业、单位、部门创造“小金库”提供了条件

原始凭证的失真，会很容易形成“账外资金”等不良行为。合理、合法、真实的原始凭证是会计核算工作顺利进行的重要依据。若在会计工作中伴随着失真的原始凭证，那将会造成很多企业和单位不合理的开支。这些不合理的开支，绝大部分将用到一些不正当的经济活动中，会造成单位开销的随意性和任意性。因此，失真的原始凭证会为这些不正当的行为提供相应的条件。

如某单位员工制造了虚假的原始凭证用以表明购买办公用品，事实是利用这部分资金购买私人文具。这种行为就是利用虚假的原始凭证假公济私。

2. 原始凭证的失真会给企业偷税、漏税、避税、逃税等不良行为创造机会

原始凭证一般分为外来原始凭证和自制原始凭证两种，原始凭证的失真问题大都出现在自制原始凭证这一种。不真实的原始凭证会给企业或者单位的偷税漏税等不良行为创造机会和条件。

一些企业或单位，为避免税务上的支出，为企业获得更大的经济收入，想尽办法偷漏税。在销售收入上不做账务处理、单位擅自处理或销毁原始凭证、私自变造原始凭证和伪造原始凭证等行为，给企业或单位的偷税漏税创造了机会和条件。

（1）“销售收入不做账务处理”“擅自处理销毁原始凭证”：

以销售为主的企业要被国家征税，公司为避免被过多征收税金，即把销售收入金额降低。销售收入的降低，即降低了税收的征收基础。因此，有的财务人员会把记有销售收入的原始凭证不入账或将其进行销毁。

（2）“私自变造原始凭证”“伪造原始凭证”

企业或单位直接在原始凭证上人为修改数字以及主要事项，或直接伪造虚假的原始凭证来偷税漏税。

如某单位把原始凭证上金额数字进行修改变动使其资金数额发生变化，对金额收入来源给予更改等。如某公司销售收入为 10 000 元，财务将其金额改为 1 000 元，即税收的征收基数就随之减少了。

税收是国家财政收入的主要来源之一。偷税漏税这种违法行为的出现，会直接

影响到国家的财政收入，会造成国家财政收入的减少。不真实、不合理的原始凭证，不仅会影响到国家的财政收入，而且会给人民群众的财产也带来相应的损失。并且，失真原始凭证的存在，会助长那些违法乱纪的管理者进行违法活动。

（三）损害企业和单位的名誉及形象

如果会计工作人员直接参与到制造虚假原始凭证的队列中，这种没有职业道德的行为，会降低会计人员的社会责任心和工作使命感。这样现象的出现，会直接影响到会计人员的职业道德和社会素养，破坏整个团队的形象，以及企业的名誉与形象。

如某企业的会计人员制作虚假的原始凭证与某单位的库管人员商量，决定证明购买的材料已经验收入库。但实际上是假公济私把单位购买的东西带回家供私人使用。最后因分赃不均等一系列问题而被败露。这样一来，不仅自身职位难保，还会影响整个会计行业的职业道德素养。

（四）影响企业管理者的决策

失真的原始凭证，会使相关的部门的工作实施缺乏相应的可靠性和科学性。尤其突出的是使管理者的决策缺乏相应的可靠性和科学性。

失真的原始凭证不但会使企业的经营管理活动陷入被动的状态，还会影响企业做出正确的判断，必然使企业的竞争力受到削弱。

如一张错误的“原始凭证”表明某单位上月给车间购进了10 000吨的钢材用以制造吊车，按计划本月只用再购进500吨钢材就可以全部完工了。但事实是因原始凭证数据的错误，上月实际只采购了1 000吨的钢材用以生产，因此备料完全跟不上进度从而影响了生产。企业管理者因为失真的原始凭证做出了错误的决策，从而导致生产经营的延误，给企业和单位带来了重大经济损失。

（五）影响会计人员的责任心和使命感

1. 会计人员如果失去职业道德素养，很容易出现原始凭证失真事件

原始凭证很容易被公司会计和出纳合谋后进行伪造，其目的是从中“捞到油水”，用以牟取私利。这样的行为如果未被相关部门发觉，会使得两人变本加厉地继续实施这种违法行为。利益诱惑的无限化，该会计和出纳已失去了会计人员应当具备的社会责任心和工作使命感，影响了会计人员的职业道德素养，从而走上了违法犯罪之路。

2. 原始凭证的失真会影响企业和单位的名誉以及形象

会计和出纳都属企业的财务人员，应该具备良好的职业道德素养。因为只有这样，才能使企业的发展蒸蒸日上。但这种所作所为会大大地降低财务人员的使命感和责任心，也会丧失财务人员应有的职业道德素养——“敬业爱岗”“依法办事”

“搞好服务”“熟悉法规”“客观公正”“保守秘密”。

财会人员弄虚作假的行为肯定会受到应有的惩罚，这不仅败坏了他们个人的名誉，也影响到了企业的名誉，也使企业在社会发展中丧失了市场竞争力。

三、导致原始凭证失真的主要原因

（一）会计工作人员职业素养低，管理阶层“假公济私”为己谋利

会计人员是单位财会工作顺利开展、进行核算和监督的主体。如果会计人员的职业素养和专业技术不过关，导致的结果是会计信息核算的错误，从而会导致失真原始凭证的出现。

会计相关的管理阶层对会计信息的真伪，以及会计工作的完成是否完整起着极为重要的作用。更有少数管理阶层“假公济私”，利用自己的特殊权力为自己或他人牟取最大的利益，怂恿或者威胁会计工作人员做假账。

（二）内部监督和社会监督制度的不健全

1. 内部监督制度中显现出社会上大部分会计人员并不具备会计监督者特有的权利和地位

我国《会计法》中明确规定，会计人员应该监督本单位的经济活动。但是，社会上大部分会计人员并不具备会计监督者特有的权利和地位。出现的情况就是内部监督职能没有得到很好地发挥，会计人员的监督职能也缺乏相应的独立性。公司或单位的会计信息大都来源于企业的内部，如果该公司不具备健全和完整的管理制度来对其会计信息进行监督，则会使该公司的会计信息失真。

2. 社会监督制度中，人民群众接触和了解经济活动的机会并不多，无法监督其经济运营状况

现阶段，社会监督的监督主体主要是人民群众，人民群众的广泛影响力和社会舆论的号召力，不断促进着社会监督制度的发展。

政府为了提高社会监督的力度，要求各个企业单位把政务活动的详细情况公之于世，接受群众的监督。但是，人民群众接触和了解经济活动的机会不多，没有办法监督其经济运营状况，从而也就没有办法了解和掌控企业资金的使用状况。如果仅仅从单位对外公布的资料上着手，就很难发现纰漏。

单位的管理阶层为了使自己属下部门和单位利益的最大化，从而过多重视缴税纳税的筹划，而忽略了同样重要的会计核算和会计监督。相关的审计机关，大都把审计工作放在国有大中型企业上，没有针对所有企业，也不能对所有小、微型企业进行全面和严格的审计。

会计监督作为经济监督的重要内容之一，不只是以单位的利益为出发点，还要

以经济活动的真实性、合法性和合理性为出发点，都应该有效地对其进行全面的监督和管理。

对会计工作合法性的监督，不仅要促使社会经济活动严格遵循国家的财经方针和法规制度，而且要切实地执行国家财经方针和法规制度。我们要不断地进行会计核算，要不断研究和深入研究会计工作的特点，逐步建立起一个优秀的会计监督体系，并让其发挥应有的作用。

（三）法律条款规定的不完善

1.《会计法》

会计工作的根本大法《会计法》得以实施，以及一系列会计相关法律的相继推出，在实施中也发现有诸多问题。

“处罚标准”的设定——比如“情节严重”和“金额较多”这些词都缺少相应的硬性标准，让工作人员不好把控。因此，制定《会计法》的相关部门应该及时修订，并且给出好的解决方案。

2.《企业会计准则》

《企业会计准则》告诉我们，对于不一样的条件可能会产生不一样的理解，从而造成实务操作的不确定性，这种不确定性也将使得如无形资产的界定、长期投资等概念的界定具有不确定性。这些不确定性都很容易导致会计信息的失真。

3.《财务通则》

《财务通则》中对于会计工作如何开展有着明确的规定，但“有法不依”的现象仍然存在，严重违法乱纪，无视财务通则违规做账使得会计信息失真。

四、原始凭证失真的解决办法

（一）提高财务人员的职业技能和职业素养

当代科技不断发展，经济也随之发展，经济的发展离不开财务人员对经济业务的管理。会计人员只有不断地学习，不断地更新专业知识，才能够跟上时代的进步，才能与时俱进。

1. 会计人员定时进修学习

随着时代的进步，社会客观环境发生了巨大的变化，财会工作者必须不断学习和进步就显得尤为重要了。财会人员必须时刻关注自己的业务水平，不断认识到自己的业务水平与现阶段财会人员应具备业务水平之间的差距。因此财会人员应主动进修学习，或由单位统一组织对财会人员进行定期的培训和提高业务水平，从而不断提高财会人员的职业技能，增强其职业素养。

2. 部门进行定期人员素质抽查

会计监督体制各要素中，对会计人员的业务水平和职业道德素养进行抽查和监督显得尤为重要。如没有外在的力量对财会人员进行监督督促，财会人员的职业技能和职业素养就得不到很好的发挥。因此，相关部门要不断对财会人员的职业素养和专业技能进行不定期抽查，通过监督的力量，来保证其财会人员始终具备良好的职业技能和职业素养。

3. 制定职业奖惩制度

不定期进行公开表扬宣讲大会，对职业技能高超或是职业素养优秀的财会人员奖励。对优秀财会人员进行认可和奖励，是对员工工作行为或者工作绩效的积极关注；对优秀的有积极影响的财会人员进行适当的奖励和表扬，会调动员工的工作积极性；是吸引和激励人才和留住人才的重要保证，也是实现人力资源战略目标的重要手段之一。定期对财会人员优秀事迹进行认可和奖励，是实现员工与企业共同发展的重要保证。

（二）培养有职业道德的监督人员

监督机构的“名存实亡”是现实中很实际的问题。监督是种强制制约的力量，不得不承认的是，它在解决问题中充当着举足轻重的角色。

只有在监督和制约的共同作用下，事物才会健康、顺利地发展下去。但是，监督者也必须有制约它本身的事物。如果没有事物可以监督它，那它也很可能变成一种非积极的力量。

1. 会计人员应谨记《财经法规与会计职业道德》

《财经法规与会计职业道德》是会计基础工作的重要规章制度之一，对强化会计工作起到了积极的作用。随着会计事业的不断发展，《财经法规与会计职业道德》的部分规定已不能适应新形势的需求。会计工作中的一些新情况、新问题也需要新的规章制度来予以规范。因此，对财会人员进行定期培训，让其谨记《财经法规与会计职业道德》，这对提高财会人员的职业道德素养有着相当重要的作用。

2.“因地制宜”制定出一套针对财会人员的职业道德规范制度

“因地制宜”“因材施教”，根据不同的事物采取不同的应对措施，在针对不同事物提出不同解决方法上起着尤为重要的作用。因单位性质的不同，单位工作人员也就具备着该行业应有或是特有的职业道德素养。

3. 不断提高和加强领导阶层的业务知识水平和法律意识

对于领导阶层而言，学习是不断进步和发挥领导作用的根本途径，不断提高和加强领导阶层的业务知识水平和法律意识就显得尤为重要。

如领导们带头外出学习相关业务水平知识，因“上行下效”的示范效应，将促使管理人员和财会人员更好地执行《会计法》及相关法规，这样就能够收到很好的效果。

（三）审批制度的逆向开展

原始凭证的审核顺序应该是：会计主管或者会计机构负责人进行审查，之后由单位负责人或者财务部门的领导签字确认。

审批制度的逆向开展，可以从源头上杜绝失真的票据产生，并且发挥监督职能。这样一来，就为领导签批单据奠定了相应的基础，做到把“事前监督”放在第一位，避免后患，才能切实保证会计资料的真实可靠。

原始凭证先由会计主管对它的真实性和完整性进行确认，再由单位负责人或者分管财务的领导进行签字确认；会计人员为审批制度把关，从而可以预防会计工作中出现重大错误。

（四）对违反会计法律规定者必须进行严厉的惩罚

在不断加大对违反会计法律法规的打击力度的同时，还要将会计工作引入正轨，使其健康发展。对那些知法犯法、违反规定的人给予严厉的惩罚——使其充分认识到“有法可依、有法必依”，相关单位应做到“执法必严、违法必究”。

为了防止或避免单据的失真，保证其真实性，财会人员必须做到：提高财务人员的职业技能和职业素养、培养有职业道德的监督人员，并把审批制度逆向开展等。

原始凭证能够很好地反映出社会经济的发展状况，从而利于会计相关工作的顺利开展。但如果原始凭证失真的话，就不能够很好地反映社会经济的发展状况，从而产生很多的危害。如原始凭证失真会对国家的经济决策产生相应的影响；会给企业、单位、部门一系列不正之风创造相应的条件；会损害到企业和单位的名誉以及形象，等等。因此，必须坚决做到杜绝原始凭证的失真。

科技不断发展，经济也随之发展，经济的发展离不开财务人员对经济业务的管理。会计人员只有不断地学习，不断地进步，不断地提高自身的职业素养和专业技术水平，才能跟上时代的进步，才能与时俱进。其中，加强对原始凭证的监管显得尤为重要，各位财会人员应时刻铭记和注意。

在以后的工作中财会人员要汲取经验教训，不断地发现问题并想办法解决问题。在做到借鉴专业人士经验和理论的同时，也要善于发现新的事物发展趋势，总结开拓，与时俱进，为会计事业做出更大的贡献。

参考文献：

[1] 陈汉文. 中国注册会计师职业道德研究 [M]. 北京：中国金融出版社，2000.

[2] 陈信元. 我国会计信息环境的初步分析 [J]. 会计研究，2000 (8).

[3] 刘峰. 制度安排与会计信息质量 [J]. 会计研究，2001 (7).

[4] 姜云菊. 会计原始凭证的失真及管理 [J]. 雁北师范学院学报，2007 (6).

关于食品药品检验院（所）实施政府会计制度会计年末结账业务的思考

郑　婧

2019年1月1日起实施政府会计制度后，食品药品检验院（所）已全面执行“双基础、双报告”核算模式，年末结账需要对财务会计和预算会计分别进行，尤其是以权责发生制为基础的财务会计，其期末结账与食品药品检验院（所）原事业单位会计制度有较大差异，面临较多问题。本文旨在全面梳理执行政府会计制度以来，食品药品检验院（所）在实施中发现的问题，以推动食品药品检验院（所）年末结账按政府会计制度有关规定规范运行。

一、政府会计制度年末结账基本内容

结账是为了总结某一个会计期间内的经济活动的财务收支状况，据以编制财务会计报表，而对各种账簿的本期发生额和期末余额进行的计算总结。通俗地说，就是结算各种账簿记录，在一定时期内所发生的经济业务全部登记入账的基础上，将各种账簿的记录结算出本期发生额和期末余额的过程。其内容包括：

（1）检查本期内日常发生的经济业务是否已全部登记入账，若发现漏账、错账，应及时补记、更正；

（2）检查是否按照权责发生制的要求，进行账项调整的账务处理，以计算确定本期的收入、费用和净资产；

（3）在本期全部经济业务登记入账的基础上，结算出所有账户的本期发生额和期末的余额，计算登记各种账簿的本期发生额和期末余额；

（4）将损益类科目转入“本期盈余”科目，结平所有损益类科目；

（5）将“本期盈余”科目收入与费用进行对比，结算出本年盈余并结转到“本年盈余分配”科目，结平“本期盈余”科目；

（6）根据单位决策对本期盈余进行分配，提取各项专用基金；

（7）对比可分配本期盈余及分配情况，结算出“本年盈余分配”科目余额并结转到“累计盈余”，结平“本年盈余分配”科目。

应强调的是，食品药品检验院（所）在每年年末结账前，应该组织实施全面的资产及债权债务清查盘点，并根据清查盘点情况及时上报相关上级主管部门、规范处置盘盈盘亏，方能确保年末结账数据真实、全面、正确地反映单位的财务状况和运行情况，进而为政府账务报告的正确、规范编制提供充分保障。

二、年末结账前的全面清查盘点

年终决算前，为确保年终决算会计资料真实、正确，需进行全面清查盘点。全面清查盘点是指对食品药品检验院（所）的全部资产、负债、净资产进行盘点和核对，全面清查的对象一般包括属于本单位和存放在本单位的所有货币资金、财产物资、债权债务。年末结账前的全面清查盘点，目的是核对清查盘点数据与财务会计账簿数据，确定账面结存数额和实际盘点结存数额是否一致，以保证财务会计账实相符。

年末结账前的全面清查盘点要注意以下几点：

（一）提前做好整体规划

为保证年末结账前的全面清查盘点顺利进行，财务部门要提前做好整体规划，科学合理编制全面清查盘点工作方案，报分管领导审核同意，如果多年未进行全面清查盘点，涉及面广，工作量和工作难度很大，建议报院（所）领导班子集体决策并发布文件通知，以确保全面清查盘点有力、顺利推进。财务部门各岗位要提早做好充分准备，及时传递相关会计单据，及时与相关业务部门开展有效沟通，告知年末结账时间、指导和协助其开展年末清查盘点，确保单位全面清查盘点优质、高效推进。

（二）资产清查盘点

资产清查盘点是维护资产安全完整，解决资产账实不符问题的有效措施。食品药品检验院（所）应建立健全资产清查盘点实施细则，明确和细化资产清查盘点的政策依据、工作程序、操作规范和管理要求，确保政府会计年终资产清查盘点规范化、制度化进行。

食品药品检验院（所）应努力克服年终资产清查盘点常见的问题——“盘而未决”。年终资产清查盘点前应按主管部门年终决算要求，周密组织做好资产清查工作规划；制定科学、合理、操作性强的资产清查实施方案；及时向主管部门报送资产清查盘点结果及资产核实申请报告；主管部门按照规定权限进行合规性和完整性审核（审批），批复资产处置意见或报同级财政部门审批（备案）。食品药品检验院（所）依据有关部门对资产盘盈、资产损失和资金挂账的批复，调整资产信息系统相关数据并进行账务处理。

（三）重点清查债权债务

由于部分行政事业单位债权债务管理不善，存在数额大、时间长、债权债务未如实反映等情况，政府会计制度实施时应予以重点关注。

食品药品检验院（所）年终结转前的债权债务全面清查盘点，对应收款项的清查，应由财务人员按照合同逐一核对，分类核实会计凭证号、经济事项的发生时间、内容、款项结算相关约定、经办部门及经办人等，整理成表并要求经办部门及相关人员签字确认，督促其按年终财务工作规定时间办理销账：涉及资本化的，要及时办理入库手续；涉及执行中的合同，经办部门负责人及经办人要签字确认合同执行进度；涉及呆死账要提交相关资料证明；涉及会计记账错误的，财务部门要及时按照财务制度规范调整账务。涉及无正当理由的欠款以及长期挂账的借款、已过合同期限未执行完的坏账等，应分类整理编制处置方案，书面形式上报院（所）领导集体决策，财务部门按照单位集体决策会议决议和财务制度，通知经办部门及人员办理相关手续，实施账务处理。

（四）收入与费用及支出的清查

政府会计制度实施后，行政事业单位的收支需要分别以财务会计的权责发生制和预算会计的收付实现制两种会计基础进行确认，食品药品检验院（所）年终结转前应认真进行收支清查，以如实反映本单位的收支规模。

食品药品检验院（所）年终结转前对收入的清查，应着重从收入取得的合法、合规性、入账及上缴国库的及时性；是否执行“收支两条线”管理要求，是否截留、坐支应缴收入；是否存在隐瞒、转移收入，形成“账外账、小金库”的情况；是否存在通过资金在账户的转移，将财政资金转为非财政资金；是否存在往来科目中核算和坐支收入等方面进行，并根据清查结果及时纠正整改。

食品药品检验院（所）年终结转前对费用及支出的清查，应着重从单位是否存在未经批准随意调整预算、安排无预算支出或超预算、超标准、超范围等违规违纪支出；是否出现在国家政策规定之外发放钱物甚至化公为私，采取种种弄虚作假的手段，套取现金发放职工薪酬（福利）的行为；是否存在挤占挪用专项资金的行为等，并根据清查结果及时纠正整改。

三、结账后主要会计科目的核对方法

政府会计制度实施后，行政事业单位的年终结转应对财务会计和预算会计分别执行。

（一）财务会计的年终结转

财务会计的年终结转相对比较简单，只需要将当年的全部收入和全部费用结转到“本期盈余”进行“扎差”，然后将差额结转到“本年盈余分配”，按相关政策和制度实施分配、提取专用基金后，将余额结转到“累计盈余”，年终结转工作完成。

预算会计的年终结转相对复杂，主要原因是为了满足国家财政预算管理及绩效管理的需要，预算会计的期末结转一是要求区分财政拨款和非财政拨款；二是要区分专项和非专项资金；三是财政拨款结转结余科目设置了2、3级明细科目，要在财政拨款结转结余明细科目间进行结转。

（二）财政拨款结转/结余的年终结转

“财政拨款结转”科目的年终结转，首先将当年预算收入类和支出类涉及财政拨款的收入支出结转到“财政拨款结转——本年收支结转”进行“扎差”；其次将“财政拨款结转”相关明细科目，如年初余额调整、归集调入、单位内部调剂、本年收支结转等有关明细科目余额，结转到“财政拨款结转——累计结转”科目；最后按照有关规定将符合财政拨款结余性质的项目余额转入“财政拨款结余——结转转入”，完成年终结转。

“财政拨款结余”科目的年终结转，除了按照有关规定将符合财政拨款结余性质的项目余额转入外，也需要完成将“财政拨款结余”科目的年初余额调整、归集调入、单位内部调剂明细科目的年终余额事项，结转到“财政拨款结余——累计结余”明细科目。

（三）非财政拨款结转结余的年终结转

“非财政拨款结转”科目的年终结转，首先执行常规结转，将非财政拨款专项收入和非财政拨款专项支出结转到“非财政拨款结转——本年收支结转”进行“扎差”；其次将“非财政拨款结转”相关明细科目余额，如年初余额调整、缴回资金、项目间接费用或管理费、本年收支结转年末余额结转到“非财政拨款结转——累计结转”；最后将留归本单位使用的非财政拨款专项剩余资金转入非财政拨款结余，即将“非财政拨款结转——累计结转”留归单位使用部分结转到“非财政拨款结余——结转转入”。

非财政拨款结余、专用结余、经营结余、其他结余相对比较简单，此处不再赘述。

综上所述，政府会计制度实施后，食品药品检验院（所）的年终结账工作需要根据政府会计制度的要求，认真组织实施年终结账前的固定资产清查盘点、债权债务的重点清查、收入与费用支出的全面清查，方能确保政府会计制度执行“不变形、不走样”。

第二篇

内部控制与风险

B2B 类上市公司财务风险研究

陈 燕

［摘要］互联网的日新月异使得 B2B 电子商务得以高速发展。在经济全球化的背景下，B2B 类上市公司经营面临着新的挑战和更大的经营风险，因此应高度重视 B2B 类上市公司存在的财务风险问题。首先，本文以 B2B 类上市公司为研究对象，选用 Z 值计分模型计算其 2015—2018 年的财务指标综合值，判断我国四家 B2B 类上市公司是否存在财务风险。其次，从偿债能力和盈利能力两个方面综合分析了三种财务指标，指出 B2B 类上市公司面临的主要财务风险。最后，针对主要影响财务风险的因素，分别从六个方面提出了防范财务风险的政策建议。

［关键词］财务风险　B2B 上市公司　风险防范

一、B2B 与财务风险的内涵

（一）B2B 的内涵

B2B（Business to Business）是现今电商公司运用最多的一种方式，具体来说就是企业对企业在互联网上展开贸易活动的一种商务模式。

（二）财务风险的内涵

财务风险是指企业在各项财务活动中，由于内、外部环境及各种难以确定和无法控制的因素及原因，使得企业的实际收益与预期目标发生偏离而造成的经济损失。在市场经济活动中，财务风险存在于经营的各个环节。

二、B2B 类上市公司财务风险实证分析

本文选取的样本为四家 B2B 类上市公司 2015—2018 年的会计报表数据。研究模型和样本选择是基于以下原因：

①Z 计分模型适合于上市公司财务分析；②此四家上市 B2B 电商公司市场占有

率超过 86%，具有代表性；③选取近几年的年报，更能体现 B2B 电商公司财务风险的现状，通过横向与纵向比较，便于掌握各公司自身的风险特点及变化趋势。

（一）B2B 类上市公司财务风险的验证

根据有关会计报表数据，四家上市 B2B 电商公司的 Z 值计算结果如表 1、表 2、图 1 所示。

表 1　2015—2018 年四家 B2B 类上市公司财务指标　　单位：万元

电商公司	指标	2015 年	2016 年	2017 年	2018 年
A 公司	期末流动资产	923 600	986 000	539 500	151 100
	期末流动负债	715 300	799 900	461 900	147 200
	期末总资产	966 600	1 021 000	576 400	187 100
	期末总负债	719 200	804 000	467 900	157 600
	平均总资产	954 800	762 750	345 300	139 250
	期末留存收益	27 603 604	21 522 119	18 767 580	17 855 460
	营业收入	2 180 000	9 606 000	7 211 000	4 457 000
	EBIT	6 092	21 460	16 450	10 130
	期末股东权益市值	247 400	217 400	108 500	29 460
B 公司	期末流动资产	242. 60	234. 04	138. 89	105. 26
	期末流动负债	236. 55	194. 07	82. 31	55. 52
	期末总资产	530. 81	473. 44	297. 48	237. 70
	期末总负债	334. 72	286. 83	176. 08	134. 59
	平均总资产	238. 32	186. 47	122. 08	116. 30
	期末留存收益	264. 79	296. 68	378. 23	412. 78
	营业收入	561. 16	222. 49	12. 13	10. 29
	EBIT	23. 48	28. 04	23. 48	22. 74
	期末股东权益市值	196. 09	186. 61	121. 39	103. 11
C 公司	期末流动资产	2. 88	23. 88	18. 94	15. 49
	期末流动负债	10. 13	17. 79	13. 71	13. 45
	期末总资产	8. 42	36. 09	31. 21	28. 04
	期末总负债	33. 01	18. 28	14. 70	14. 08
	平均总资产	13. 37	21. 41	17. 21	15. 60
	期末留存收益	35. 92	5. 83	8. 70	6. 66
	营业收入	48. 89	69. 22	30. 88	17. 68
	EBIT	40. 98	3. 04	3. 38	2. 15
	期末股东权益市值	24. 59	17. 81	16. 51	13. 95

表1(续)

电商公司	指标	2015 年	2016 年	2017 年	2018 年
D 公司	期末流动资产	48.91	53.18	82.47	45.98
	期末流动负债	16.91	1.90	49.45	29.54
	期末总资产	59.74	55.41	86.40	49.67
	期末总负债	17.49	19.02	49.54	29.65
	平均总资产	51.04	67.82	64.22	40.22
	期末留存收益	264.78	296.66	378.22	412.78
	营业收入	55.35	96.14	129.33	94.53
	EBIT	3.14	3.53	5.95	4.23
	期末股东权益市值	42.250 0	36.39	36.86	20.02

表 2　2015—2018 年四家 B2B 类上市公司 Z 值计算结果

电商公司	项目	2015 年	2016 年	2017 年	2018 年
A 公司	X_1	0.22	0.18	0.13	0.02
	X_2	0.28	0.21	0.32	0.95
	X_3	0.01	0.02	0.03	0.05
	X_4	0.34	0.27	0.23	0.19
	X_5	0.22	0.13	0.21	0.32
	Z	0.84	0.86	0.94	1.12
B 公司	X_1	0.01	0.08	0.19	0.21
	X_2	0.13	0.14	0.17	0.18
	X_3	0.04	0.06	0.08	0.10
	X_4	0.59	0.65	0.69	0.77
	X_5	0.24	0.12	0.10	0.09
	Z	0.91	0.92	0.92	0.94
C 公司	X_1	0.86	0.17	0.17	0.07
	X_2	0.43	0.16	0.28	0.24
	X_3	0.49	0.08	0.11	0.08
	X_4	0.74	0.97	0.11	0.99
	X_5	0.37	0.32	0.18	0.11
	Z	0.73	0.68	0.48	0.46

表2(续)

电商公司	项目	2015 年	2016 年	2017 年	2018 年
D 公司	X_1	0.54	0.62	0.38	0.33
	X_2	0.36	0.27	0.33	0.42
	X_3	0.05	0.06	0.07	0.09
	X_4	0.24	0.19	0.74	0.68
	X_5	0.10	0.14	0.20	0.24
	Z	0.56	0.76	0.89	0.36

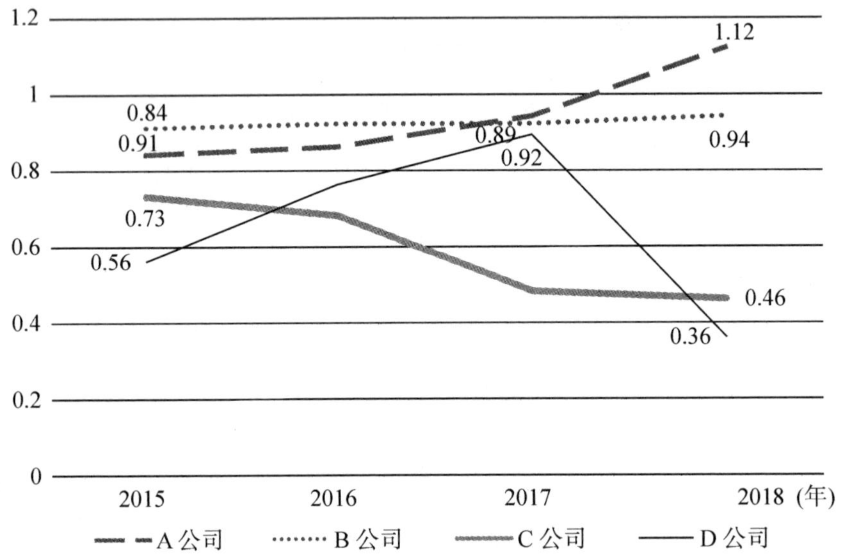

图 1　2015—2018 年四家 B2B 类上市公司 Z 值变化趋势图

根据上述表、图计算结果，可以看出，2015—2018 年各上市 B2B 电商公司 Z 值基本小于 1.81，根据 Z 计分法的判断准则，当 Z 值<1.81 时，说明企业处于危险之中，各 B2B 电商公司的财务风险较大，如果这时资金链断裂或遭遇筹资困难，B2B 电商公司的资产无法有效转变为可用现金流，经营利润无法弥补资金缺口，将引发财务危机。

从上述各 B2B 电商公司的财务数据和计算结果来看，其息税前利润在期末总资产中的占比均较小，说明 B2B 电商公司的获利能力较弱，获利能力弱将影响企业经营的资金流转，没有充足的利润支撑企业扩大规模和发展。同时，X_1是反映企业净营运资本、流动资金净额的，从上述计算的结果来看，说明了 B2B 电商公司在 2015—2018 年的资产周转速度慢，变现能力弱。在企业资产流动性差，资产盈利能力不强，企业获取利润的能力与资本扩张不相适应时，B2B 电商公司容易遭遇财务风险，陷入财务危机。

（二）基于财务比率指标的 B2B 类上市公司财务风险分析

B2B 类上市公司由于平台建设前期资金投入大，资金需求量较大，通常也会通过举债等方式进行运转。对于 B2B 类上市公司的偿债风险，本文主要选取资产负债率来进行分析。

1. 长期偿债能力分析

（1）选用的指标：资产负债率

资产负债率表现了公司负债经营的能力，资产负债率高低也是债权人决定是否放贷或放贷多少的评判标准。资产负债率通常应为 0.4~0.6，说明负债处在一个较为安全可控的范围之内，但主要还是要结合整个经济形势和公司行业特性进行判断。

（2）指标计算结果（见表 3）

表 3　2015—2018 年四家 B2B 类上市公司资产负债率情况

年份	资产负债率			
	A 公司	B 公司	C 公司	D 公司
2015	0.75	0.74	0.72	0.81
2016	0.74	0.77	0.72	0.82
2017	0.69	0.73	0.69	0.81
2018	0.54	0.73	0.66	0.76

（3）长期偿债能力的评价和分析

根据表 3 所示，2015—2016 年，四家电商公司的资产负债率多数超过 0.7，而 D 公司的资产负债率甚至超过 0.8；2017—2018 年，四家电商公司的资产负债率有所下降，其中 A 公司下降得尤其明显，2016 年的资产负债率下降到 0.54，从数值来看，是四家电商公司中债务总额在总资产中占比最小的。

在这四年间，适逢电商行业的高速发展期，电商公司处于调整经营战略、合并重组时期，为加大竞争优势，需要扩充交易平台设备、引进先进系统等提升服务质量，资金需求量自然较大，而在自有资金占总资产的比重小的情况下，电商公司采取的是高风险、高报酬的经营战略，较多地采用向银行举债等较快的方式。虽然举债能带来财务杠杆的作用，但如果偿债能力较低，将产生较大的长期偿债风险隐患。

2. 短期偿债能力分析

（1）选用的指标：流动比率

流动比率体现了企业在短期债务到期前，将资产变现用于偿付短期欠债的能力。一般认为合理的最低流动比率为 2。

（2）指标计算结果（见表4）

表4　2015—2018年四家B2B类上市公司流动比率情况

年份	流动比率			
	A公司	B公司	C公司	D公司
2015	0.24	0.61	0.37	0.42
2016	0.30	0.75	0.34	0.51
2017	0.31	0.79	0.39	0.22
2018	0.23	0.90	0.03	0.20

（3）短期偿债能力评价和分析

从表4中2015—2018年四家B2B类上市公司流动比率来看，没有一年达到合理最低流动比率的，说明资产的变现能力较差。B2B电商公司的流动资产主要是现金、应收账款、存货和其他一些流动资产。从四个B2B类上市公司的财务报表中可看出，B2B电商公司的收入结算方式多为应收账款，账龄较长，所以B2B电商公司的流动比率较低，资金周转慢，想通过流动资产来解决短期债务较难实现。

3. 盈利能力分析

盈利能力是一个企业获利水平的判断依据，是抵御风险大小的考核参数，是持续经营的有力保障。下面将从净资产收益率指标分析B2B类上市公司是否面临盈利风险。

（1）选用的指标：净资产收益率

企业获取收益的资金来源除了投资者投资以外，有部分资金来源于企业自有资金。净资产收益率这个指标能很好地反映企业利用自有资本获得净收益的实力，是一个综合性很强的指标。它集中反映了企业销售渠道、资产运转、资本运作等能力。该指标值越大反映企业的盈利能力、资本管理能力更强。

（2）指标计算结果（见表5）

表5　2015—2018年四家B2B类上市公司年净资产收益率情况

年份	年净资产收益率			
	A公司	B公司	C公司	D公司
2015	0.06	0.06	0.10	0.08
2016	0.07	0.05	0.12	0.09
2017	0.11	0.10	0.13	0.09
2018	0.10	0.12	0.09	0.06

（3）获利评价和分析

净资产收益率与企业的销售利润水平、总资产管理能力、产权水平相关。净资产收益率等于总资产周转率、销售净利率和权益乘数的乘积，与总资产周转率、销售利润率和资产负债率成正比。

从纵向来看，A 公司、B 公司 2016 年的净资产收益率比 2015 年增长了 50%，而 D 公司和 A 公司 2018 年的净资产收益率比 2015 年分别下降了 10% 和 25%。由于 B2B 类电商公司为拓展业务，资产总额不断加大，但因电商平台利用效率不高，其短期内为销售收入的增加的贡献率不高，且由于行业特性，B2B 电商公司的应收账款、存货等较大。同时，B2B 电商公司为增加自身竞争力，应对 B2C、生活服务商等的竞争，必须加大投入和平台建设，收入的增长速度赶不上支出的增加。因此，四家 B2B 类上市公司的净资产收益率下降的主要原因是总资产周转率放缓，利润减少，销售净利率不高引起的，即由于销售获利能力、资产运营能力的减弱，公司运用自有资本的效益变差。

三、B2B 类上市公司财务风险成因分析

（一）债务结构的影响

目前，许多企业在发展过程中选择通过举债获取资金。如果正确利用财务杠杆的作用，能给企业带来收益，但如果过度依赖负债经营，加上不能有效控制风险，将增大财务风险。因此，在举债经营过程中需要合理安排债务结构。

从 2015—2018 年四家 B2B 电商公司的资产负债表中可以了解到，各公司的长期负债大多高于短期负债。从之前的偿债风险分析的指标来看，相比之下，D 公司的偿债风险较大，其影响的因素之一就是不合理的债务结构，长期债务占比不大，短期债务占比较大，一旦有突发事件，债权人要求提前偿还资金或短期内公司的周转出现困难，没有时间和资金缓解紧急情况，无法偿还到期债务，将给公司的偿债能力带来极大的挑战和危机。

（二）市场竞争的影响

首先是同业竞争者。近年来，电商除了传统节日外，采用了越来越多的各种各样的电商节日进行促销，电商大战频频发生，这是电商行业同业竞争者之间竞争激烈程度的一个缩影。

其次是供应商。供应商作为电商企业的合作伙伴，需要进行谨慎选择。获得良好供应商的支持，能帮助电商企业降低成本，在价格战中取得优势。

最后是新进入者。电商企业的行业壁垒并不高，无论是传统企业向电商转型，还是跨行业进入该市场领域，拥有足够充足的资金，众多新进入者就能逐步克服品

牌影响力、技术、人才等壁垒，参与到电商行业的激烈竞争中。

（三）经营战略的影响

一个企业的经营战略和财务风险是息息相关的，适宜的经营战略将有利于财务杠杆发挥最大效用，不合理的经营战略将触发财务风险。如果经营情况不好，息税前利润的减少将大于经营业绩的下滑；利息支出增多引发利润减少，偿债能力减弱，风险加大，甚至遭遇财务困境。

四、B2B 类上市公司财务风险防范的政策建议

（一）树立风险防范意识

风险防范是通过辨别风险类别，分析风险影响因素，实施有效措施最大可能地降低风险引起的不良后果。对于财务风险的防范和控制已经成为当今企业财务管理的重要任务之一。

财务管理人员应该转变思想观念。在做出每一项决策之前必须考虑、预判引发财务风险的可能性，并结合企业自身的实际情况提前做出财务风险的应对预案。同时，建立健全财务制度。只有具备完整的财务管理制度才能更好地做到权责清晰，有效地约束员工，并指导各级财务人员明确各部门间的财务关系。

（二）加强经营管理

企业经营的目的是获得盈利，实现企业价值最大化的一个重要体现就是利润可观。随着经济的全球化，不可控因素导致的成本增加，B2B 类上市公司的利润空间缩小，所以 B2B 类上市公司要想生存、发展，必然要提高盈利水平。

一是结合自身优势和劣势，选取或制定适当的经营战略，提高经营质量和能力，从而增加盈利空间。二是科学合理地控制扩张速度。三是加大成本控制力度。对成本的控制能减轻公司在市场竞争中的压力，为公司的生存和发展奠定基础和提供条件，是公司可持续发展的重要保证。低成本不仅能节约资金，增加利润，更能增强公司抵御风险的能力，也让公司能有更多的资金再次投入到经营中，形成良性循环，推动公司可持续发展。

（三）健全企业内部财务风险管理机制

企业内部财务风险管理机制是企业正常运转的基础性保障，为了提高企业对财务风险的防范能力，企业应当加强内部财务风险机制的建设。通过完善的财务内部风险防控机制，加强对企业交易过程中潜在的财务风险进行识别和分析，为企业的交易与发展创造一个更加安全的环境。要为内部财务风险管理创建规范化的制度，为财务风险管控提供可参考的依据。在财务风险管控过程中，要根据 B2B 交易特点做好潜在的风险防范措施，一方面要及时总结 B2B 的交易特点与规律；另一方

面要在现行的内部风险管理制度上进一步完善，加强对企业的人员管理与财务监督，结合企业的实际情况对内部环境的风险进行严格控制。

参考文献：

[1] 陈茜，田治威. 林业上市企业财务风险评价研究：基于因子分析法和聚类分析法 [J]. 财经理论与实践，2017，23（1）：24-37.

[2] 郭玲玲. 财务风险管控的研究状况分析及未来发展趋势 [J]. 价值工程，2019，38（6）：68-70.

[3] 刘萍，张燕宇. 基于 Z 值模型制造业上市公司财务预警研究 [J]. 科技与管理，2015（23）：66-67.

[4] 刘小鸽. 电商企业财务风险问题研究 [D]. 贵阳. 贵州财经大学，2018（2）：4-5.

基于哈佛分析框架的 A 公司财务分析

钟　琪

［摘要］哈佛分析框架不仅分析企业财务数据，亦进一步分析非财务数据，分析结果更客观，更具有实用价值，可以提供给更多的信息使用者。本文选取了 A 公司，以其 2014—2018 年年度财务报表为分析的基本对象。首先是战略分析，分析 A 公司的发展战略；其次是会计分析，对其关键会计政策及会计估计进行分析和评估；再次为财务分析，对公司偿债能力、营运能力、盈利能力、发展能力进行分析；最后是前景分析，对 A 公司未来发展前景进行预测，总结出 A 公司财务存在的问题，提出对策建议，为 A 公司经营决策提供有效的参考。

［关键词］哈佛分析框架　财务分析

一、哈佛分析框架的概念

哈佛分析框架是由哈佛三位学者提出的财务分析框架，主要包括战略分析、会计分析、财务分析和前景分析四个部分。哈佛分析框架是从战略的高度分析一个企业的财务状况，分析企业外部环境存在的机会和威胁，以及企业内部条件的优势和不足，并在科学的预测上为企业未来的发展指明方向。

二、A 公司哈佛框架分析

（一）战略分析

1. 内部优势

其一，公司研发力量强，在生产与开发方面一直保持技术和研发优势。其二，公司品牌优势，在行业内具有较大影响力。其三，公司生产原料来源稳定。

2. 内部劣势

其一，资金获利能力不足，导致资金闲置。其二，存货占总资产的比重较高，影响资产的使用效率。其三，公司是国内最大的产钒企业，钒产品价格的不稳定会严重影响公司的经营业绩。

3. 外部优势

国家正在加快推进攀西战略资源创新开发试验区建设，公司的发展重点与国家战略高度匹配，将给公司推动钒钛产业发展提供政策支持和难得的发展机遇。

4. 外部劣势

其一，国家对安全环保生产监管趋严，会提升公司生产成本。其二，终端用户使用其他合金替代钒在钢中的应用，可能导致钒产品价格的不稳定。其三，钛渣市场受钛白粉市场和国家宏观调控政策的影响，需求量存在不确定因素，钛白粉市场结构性、阶段性过剩状况短期内仍将持续。

本节通过对发展战略的分析，可以知道 A 公司自身的优势和劣势，以及外部机会和威胁对 A 公司的影响。

（二）会计分析

本部分将对 A 公司的关键会计政策及会计估计进行分析和评估，以此来评价 A 公司财务报表反映企业经营状况的真实程度，保证财务分析结论的可靠性。

1. 固定资产分析

A 公司的固定资产包括房屋及建筑物、机器设备、电子设备、运输设备、办公设备等。折旧方法为年限平均法。根据财政部《关于修订印发 2018 年度一般企业财务报表格式的通知》（财会〔2018〕15 号文）的相关规定，2018 年公司将原“固定资产清理”和“固定资产”项目合并计入“固定资产”项目（见表 1）。

表 1　2014—2018 年 A 公司固定资产基本情况

项目	2014 年	2015 年	2016 年	2017 年	2018 年
固定资产原值/万元	1 605 364	3 930 628	549 450	779 685	695 228
累计折旧/万元	681 515	744 490	253 384	267 355	225 751
减值准备/万元	27 267	456 324	44 198	43 497	21 976
固定资产净值/万元	896 582	2 729 814	251 867	468 832	447 502
固定资产净值/总资产/%	17	49	26	45	38

由表 1 可看出，固定资产原值 2014—2018 年增减变化幅度大；累计折旧 2014 年和 2015 年较大，2016—2018 年相对平稳；减值准备自 2015 年以后逐年递减；固定资产净值波动较大。主要原因是公司是 2015 年将卡拉拉铁矿石项目转为固定资产，固定资产大幅上升，2016 年公司实施重大资产重组使固定资产大幅度减少，2017 年改造升级搬迁项目和发电工程项目转固使公司固定资产增加，2018 年闲置

固定资产出售、报废等导致固定资产减少。

2. 小结

本部分主要介绍了A公司的关键会计政策和会计估计，可以发现A公司会计科目的会计政策和会计估计根据财会〔2018〕15号文的相关规定有了变更，变更后的会计政策符合财政部、证监会、深圳证券交易所等相关规定，能够客观公正地反映公司财务状况和经营成果。

（三）财务分析

本部分选取2014—2018年A公司的财务报告数据，分别从偿债能力、营运能力、盈利能力以及发展能力四个方面对企业的整体财务状况进行分析评价，进而较直观地反映A公司的财务状况和经营成果（见表2）。

表2　2014—2018年A公司短期偿债能力分析指标

指标	2014年	2015年	2016年	2017年	2018年
速动比率	0.24	0.23	0.5	0.61	1.22
现金比率	0.13	0.1	0.24	0.24	0.61

1. 偿债能力分析

（1）短期偿债能力分析

速动比率反映的是速动资产与流动负债的比率，用于衡量企业资产中可立即用于偿还流动负债的能力。2014—2017年公司的速动比率远低于经验值1，主要是短期负债较多，其短期借款、应付票据和应付账款较多面临不能偿付的风险。2018年的速动比率大于1，说明公司2018年的变现能力增强。

现金比率反映公司可用现金及变现方式清偿流动负债的能力，一般情况下现金比率在0.2以上较好。A公司近五年的现金比率不稳定，2014年和2015年在0.2以下，2016年和2017年现金比率合理，在2018年达到0.61的顶峰。现金比率过高，企业的机会成本增大，资金的获利能力不足。

总的来说，2014—2017年A公司的短期偿债能力是比较弱的，2018年有所好转。

（2）长期偿债能力分析

资产负债率是期末负债总额除以资产总额的百分比，它反映在总资产中有多大的比例是通过借债来筹资的。有色金属行业的资产负债率的均值是56%，由表3可知，近几年A公司资产负债率波动较大，主要是其产业结构不合理，资产利用率低，使得公司的资金占用大，不得不向银行借入资金，资产负债率扩大，加大了公司的经营风险。2016年公司重大资产重组，资产结构更加合理，资产负债率趋于正常。

表 3　A 公司长期偿债能力分析指标　　单位:%

指标	2014 年	2015 年	2016 年	2017 年	2018 年
资产负债率	77	83	63	57	35
产权比率	330	474	167	131	54

产权比率是总负债除以所有者权益的比率，反映债权人与股东提供的资本的相对比例。2014—2017 年 A 公司产权比率都高于一般标准值 1.2，2015 年更是达到的顶峰 4.74，只有 2018 年为 0.54 较为合理。

由此可见，2014—2015 年 A 公司的资产负债率和产权比率高出经验值很多，说明 A 公司资产结构不合理，长期偿债能力差，承担的风险也很大。2016 年和 2017 年逐渐有所好转，但长期偿债能力仍然较弱。2018 年 A 公司的经营情况较好，长期偿债能力比较强。

2. 营运能力分析

营运能力指的是企业的经营运行能力，即企业运用各项资产以赚取利润的能力（见表 4）。

表 4　2014—2018 年 A 公司营运能力指标　　单位:%

指标	2014 年	2015 年	2016 年	2017 年	2018 年
应收账款周转率	17.37	13.34	23.20	48.74	73.64
总资产周转率	0.38	0.21	0.32	0.94	1.36

应收账款周转率是销售净收入除以应收账款平均余额的比值，是反映应收账款周转和管理效率的指标。A 公司的应收账款周转率在 2014—2015 年是下降的，但 2015—2018 年是呈上升趋势的，从 2015 年的 13.34 到 2018 年的 73.64，原因是公司的竞争能力比较强，主要采用预收进行销售，赊销比较少。

总资产周转率是企业一定时期的销售收入净额与平均资产总额之比，它是衡量资产投资规模与销售水平之间配比情况的指标。2014—2016 年，A 公司总资产周转率处于较低水平，其中 2015 年低至 0.21，说明公司总资产周转速度慢，资产利用效率低。2017 年和 2018 年的资产周转率较高，其中 2018 年高达 1.36，表明公司总资产周转速度快，销售能力强，资产利用效率高。

综合各项指标分析，2014—2016 年 A 公司的运营能力不太强，其中 2015 年最差，2017 年有所好转，2018 年运营能力最强，主要是 2018 年 A 公司生产运营管控能力明显提升，各生产线产能进一步释放，规模效益显现。

3. 盈利能力分析

盈利能力就是公司赚取利润的能力，企业经营业绩的好坏最终可通过企业的盈利能力来反映（见表5）。

表5 2014—2018年A公司盈利情况 单位：%

指标	2014年	2015年	2016年	2017年	2018年
销售毛利率	24	13	7	18	28
销售净利率	-36	-21	-62	10	21

销售毛利率是毛利与销售收入的百分比，反映的是一个商品经过生产转换内部系统以后增值的那一部分。A公司的销售毛利率波动较大，2016年最低只有7%，2018年最高达28%，这主要是产品价格不稳定造成的。

销售净利率是净利润占销售收入的百分比，用以衡量企业在一定时期的销售收入获取的能力。2014—2016年A公司的销售净利率均为负值，2016年甚至为-62%，主要原因是公司这3年都是亏损的，同时营业收入有所下降，但下降的幅度比净利润下降幅度小。2017年和2018年A公司的销售净利率有好转，2018年高达21%，说明公司盈利能力有所增强。

总体来说，2014—2016年A公司的盈利能力是较差的，其净利润均为亏损，2016年A公司通过实施重大资产重组，将全部铁矿石业务资产、钛精矿提纯业务、海绵钛项目资产剥离，改善了资产质量和财务状况，2017年和2018年A公司的盈利能力有较大的提升。

4. 发展能力分析

企业的发展能力是企业通过自身的生产经营活动，不断扩大积累而形成的发展潜能。企业能否健康发展取决于多种因素，包括外部经营环境、企业内在素质及资源条件等（见表6）。

表6 2014—2018年A公司发展能力指标 单位：%

指标	2014年	2015年	2016年	2017年	2018年
营业收入增长率	8	-32	-7	-11	61
净利润增长率	-1163	-59	171	-114	244

营业收入增长率是企业营业收入增长额与上年营业收入总额的比率，反映企业营业收入的增减变动情况。A公司的营业收入变动幅度较大，2015—2017年营业收入呈下降趋势，而2018年则呈上升趋势且上升幅度大，主要是2018年钒钛产品市场价格上涨。

净利润增长率是指企业当期净利润比上期净利润的增长幅度，它是衡量一个企业经营效益的重要指标。A 公司的净利润增长率变化较大，其中 2014 年下降了 1 163%，主要原因是一方面公司持有的卡拉拉资产在 2014 年末出现减值，另一方面是公司国内矿业子公司经营业绩出现下降。公司 2018 年的净利润增长率提升了 244%，其业绩驱动要素是生产规模扩大、销售价格提升与生产成本控制。

综合上述发展能力指标分析，2014—2016 年 A 公司的各项指标大多是负值，其发展状况不好，但是经过资产重组后，2017 年有所好转，2018 年各项指标都比较好，表明公司未来的发展能力是值得期待的。

（四）前景分析

1. 企业前景

随着国家转变经济增长方式，强调新常态形势下的供给侧改革、淘汰落后产能，带来行业发展外部环境的明显改善。全球需求方面，一些新兴国家，特别是近几年东南亚国家经济的发展，对钛白粉需求明显上升，将促使全球钛白粉需求保持增长态势，钒在非钢应用领域正在逐步拓展，预计未来钒产品市场存在着较大的增长空间。

2. 风险预测

（1）国家政策风险

A 公司为有色金属冶炼及压延加工业，受国家相关政策影响是比较大的，包括国家宏观调控、政策补助、环境保护等各个方面，均会对公司的发展产生一定的影响。环保政策明显趋严，而且执法力度加大，会提高公司生产成本。钛渣市场也受国家宏观调控政策的影响，需求量存在不确定因素。

（2）产品风险

公司的业绩主要来源是通过生产产品出售来获取增值价值。A 公司是国内最大的产钒企业，在国内钛领域也拥有重要地位，但由于钛产品的价格较高，终端用户可能使用其他合金替代钒在钢中的应用，使得采用非钢渣提钒工艺的企业复产，可能影响钒的供需平衡，进而可能导致钒产品价格的不稳定，其需求的不确定以及价格的波动会严重影响 A 公司的利润。

通过对 A 公司的前景分析，其未来的发展空间还是比较看好的。同时，其经营业绩受钒产品的市场价格影响较大，在未来也可能会面临更多的风险以及不确定因素的影响，这是 A 公司特别需要注意的。

三、A 公司财务存在的问题及对策建议

（一）财务问题

（1）现金比率过高，资金获利能力不足。行业理想现金比率以高于 20% 对企

业发展较为适宜。2018 年 A 公司的现金比率为 61%，这说明公司持有较多的现金类资产，而现金资产处于闲置状态，造成了资源的浪费；此外，企业的机会成本增大，资金的获利能力不足。

（2）A 公司存货占总资产的比例较高，影响资产的使用效率。存货是流动资产中流动性较差、变现能力较弱的资产，存货资产占流动资产的比例会影响企业的短期偿债能力。如果比重过大，就会导致资金的大量闲置和沉淀，影响资产的使用效率。

（二）对策建议

（1）提高现金类资产使用效率，降低机会成本。现金比率的经验值是 20%。2018 年的现金比率达到了 61%，现金类资产的获利能力不足，机会成本增加。A 公司在保证对流动负债偿付能力的基础上，可以尝试投资一些金融产品，提高资金的获利能力和使用效率。

（2）加强存货管理，适当合理地控制生产。A 公司应按照生产工艺要求，根据以往的经验以及未来的战略方案预测，进而科学确定存货的最佳持有量。全力确保生产运行稳定，贴近市场积极销售，强化产销衔接与库存管控，坚持不懈地降低成本，努力提升公司的经营绩效。

（3）持续加强技术创新，提高竞争优势。A 公司要以打造技术创新型企业为目标，以市场需求和科技进步为导向，加强工艺技术升级优化、重大产品开发和装备升级，要优化科技创新机制，完善技术创新体系平台，加大科研经费足额投入，全力抓好科技创新技术研究与攻关工作，提升公司技术竞争优势和利润增长点。

参考文献：

[1] LEOPOLD A BERNSTEIN, JOHN J WILD. Financial Statement Analysis: Theory, Applicational Interpretation [M]. America, 1989.

[2] JOHN HANLON, KEN PEASNELL. Wallstreet's Contribution to Management Accounting Sterm Stewart EVA. Financial Management System [J]. Management Accounting Research, 1998 (9): 421-444.

[3] 张先治. 构建中国财务分析体系的思考 [J]. 会计研究, 2001 (6): 33-39.

[4] 李建凤. 基于企业战略的财务报表分析：以格力电器为例 [J]. 财会通讯, 2017 (8): 67-71.

“营改增”背景下建筑施工企业的增值税筹划与管理

凌　源　周顺鸿　王全军　钟　萍　蒋大山

［摘要］2016年3月，财政部、国家税务总局发布了财税〔2016〕36号文，自2016年5月1日起在全国范围内推行营业税改征增值税，从此告别营业税，正式迈入增值税时代。实施“营改增”后，倒逼建筑施工企业进行重大的管理变革，建立完善的企业财税管理体系以控制税收风险、享受改革红利等。本文从增值税的基本原理入手，着重研究在“营改增”背景下建筑施工企业的税务管理与筹划，使建筑施工企业组织架构、业务方案、业务流程、合同条款等企业生产经营活动更加适应增值税时代的管理要求。

［关键词］“营改增”　施工企业　筹划与管理

基于增值税流转、价外的基本特征，在交易双方信息对称、管理水平相当、资源属性相同的情况下，缴纳的增值税总额及交易各方获得的利润不变。即便由于交易双方信息不对称、管理水平不一样、拥有的社会资源不一样而使得具有优势的一方获得了超额利润。超额利润也不是因为缴纳的增值税税负减少产生的，而是信息、管理、社会资源带来的。因为信息产生价值、管理带来效益、资源本身就是一种利益。

增值税的基本原理决定了增值税背景下企业组织架构更需要扁平化、组织单元更适合专业化以发挥资源集合优势，业务方案更需要合作双方规范化以使进项得到完整抵扣等。

一、业务模式与组织架构

（一）建筑施工企业的总架构思考

在增值税时代，前一环节交的税下一环节可以抵扣，增值税不成为企业的成本。因此，建筑施工的采购、材料加工（如钢筋制作）、桥梁预制、桥梁安装（吊装）、机械设备，施工组织方案设计、技术研发等可以设立专门的组织机构，由这些专门的组织机构为所有的施工单位提供服务，总公司及其分支机构专注于施工组织与管理。这些专业的组织机构收取服务费，开具增值税专用发票，总公司及其分支机构作为进项进行抵扣。基于特级施工总承包资质设计、采购、施工（EPC）总承包的需要，项目总设计业务不予剥离。

营业税时代施工企业组织结构如图1所示。

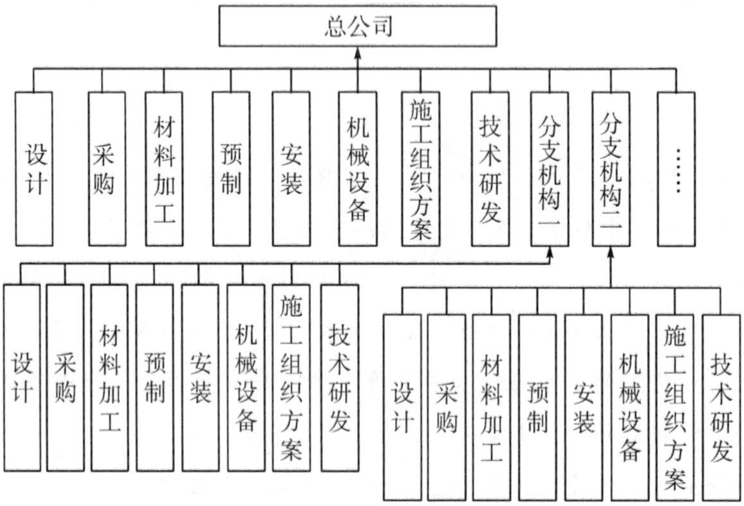

图1 营业税时代施工企业组织结构

增值税时代施工企业组织结构如图2所示。

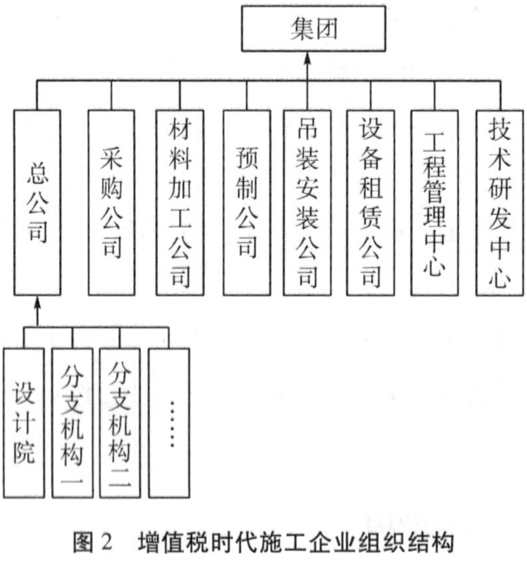

图2 增值税时代施工企业组织结构

增值税时代，各专业化模块资源整合并独立存在，与总公司并行，向集团内各施工组织提供专业服务并收取费用，各施工组织简化为执行者，专业能力将显著提升，效率将显著提高，也必将有利于项目经理去行政化而向职业化转变。

（二）工程项目业务模式

营业税时代的工程自管项目、分公司代管工程项目、分包工程项目在合同签订、项目部设立、资金支付等方面的模式已经不适应增值税背景下的管理需求，在增值税背景下，应对直管工程项目、分包工程项目、分公司代管工程项目业务模式进行调整。方案如下：

方案一，改变项目部财务数据归集主体。分公司独立存在，以总公司名义管理项目，分公司进行会计核算，但项目财务数据全部直接汇总至总公司财务报表中。

方案二，变分公司为内部管理部门。撤销分公司，将其变为内部管理部门，项目部财务数据直接由总公司进行会计核算。

方案三，基于中国国有企业特殊的企业情况，将方案一和方案二相结合，建立责任中心的方案。这是一个"营改增"过渡时期的折中方案，建立分公司责任中心，分公司不撤销，分公司负责的项目财务数据全部放入分公司责任中心以考核分公司业绩，然后责任中心的汇总数据并入总公司报表。具有纳税人资格的原分公司将逐渐空心化，而责任中心就是没有纳税资格的分公司，责任中心将日益充实，从而实现扁平化管理之目的（见表1）。

表1　调整方案适应性及优缺点比较

方案	优点	缺点
方案一：改变项目部财务数据的归集主体	对现有模式冲击最小，调整较少，仅需要改变财务核算数据的归集主体会计报表的汇总路径	分公司发生的成本费用对应的进项税不能充分抵扣
方案二：变分公司为内部管理部门	不作为独立纳税主体，不独立核算，从根本上解决核算主体与纳税主体不一致的问题	注销分公司的税务登记和营业执照难度大
方案三：设分公司责任中心	分公司保留，财务数据通过责任中心归集后汇总至总公司，减少过渡期的人为对抗	分公司发生的成本费用对应的进项税不能充分抵扣

（三）组织架构调整

施工企业的工程项目分布广泛，通常会在项目所在地设立项目部，作为其派出机构具体负责工程项目的施工组织及管理。增值税的征管方式要求企业组织结构扁平化，目前施工企业多级管理的组织架构在增值税下存在较大的风险。

1. 现有组织架构优化调整

组织架构的调整影响重大，对施工企业来说是一项重大的挑战，短期内难以完成，企业必须制定增值税背景下的战略规划和调整计划并逐步实施。

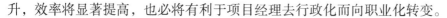

在现阶段，施工企业集团应根据所属各公司的基本情况，明确所属各公司的定位及职能，撤销规模小、无实际经营业务的公司，取消冗余的中间管理层级，合并管理职能同质化的单位等措施，以减少管理层级、缩短管理链条。

2. 组织架构的持续建设

（1）增值税实行链条抵扣，即上个环节缴纳的税款，下一个环节可以全额抵扣，从上下游整体来看，并不增加增值税支出。施工企业可以成立专业化公司，如材料供应公司、设备租赁公司、预制构件厂等，优化管理结构，提高管理效率。

（2）严格控制新设法人公司，慎重设立下级建筑公司，杜绝减少设立四级、五级子公司，避免管理链条过长。

（3）如市场经营或公司发展确需设立新公司，必须充分考虑设立新公司的法律形式。

（4）设分部的大型工程项目各分部资源共享。

二、业务流程管理

（一）工程投标管理

1. 工程项目未来现金流情况对增值税筹划的影响

建设方发包工程如果将来无现金流收入或者产生的现金流较少，则无法有效抵扣工程项目在建设期发生的进项税，所以需要尽量形成较低的待抵扣进项税额，那么建设方会希望与工程承包方协商选择最低的税率，也就是简易征收3%，这样能够最大限度地减少建设方的增值税进项留抵额，现金流的支出也达到最低水平。

2. 工程承包合同性质对增值税筹划的影响

根据建筑行业的现状，工程项目 EPC（设计、采购、施工一体化）合同模式占据很大的市场比重，由建筑施工企业进行 EPC 总承包，或者是建筑施工企业与 E 方或 P 方组成联合体投标。从单项业务来讲，E 的税率为 6%、P 的税率通常是 13%、C 的税率是 9%。施工方和建设方在 EPC 合同签订时要考虑到“营改增”后税务机关对合同性质的认定，防止因为签订合同约定不明造成建设方或施工方承担高税率。主要的方案有：

（1）联合体投标项目模式下的合同拆分：对于联合体投标的项目，参与的联合体可能是设计单位、建筑施工单位、也可能是主要设备供应商。参与投标的企业与建设方在投标阶段要达成一致，通过将 E/P/C 分别与建设方签订合同，根据各自税率缴纳增值税。

（2）联合体通过组建新的法人公司中标，再由联合体各单位分包相应的 E/P/C 合同内容。新公司在注册时需要得到建设方的资质认同，同时还要就增值税等纳税事项与税务部门进行沟通。

3. 供应商、分包商对增值税筹划的影响

由于投标报价的合理性十分重要。“营改增”以后，增值税对于投标报价的影响会很大，需要我们对工程的成本定额消耗加强管理，而成本定额消耗很大程度上需要对来自供应商和分包商的成本及税收管理能力进行分析。

（1）对于供应商，要考虑以下因素：一是要分析该工程项目的各类供应商中一般纳税人和小规模纳税人的基本情况。二是要在商务报价时调查和分析主要供应商的价格变化并将含税价还原为不含税价格，市场上各类商品价格变化可能很快，特别是柴油、水泥、钢材、木材等大宗消耗品对工程项目成本影响很大。三是要考虑工程项目所在地的地理条件对于供应商的影响，运输距离和运输难度对供货的成本及增值税会产生较大的影响。

（2）对于分包商，要考虑劳务分包、工序分包、切块分包等不同模式对增值税的影响。劳务分包对增值税的影响是没有进项税额可以抵扣的，但分包商开具发票的增值税直接进入施工方的工程成本。对于非劳务分包，要对分包商的资质、管理能力等进行分析，施工方需要根据工程项目的实际情况，从自己的分包商资源库中选取合适的分包商参与工程分包。

（二）招标与合同管理

1. 现状描述

（1）招标管理现状。建筑企业的采购招标工作直接影响到能否有效控制施工成本，“营改增”后，重新确定采购定价原则，修订招标采购要求，完善合同条款和管理等，已成为增值税控制要点。

（2）合同管理现状。招标选出最优的供应商后，为了保证双方的权利和义务必须按照招标的规定签订合同。由于大多数工程施工难度大、周期长且涉及环节复杂，而合同是确保项目正常开展并顺利完成的保障，所以合同管理是否规范直接影响着工程建设的进展与质量。

2. 影响分析

（1）招标管理的影响分析。一是“营改增”对招标定价的影响分析。“营改增”后，增值税属于价外税，建筑企业的施工成本由含税价拆分为不含税价和增值税两个部分，但现在新的定额造价体系还不够完善，所以在实际的招标工作中，较多的还是凭借以前的经验，这对招标定价影响很大。二是“营改增”对招标人的影响。在招标的过程中，许多投标单位特别是分包工程的分包商，利用其公司的资质以公司的名义来进行投标，但具体的施工主要还是由分包商临时组建的施工队伍来实施。

（2）合同管理的影响分析。一是供应商信息，为了适应增值税管理要求，对供应商的信息获取不仅要关注其工商登记认证信息，应重点关注其税务登记等信息并核实确认。二是标的物，由于供应商有劳务协作单位、材料供应商和设备供应商等，在合同中就应当分开服务或货物，采用不同的税率对服务或货物分别进行核算。三是发票提供、付款方式等条款的约定，税务机关以票控税，因此在合同中必须明确要求供应商提供合法、真实、有效的增值税发票。

3. 管理措施

（1）招标管理措施。一是招标的人才要专业化，招标过程中涉及工程方面的相关法律和专业知识，还涉及文字格式的标准化等，这都需要专业的人才。二是招标的流程要规范化，招标方要根据国家的规定制定一套标准的招标流程，并根据相关规定制定规范的资格预审文件和招标文件，让招标方和投标方都能有参考的规范。三是选择的投标人合理化，在合理择优选择投标人时，对于供应商或者分包商，除了比较其资质外，还应重点考虑供应商能否提供相应业务的增值税发票。

例如：公司需要建筑施工招标，共有三家投标人参与投标。其中：A 可以提供10%的增值税专用发票含税报价为 110 万元；投标人 B 能提供 3%可抵扣增值税发票的含税报价 103 万元；投标人 C 无法提供增值税专用发票，税率为 10%，含税报价为 105 万元，附加税费为 12%，评审价格计算及对比选择如表 2 所示。

表 2　评审价格计算及对比

投标人	发票类型	税率/%	含税价/万元	不含税价/万元	附加税费影响/万元	评审价格/万元
A	专用发票	10	110	100	1.2	98.8
B	专用发票	3	103	100	0.36	99.64
C	普通发票	10	105	105	0	105

通过比较我们会选择评审价格最低的 A，但在实际工作中还要考虑投标人的信用、质资等。

（2）合同管理措施。一是加强人才队伍建设。加强管理人员综合素质的培训与学习，提高其管理水平。二是规范合同。首先，梳理业务合同涉税条款，主要梳理合同内容条款、收款条款、税务条款、发票条款。加强与分包商的结算管理，在分包合同中进行明确，坚持先取票，再付款原则。其次，价格规范，“营改增”后，需要在合同价款中注明是否包含增值税，同时在合同价款中注明增值税税额。最后，发票规范，合同中需明确提供的增值税发票类型、增值税率。开具增值税专用发票的，开票信息要齐全。三是签订合同。四是增加惩罚性合同条款。

（三）工程结算管理

1. 甲供工程的两种"甲供材"方式

招标环节中存在两种"甲供材"方式：方式一，将"甲供材"金额从工程造价中剔除，再以不包含"甲供材"金额的招投标价格对外开展公开招标或者协议招标。方式二，将含"甲供材"金额的招投标价对外开展公开招标或协议招标。

2."甲供材"方式二"总额结算法"税收风险分析

在总额结算法下，对于发包方和建筑企业都存在一定的税收风险。

（1）发包方的税收风险

在"甲供材"方式二的"总额结算法"下，建筑企业开给发包方或业主的增值税发票中含有的"甲供材"金额，发包方或业主享受了9%（一般计税项目）或3%（简易计税项目）的增值税进项税额。同时由于"甲供材"是发包方或业主自行向供应商采购的材料而从供应商获得了13%的增值税专用发票，又享受了13%的增值税进项税额抵扣。这显然是重复多做成本，骗取国家税款的行为。

要规避以上税收风险，发包方或业主必须就"甲供材"向建筑企业开具增值税发票，且必须按照"甲供材销售价=甲供材采购价×（1+10%）"向建筑企业开具增值税发票。但在业务实践中，可能存在由于发包方或业主没有销售材料的经营范围，根本开不出销售材料的增值税发票给建筑企业。即使行得通，发包方或业主采购进来的"甲供材"享受抵扣的增值税进项税额，被视同销售产生的增值税销项税额抵消了，没有实际意义。

（2）建筑企业的税收风险

基于"甲供材"方式二下"总额结算法"的相关特征，建筑企业没有"甲供材"的成本发票（因"甲供材"成本发票在发包方或业主进行成本核算进了成本），从而建筑企业就"甲供材"无法抵扣增值税进项税额，纯粹要申报缴纳9%（一般计税项目）或3%（简易计税项目）的增值税销项税额。同时由于无"甲供材"的成本发票，只有领用"甲供材"的领料清单，能否在企业所得税前扣除呢？根据《企业所得税法》第八条的相关规定："甲供材"是建筑企业实际发生的且与收入直接相关的成本支出，可以在企业所得税前扣除。

但是不少地方税务执法人员依据"唯发票论"，没有发票就不可以在企业所得税前进行扣除，由于建筑企业与税务执法人员沟通成本的问题，从而不少建筑企业凭"甲供材"的领料清单没有享受在企业所得税前扣除的税收政策红利。因此，"甲供材"方式二的工程结算绝对不能采用"总额结算法"。

3."甲供材"方式二"差额结算法"税收风险分析

"甲供材"方式二的"差额结算法"具有以下特征：一是由发包方或业主采购

的“甲供材”价款不计入建筑企业的销售额和结算价。二是建筑企业按照剔除“甲供材”价款后的工程结算额，向发包方或业主开具增值税发票。基于以上特征，发包方或业主没有多抵扣税金，建筑企业也没有多缴纳税金的风险。

综合以上工程结算管理的涉税分析，“甲供工程”项目可采用方式一；如果采用方式二，则工程结算绝对不能采用“总额结算法”，应采用“差额结算法”。

三、结语

本文着眼于利用增值税的优点规划施工企业组织架构、业务模式、业务方案、业务流程等，分析“营改增”后带来的增值税纳税问题、风险及影响。经过对其影响进行分析，提出符合增值税管理要求的调整方案和解决办法，制定相应管理措施，有效控制项目成本，降低税务风险，实现项目预算利润目标，促进项目管理良性开展。

参考文献：

[1] 王中玉. 全面推行“营改增”对建筑企业的影响及税收筹划研究 [D]. 昆明：云南财经大学，2016.

[2] 许灵炎. 建设工程招标投标存在的问题与解决对策分析 [J]. 建筑与预算，2018（2）.

[3] 段建新. 建筑工程项目合同管理问题及对策 [J]. 山西建筑，2018（2）.

[4] 肖太寿. “营改增”后建筑企业“甲供材”涉税风险控制与合同签订技巧 [N]. 财会信报，2016-04-25（B06）.

[5] 赵晓萌. “营改增”对建筑企业税负的影响及对策 [D]. 沈阳：沈阳大学，2018.

论中小能源企业财务危机应对措施

——以 G 公司为例

许　鸿

［摘要］随着国家逐渐开放包括天然气在内的能源市场，众多民营资本纷纷涉足天然气下游市场，意图分食能源行业这块“大蛋糕”，导致天然气下游市场的竞争日趋激烈。近年来，因受全球经济疲软的影响，我国天然气价格剧烈波动，中小企业受大型国有能源企业的挤压，加之自身抗风险能力较弱，以及相互间的价格战，致使部分中小企业出现亏损，个别企业陷入财务危机。本文以中小型能源企业 G 公司为例，对其财务指标和经营状况进行全面深入的分析，剖析其陷入财务危机的表现，多维度探索其产生财务危机的原因，并根据作者的工作实践经验，联系企业面临的市场环境、经济形势和技术进步等因素，提出应对公司财务危机的具体措施及解决方案。

［关键词］能源　财务危机　应对　措施

财务危机通常是指现金流量不足以补偿现有债务而导致企业无法正常经营的情况。近年来，我国中小型能源企业因受全球经济疲软、市场竞争加剧、新能源的强势崛起、国家政策导向改变等因素的影响，在经营方面出现了困难，其业绩下滑幅度较大，现金流日益不足，导致一些中小能源企业财务危机爆发。因此，如何引导我国中小型能源企业应对财务危机，并避免危机的发生，成为亟须解决的课题。现以典型的中小能源企业 G 公司为例，深入分析该企业陷入财务危机的原因，提出应对财务危机、改善经营业绩的对策，促进广大中小企业持续健康发展。

一、G 公司情况简介

G 公司成立于 2012 年 4 月 9 日，注册资本为人民币 2 000 万元，其中某民营企业出资 1 020 万元，占比 51%；当地国资委出资 980 万元，占比 49%，属于典型的中小型混合所有制能源企业。G 公司经营范围包括：天然气管道建设运营、LNG/CNG/LCNG 加气站建设及经营、城市供气站建设及城市燃气经营、液化天然气及压缩天然气销售等。

截至 2018 年年底，G 公司共有员工 99 人，其中领导班子 6 人，其他员工 93 人，机关设综合部、财务部、业务部三个部门，目前已建设并运营加气站 16 座、城市供气站 3 座、天然气管道 350 千米。

G 公司从 2015 年开始连年亏损，究其原因：一是管理层由地方国企和民企人员组成，二者在经营理念上差异较大，矛盾较多，且经营管理水平较低；二是债务负担重，还本付息压力大；三是缺乏采购管理制度和成本费用控制措施，和同行相比成本费用过高；四是员工服务理念落后，营销能力不足，导致销量提升缓慢；五是投资过快过大，固定资产占比过大，且资产闲置严重；六是销售款回收不及时，应收款项过多，造成资金短缺；七是市场竞争日趋激烈，市场份额缩小，气价下行等。

二、G 公司陷入财务危机的原因

（一）成本费用控制不力

G 公司的管理层对成本费用控制的认识不足，观念落后。具体表现在：一是公司仍然沿用传统的成本费用控制理念，缺乏对生产过程中各种耗费的管理，且管理者不注重对员工的成本控制培训，未树立全员参与成本费用控制的观念，未将成本费用控制落实到具体的部门和人员。二是成本费用控制的模式和手段落后，缺乏现代化的控制手段，具体体现在公司侧重显性成本的控制，忽视隐性成本的控制，侧重生产领域的成本控制，忽视销售和管理环节的成本控制。公司的各部门虽然都使用专业软件办公，但是没有引进 ERP 集成共享系统，在成本费用控制、数据收集分析、预测决策等方面没有真正实现信息交互管理，尚处于成本费用控制的初级阶段。三是公司尚未建立健全成本费用控制体系，缺乏相应的成本控制管理制度；公司的预算管理、资产盘点盘存和计量验收等基础管理制度不完善，也没有细化成本费用控制工作及相应职责，导致成本费用长期居高不下。四是未设立成本费用控制指标，成本费用控制未完全与管理者的自身利益挂钩，管理者缺乏控制成本费用的动力和责任心，甚至为个人私利而故意提高企业成本费用，中饱私囊，损公肥私。

（二）经营管理机制僵化

G 公司作为民营资本和地方国资合资成立的混合所有制中小能源企业，在用人和管理体制上具有先天性的缺陷：一方面来自民企的高管其管理能力较弱；另一方面当地政府委派的高管来自原公务员阶层，受计划经济思维的禁锢，其经营理念较为保守，不能完全适应市场经济的要求。

（三）过分追求短期效益

G公司的股东方对管理层的绩效考核统一采用两个关键指标——销量和利润额，并未建立综合绩效考核体系。虽然这种单一的绩效考核指标有利于简化考核工作，但造成经营者为完成指标过分追求短期效益，对公司的长远发展带来一定的负面效应。

管理层为了完成销量指标，一是放宽客户的信用标准，提高应收账款赊购比例，从而导致应收账款周转时间延长，降低了资金的回收效率，增加了坏账损失；二是提高了天然气的采购量，导致库存出现一定程度的积压，从而增加了仓储费用，降低了存货周转率。

（四）可再生能源抢占发展空间

尽管天然气具有比石油、煤炭等能源更加清洁经济的优势，但作为不可再生的化石能源，正受到来自光伏、风电、光热等可再生能源的冲击和替代。据统计，截至2018年年底，中国非化石能源消费占比达到15.8%，过去十年增速超过50%，风电太阳能的装机规模已达到全球第一。中国政府对外承诺到2030年，非化石能源消费量占一次能源消费比重将达到25%，当前可再生能源正加速替代石油、天然气、煤炭等化石能源成为能源消费主力。

为了鼓励可再生能源的发展，国家出台了很多优惠政策，许多地方政府也明令禁止家用轿车“油改气”、禁止新增加气站、大力投放新能源出租车和公交车以替代原有的天然气公共交通工具，等等。G公司重点布局和打造的16座加气站，一直是公司利润的主要来源，近年来受到新能源的冲击尤为严重，获利能力已大幅下挫，部分加气站在新能源的影响下，其销量呈断崖式下跌，甚至被迫关门停业。

（五）盲目扩大投资

2013—2018年是我国天然气行业发展的高潮期，全国各地的天然气企业都在抢占地盘。G公司也不例外，为了迅速占领市场先机，公司高层在没有经过充分的市场调研就盲目举债扩大投资。2013—2018年，公司总计投入资金约3 000多万元。

G公司大规模的投资，尽管有限地提高了市场占有率，但这并不能弥补巨大的资金浪费和形成的大量闲置资产所带来的损失。据统计，在2018年公司闲置资产竟达到总资产的52.19%。公司投资的盲目性主要体现在：一是投资前没有进行严格的市场可行性研究和论证，过高估计投资回报率；二是在项目工程建设中，没有严格选择有资质的施工企业，且在设计、监理、验收、计价等环节管理混乱，导致很多工程项目达不到规范要求，不能按时投产；三是没有严格的投后评估制度，且内部审计制度执行不到位，对造成投资损失的责任人没有惩罚措施，导致公司难以扭转投资管理混乱的局面。

三、中小能源企业财务危机的应对措施探析

（一）加强成本费用控制

成本费用的持续上升是G公司等中小能源企业陷入财务危机的重要原因之一，因此应加强成本费用控制，争取以最少的耗费取得最大的收益，实现降费增效，促进公司持续健康发展，为摆脱财务危机创造条件。针对G公司等中小能源企业的经营特点，要控制成本费用应采取的措施包括：一是建立高素质的员工队伍，树立全员成本控制意识；二是着力降低采购成本和生产成本；三是制定科学合理的成本费用预算标准，加强成本费用预算管理。

（二）完善内控体系，挖潜增效

面对全球经济疲软和市场竞争加剧的外部环境，G公司等中小能源企业仅靠开拓市场扩大销路，难以达到增加利润、摆脱财务危机的目的，还应从企业内部管理入手，完善内控体系，挖潜增效，做到内外两手一起抓，才能最终解决企业面临的危机。挖潜增效的措施包括：一是进一步建立健全内部控制制度；二是加强企业内部控制队伍的建设，完善内控监督体系；三是结合公司生产经营实际，切实有效地开展内部控制工作。

（三）构建现代化的综合绩效考核机制

G公司等中小能源企业应调整绩效考核导向，构建现代化的综合绩效考核机制。绩效考核的导向作用十分明显，上级部门考核哪些指标，哪项指标的奖惩力度大，作为下属单位的管理者为了自身利益和政绩的需要，必然全力以赴地保证这些指标的完成。针对公司亟待解决的财务危机问题，应以投入产出分析为基本方法，通过建立现代综合绩效评价体系和相应的行业评价标准，对公司的长期盈利能力、资产质量、债务风险、业务增长和管理状况等进行综合考核和评价，不但考核公司的收入和利润，还将净资产收益率、可控成本预算实现率、闲置资产盘活率及资源利用率等指标纳入绩效考核体系，并加强审计监督，严厉惩罚指标造假行为，促进经营情况和财务状况的根本改善。

（四）争取国家政策支持和财政补贴

长期以来，因天然气消耗在我国能源耗费中所占比例较低，致使天然气终端业务在国家能源战略中处于弱势地位。再加上国家基于保护居民日常生活利益及降低用气行业的成本，对民用燃气和工业用气实行限价，导致天然气终端价格长期低迷，极大地影响了天然气销售行业的效益。近年来随着大气污染的加剧和环境的恶

化，国家鼓励作为清洁能源之一的天然气的使用。但和可再生能源相比，国家对天然气的政策支持力度远远不够。因此，G 公司等中小能源企业应向政策制定者进行反映，争取获得国家更多的政策支持和财政补贴。

（五）建立适应市场经济的现代企业管理体制

变革现有的管理体制，打造适应市场经济的现代企业管理体制，应成为 G 公司等中小能源企业应对财务危机的重要措施。企业应建立业务管理与战略管理相结合的管理体系，明确企业的定位和发展方向，在业务管理中实施战略管理，提升执行力度，建立生产管理、人力资源管理、营销管理、财务管理和科学研究管理等综合性的科学管理体系，加快管理体制创新，使企业管理走向规范化和科学发展的道路。

（六）开展资产重组整合，优化资本结构

G 公司等中小能源企业一般在发展的初期阶段扩张较快，导致负债率过高，资本结构严重不合理。建议对此类公司资产进行重组整合，减轻债务，引进优质的投资者，从而达到优化资本结构，摆脱财务危机的目的。

资产重组整合是企业应对财务危机的重要途径。通过重组整合，可以降低同业间恶性竞争，提高企业资金周转效率、实现产业转型升级、合理配置资源、完善内部治理机制，产生规模经济和协同效应，从而提高公司整体经济效益。资产重组整合的主要措施为：一是资产出售或剥离，二是引进优质的投资者。

（七）提升服务质量和企业形象

G 公司等中小能源企业常因服务意识不到位和企业形象不佳而使公司缺乏市场竞争力。因此，提升服务质量和企业形象，增强市场竞争力，对缓解财务危机也具有辅助作用。而要提高公司服务质量和形象，管理层应注重全员性、全面性和全过程性，从战略的角度看待服务质量和企业形象管理，多方面加强提质增效的管理工作，可从提高管理者的质量管理意识，建立健全服务质量管理机构，以及创建现代服务型企业文化，树立良好的全员服务意识等方面来进行。

总之，类似 G 公司等中小能源企业的财务危机主要是企业在快速扩张过程中遭遇市场经济衰退所致，可通过变革内部管理体制、开展重组整合、优化资本结构、加强成本费用控制、建立企业长期发展绩效考核机制、完善内控制度、挖潜增效、提升服务水平和企业形象、争取国家政策支持和财政补贴等措施，并树立正确的发展观和防范意识，及时调整战略方向、投资理念和绩效导向，才能有效应对企业所面临的财务危机，使企业规范有序地可持续发展。

参考文献：

[1] 刘彦文. 上市公司财务危机预警模型研究［D］. 大连：大连理工大学技术经济与管理，2009：33-35.

[2] 路璐. 上市公司治理结构对财务危机恢复影响的分析［D］. 合肥：中国科学技术大学，2010.

[3] 王敏. 西部地区中小企业财务危机成因探析［J］. 中国证券期货，2010 (8).

[4] 王耀. 基于公司治理的我国上市公司财务危机研究［D］. 北京：中国矿业大学，2010.

[5] 刘宇. 论中小企业强化财务管理应对经济危机［J］. 中国乡镇企业，2010 (9).

[6] 徐颖. 江西省交通科学研究院［J］. 老区建设，2011 (10).

[7] 徐永涛，秦怡. 上市公司财务危机研究［J］. 中国乡镇企业会计，2015 (8).

[8] 余及尧. 互联网金融财务危机［Z］. 中国人民银行福州中心支行，2015.

[9] 王冬桃. 谈谈我国制造业的财务困境［Z］. 苏州长光华芯光电技术公司，2017.

论建立财务信息共享中心的紧迫性

向　平

[摘要] 据德勤等机构调查，我国一半以上的大型企业建立并使用了以业财融合为起点，以信息化手段为支撑，面向管理会计的财务信息共享中心，发挥了提高企业服务质量和效率，降低企业成本等作用。当前，铁路总公司及各集团公司基本上以各业务处室主导开发功能单一的信息系统，形成"信息孤岛"，亟须对各个信息系统进行整合，以形成信息共享系统。笔者从财务信息共享中心的发展情况及实现的价值，结合中铁集团公司现有信息系统的情况，论述建立财务信息共享中心的紧迫性。

[关键词] 信息共享　业财融合　信息孤岛　管理会计　信息技术　价值

2014 年 10 月 27 日，财政部在《关于全面推进管理会计体系建设的指导意见》中提出全面推进管理会计体系建设的重要性和紧迫性。因为，内部管理需要通过利用有机融合财务与业务活动的相关信息，在规划、决策、控制和评价等方面发挥重要作用。鼓励企业集团充分利用专业化分工和信息技术优势，建立财务共享服务中心，通过新建或整合、改造现有系统等方式，从源头上防止出现"信息孤岛"，加快会计职能从重核算到重管理决策的拓展，推动管理会计的有效应用。

一、财务信息共享的概念及发展情况

（一）概念

财务共享服务是依托信息技术以财务业务流程处理为基础，将各分支机构或集团内多个子公司、分公司分散的重复性工作，以优化组织结构、规范流程、提升流程效率、降低运营成本或创造价值为目的，以市场视角为内外部客户提供专业化生产服务的分布式管理模式。由此建立的信息系统即为财务信息共享中心，也可以理解为引入管理会计方法和工具、优化的 ERP 系统。

（二）价值（功能）

（1）提高服务质量和效率。

（2）降低企业成本。

（3）促进企业核心业务发展。

（4）加快企业财务、业务流程等的标准化进程。

二、财务信息共享中心发展情况

20 世纪 80 年代初，福特公司建立使用全球第一个财务共享服务中心，2005 年我国的中兴、华为等少数几家公司建立了财务共享服务中心，但是，近三年发展较快，据德勤、安永等机构的调查，国内一半以上的大型企业已开始使用财务共享服务。在财务共享服务的应用深度和广度方面，存在业务流程、核心技术、信息系统、组织架构、发展战略、管理理念、经营模式等方面的差异。如中兴通讯将共享中心更名为中兴财务云，用友、金碟、浪潮等纷纷发布云共享产品，元年推出可嵌入企业共享服务中心的云快报系统，中化国际在共享中心启用财务机器人等，还有财务共享服务、人力资源共享、法律服务共享、客户共享服务中心等多种共享中心的集成和融合。随着共享中心的发展，还出现两个趋势，一是财务共享中心与其他共享中心从多共享中心演变成单个综合中心；二是财务共享中心的服务内容除传统的资产、债权债务、费用报销管理等交易性流程工作外，延伸到需要与管理会计和业务融合的计划分析、全面预算、税收筹划、资金运作、风险管理等领域。

2014 年年初，与铁路运输相关的中车株洲电力机车有限公司开始筹建财务共享平台，其电子影像扫描、移动审批、集中支付等共享模式已平稳运行，提高了员工报销效率，员工满意度大大提升；2016 年 6 月中国中铁财务共享服务中心建设项目启动，2017 年 5 月中国中铁财务共享服务中心天津中心正式运营。

三、中国铁路总公司（集团公司）财务信息共享中心建设的紧迫性

（一）中国铁路总公司（集团公司）核心业务发展、服务质量和效率亟待提高

1. 中国铁路总公司的核心业务情况

中国铁路总公司（以下简称“中铁”）的核心业务是旅客及货物运输，主要进行客、货运设备设施维护及行车组织工作，截至 2017 年年末铁路营运里程达到 12.7 万千米，全年铁路旅客发送量完成 30.38 亿人；铁路货运总发送量完成 29.19 亿吨。2017 年营业收入 10 154.49 亿元，成本总计 9 585.41 亿元，利润总额 607.95 亿元，扣除建设基金后的税前利润 124.68 亿元。204 万职工，每千米铁路平均 16 名职工；人均营业收入 49.77 万元。加拿大现在每千米铁路平均仅 1 名员

工，日本每千米铁路平均 3 名员工，德国每千米铁路平均 5 名员工。虽然，我国铁路的整体效率不算低，但这是铁路职工长期“5+2”和“白+黑”才达到的效果，是不可持续的。

“十三五”期间我国将建设铁路新线 2.3 万千米，总投资 2.8 万亿元，其中高速铁路将增加到 3 万千米。随着越来越多的铁路投运，特别是高速铁路的投运，安全生产运营的压力进一步增大，如果不优化现有流程、利用先进管理手段提高效率，将大幅增加职工的劳动量或者增加职工。高速铁路服务质量要求高速度、高密度、高正点率。高速度是高速铁路的主要技术指标，但是，旅客还关注火车旅行速度和整个行程花费的时间（包括进出站、火车起点站至终点站的运行，站站中转换乘、公交站与火车站换乘时间等），所以，在保证旅客上下车的前提下，应尽可能提高旅行速度，减少停站次数及停站时间，减少安检时间等。

2. 国内外铁路部分效率指标比较

日本东京火车站旅客列车最小追踪间隔 4 分钟，列车发车密集时 1 小时达到 15 列。德国的科隆车站，11 条轨道，每天接发 1 200 列车，日均客流量达到 22 万人。西班牙高速列车晚点超过 5 分钟退还旅客全额票款；法国铁路承诺，列车晚点超过 30 分钟，按票款的 30%以交通券方式进行补偿。截至 2017 年年底，北京站设 16 条轨道 8 个站台，每天发车 381 列。从以上资料看出，我国铁路车站的接发车效率及服务质量还有待提高，另外，部分车站设计不合理、距离主城区太远、配套设施未同时投运等造成旅客对服务体验不太满意。

3. 降低成本及还本付息的紧迫性

中国铁路总公司属于重资产、高负债企业，2017 年年末资产总额 76 483.87 亿元，固定资产 58 885.14 亿元，在建工程 12 806.57 亿元，固定资产加上在建工程占资产总额的 93.7%；长期负债 41 886.78 亿元，其中国内外借款 40 144.44 亿元，每年还本付息压力巨大，2017 年还本付息 5 405.07 亿元，因税前利润仅为 124.68 亿元，折旧沉淀资金为 1 360.73 亿元，资金缺口主要通过增加国内长期借款 2 034.12 亿元（与 2016 年比）和减少基建投资 934.37 亿元（与 2016 年比）解决；负债总额 49 878.50 亿元，资产负债率 65.21%。随着铁路建设的完工，新投运铁路营业线也增多，但是，因铁路运输价格体制问题、国家投资不足的问题以及铁路运输的福利性等造成盈利能力有限。如果不通过先进的管理技术、工具提高效率和效益，铁路发展将受到很大的影响。

（二）各站段工作分工及其流程标准化亟须推进

1. 铁路总公司（集团公司）分布广、分支机构数量多、核算复杂

如：成都局集团公司管辖范围辐射四川省、贵州省、重庆市及云南省昭通市、

湖北省恩施土家族苗族自治州，职工约 11.7 万人，共有运输站段 60 个、15 个非运输企业、15 个建设单位、12 个其他单位，共计 102 个局属单位。沈阳局集团公司覆盖辽宁、吉林省全境，内蒙古自治区、黑龙江和河北省部分地区的 32 个地级市（州），现有干部职工 22 万人，截至 2017 年年底，管辖铁路运输营业里程 13 017 千米，共有运输站段 93 个，其中直属站 14 个、车务段 15 个、客运段 5 个、货运中心 12 个、机务段 8 个、供电段 8 个、车辆段（动车段）7 个、工务段（工务机械段）17 个、电务段（通信段）7 个；运输辅助单位 32 个，非运输企业 20 个。如北京局集团公司管内共有正线 192 条，下设单位 139 个，其中运输站段 74 个，职工总数 17.21 人。资源分散，每时每刻都有职工在工作，在发生费用，因空间限制，无法实时进行报销审核。现在，需要班组收集报销资料交车间事务员整理、初步审核汇总，按月交站段业务科室审核，财务部门、领导审核，耗时长，事务员需在车间与段部间往返，需要等待科目负责人、领导审核签字，浪费时间及差旅费。没有财务信息共享服务中心，造成资产利用、生产指挥、成本费用报销效率不高。

2. 亟须对集团公司的体制、流程、平台进行整合

按铁路总公司要求，集团公司正在推进维修体制改革，把分散的资源和生产经营活动进行整合，为适应高铁基础设施的特点，改变各专业相互独立、各自为政的生产作业模式，试行共用“天窗”、联合作业的综合维修模式。因此，对各站段、人员的分工会产生影响，需要为业务流程、内部服务标准化提供统一平台，为管理数据提供统一平台。建设信息共享中心，有利于固化流程和不断优化流程，统一协调处理存在的问题。

（三）集团公司全面预算管理水平亟待提高

全面预算管理是业财融合的最佳手段，是以集团公司战略目标为导向，通过未来一定期间的经营活动和财务结果进行全面预测和筹划，科学、合理配置集团公司各项财务资源和非财务资源，并对执行过程进行监督和分析，指导经营活动的改善和调整，进而推动集团公司战略目标的实现。要求以业务为先导，财务协同，将预算管理嵌入经营活动的各个领域、层次和环节。当前，因业务计划编制不够精细，费用预算不准确，机车、车辆升级换代快，固定设备的电子部分升级换代更快，实物消耗定额参考性不强，使业财融合性和预算刚性约束不够，造成预算管理难度大，效果不理想。

（四）安全、生产、财务会计信息系统多亟须整合，从而更好地挖掘有用的数据信息

1. 集团公司信息系统建设情况

2017 年初集团某公司某段统计使用的信息系统情况如下：

（1）安全管理方面配有安全管理信息系统和音视频管理系统等 3 个系统。

（2）生产计划等方面配有供电生产管理系统等 4 个系统。

（3）调度指挥方面配有铁路应急平台（应急值守系统）等 11 个系统。

（4）财务会计方面有财务会计管理、运营资金管理、债权管理、更新改造计划管理、大额资金拨付审批、大修项目管理、预算外事项、资产经营开发管理等 10 个信息系统。

（5）综合管理方面有劳动工资、人事管理、职教、办公等系统 22 个。

在铁路内部网络中，本段必须使用的信息系统就达到 50 个，系统之间相互独立。其他工务系统、车务系统等均有独立的生产管理、经营统计等方面的信息系统，其中：安全管理信息系统、铁路财务会计管理信息系统、成都铁路局办公管理信息系统等部分信息系统是全集团公司通用的。部分信息系统还在开发中，长此以往，势必造成站段疲于收集、加工、录入数据，缺少分析、整改、提高的时间，形成大量“信息孤岛”，无法对大数据进行综合挖掘，浪费了信息资源。

2. 发达国家信息共享中心建设的经验

德国铁路股份公司（DB）数据中心通过规划建设统一的数据中心平台，实现了对经营状况、设备故障分析等精确分析，在大数据的支撑下，分析与预测、决策及自动化应用方面取得了很大进步。可以进行设备故障对运输效率影响的情况分析、关键设备故障分析及优先级识别、设备状态可视化展示、检修成本优化分析。在经营管理方面：①对机车故障的预测时间提前 6 小时；②机车核心部件故障率预测的精准度由之前的 15%提升到 86%；③通过燃油使用量的数据分析，优化个别司机开车习惯。在节约成本方面：①优化燃油使用，将燃油使用效率提升 1.5%；②通过设备故障预测，可节约检修人工成本。

美国货运铁路通过优化基础设施状态管理和养护维修计划，通过对桥梁、道岔、钢轨磨损、轨道几何等数据的分析和状态预测，有效防范事故发生，从而保障铁路行车安全。2011 年启动了“资产健康战略计划”（AHSI），AHSI 关于监控铁路车辆健康情况的组件跟踪程序，可在铁路网范围内轻松地跟踪并监测 6 种类型的车辆组件，以提高运输安全性。2015 年识别出若干次运行状况不佳的车辆，避免了 1 000 多次服务中断。

英国铁路通过采集基础设施、车辆、现场工作人员、乘客、环境等数据，形成铁路数据分析和信息增值服务，达到支持预测、决策支持、控制、规划和实时信息服务等能力，实现实时乘客信息服务、智能资产维护，提高铁路安全性、改善人力资源管理的效率。

四、结论及建议

学习财务信息共享中心先行者中兴、华为等的建设发展经验，结合铁路运输自身特点，建设财务信息共享中心势在必行。否则，将影响继续提升职工的幸福感，旅客、货主的满意度，铁路的发展能力。

从众多的案例看出，财务共享服务中心建设要把握好以下原则：

（一）顶层设计先行，统筹规划

财务信息共享中心建设涉及业务流程、信息系统、组织架构的调整、优化，必然涉及机构、职能、人员变化，必须由铁路总公司（集团公司）领导层挂帅进行全面统筹规划设计及抽调人员建立执行机构。要实现铁路总公司（集团公司）内会计政策执行、业务处理流程、会计核算标准、会计账套操作统一，改变因政策理解有偏差、制度执行不统一、人员素质不均衡带来的会计核算不规范、核算标准不一致的问题，提高会计数据的准确性、及时性和基础工作的标准化；要固化内控管理流程，大多数业务流程由计算机控制和管理，减少人为因素的影响；要通过撤销大量不必要的账户，实现资金集中管控，集中收付每一笔款项，既防范控制风险，又解决多账户资金沉淀使资金使用效率不高的难题；要通过财务共享服务，使决策层和经营层全面、及时、有效地掌握各个系统（站段）或者项目的人员、资金、资产情况，及时调配资源，最大限度发挥资产资源的效用。

（二）整合现有信息系统，快速逐步推进

因铁路运输系统庞大、复杂，财务信息共享中心建设不是一蹴而就的，也不可能一旦建成投入使用就尽善尽美。因此，应先以站段设备履历，各专业各类设备缺陷库，6C检测监测系统，车间、班组的生产、维修计划，财务预算为基础，整合现有生产管理、劳动工资、人事管理、办公、合同管理、债权管理、资金支付、财务核算系统组建信息共享系统，考虑计算机及其附属设施设备的先进性，合理配置硬件，达到经济适用即可。该系统共用人员、资产（设备）、生产、财务预算等基础信息，达到报销票据及时扫描进入财务信息共享中心，经办事项自动推送到审批人，生产经营指标与费用预算自动分析、比较和预警，会计核算列账自动处理，财务报告自动生成，关键绩效指标实时列示等的效果，并且随铁路总公司（集团公司）管理的目标持续改进。

铁路总公司（集团公司）安全管理相关系统、调度指挥相关系统先保持不变或分别组建信息共享中心，随着财务信息共享中心的发展再研究是否合并。

（三）系统数据标准统一，数据权限管理适度

信息共享中心需要统一数据源、统一数据处理和输出，另外，根据信息保密程

度及岗位职责明确分配处理权限和查询等权限。

总之，为实现铁路总公司“交通强国、铁路先行”战略目标，实现集团公司运输安全稳定、队伍素质不断提升、职工生产生活持续改善的承诺，我们期待集团公司财务信息共享中心的早日规划和投入建设。

参考文献：

[1] 上海清算网. 中国铁路总公司2017年年度报告［Z］. 2018.
[2] GXF360. 国外铁路大数据研究与应用现状［Z］. 2018.
[3] 盛继明. 工业和信息通信业管理会计案例集（2018）［Z］. 2019.
[4] 国家铁路局. 2017年铁道统计公报［Z］. 2018.

企业财务风险分析与控制研究

——以P钢铁企业为例

施思雨

[摘要] 我国经济正处于快速发展的阶段，各企业拥有更多的机遇，同时也面临更大的挑战。随着市场经济的深化改革，企业发展面临着越来越多的不确定因素，财务风险分析与控制涉及的内容也就更加复杂和重要。在此背景下，财务风险已成为各企业经营发展过程中关注的焦点，如何防范财务风险，制定正确可行的控制措施，保证企业持续平稳的运行成为现代企业发展过程中需重点解决的问题。本文在总结企业财务风险分析的理论概述基础上，以P钢铁企业为例，对收集的相关财务指标进行分析处理，识别P钢铁企业在筹资、投资、运营、收益分配四个方面存在的财务风险问题，并从内外部两个方面分析原因，最后给出改进P钢铁企业风险控制制度的建议。

[关键词] 财务风险　风险分析　风险控制

一、财务风险分析的相关理论概述

学术界对财务风险的定义存在两种界定，有狭义和广义之分。

狭义的财务风险是指企业在运营过程中，由于财务结构不合理、融资不当等各种内外部不确定因素增加了企业财务状况和经营成果的不确定性，使企业偿债能力降低，投资者预期收益下降的风险。

广义的财务风险范围更加广泛，贯穿于企业经营活动的始终，它是企业筹资、投资、收益分配等各个环节不确定性的结合。日本学者亀井利明指出，风险既指损失的不确定性，也包括了盈利的不确定性，它既可能给经济主体带来威胁，也能带来机遇。

二、P 钢铁企业财务风险现状分析

（一）筹资活动风险分析

P 钢铁企业（以下简称"P 企业"）最近五年里，其"取得借款收到的现金"占整个筹资来源的 80%以上。通过相关资料了解到，P 企业近些年并没有通过增发股票或发行债券来筹集资金，该企业主要筹资渠道就是银行借款，所以企业必定面临着巨大的还款压力以及固定的利息支出。

P 企业的筹资方式单一，过分依赖银行借款，筹资活动产生的现金流量净额呈现降低的趋势，并已出现负数。这说明巨大的债务已经给 P 企业造成财务压力，若借款利率升高，将会增加企业的筹资成本，可能造成企业资金链出现断裂，产生重大的财务问题。

（二）投资活动风险分析

P 企业进行的投资活动极少，而且大部分为对内投资，用于构建固定资产、设备的维护与更新等。P 企业成立时间早，生产设备多存在老化的问题，之前的设备效益低下，技术落后，早已不能满足新市场的需求。作为钢铁行业，机器设备是其重要资产，再者由于 P 企业开发了许多新产品，如钒制品、钛白粉、钛精矿等产品，对设备要求也较高。

近几年，该企业主要进行对内投资。但 P 企业投资活动产生的现金流量净额均为负值，由此可见，P 企业投资收益性较差，对内投资并没有给企业收益带来明显的改善效果，P 企业应重视对投资收益和投入资金使用效率的提升，防范公司的投资风险。

（三）运营活动风险分析

在 P 企业流动资产结构中，存货占比为 20%左右，远低于 40%的行业水平。其原因是 P 企业作为一家大型国有企业，有政府保护。在国家宏观政策的推动下，P 企业的存货（钒、钛白粉、精矿、钛渣等）销路得到了很好的拓展，大部分产品的单价上升，企业的效益也得到了提升。

同时，P 企业的应收账款比重低，保持在一个良好的水平，源于 P 企业实施了严格的收款制度，应收账款回收速度快。此外，P 企业货币资金占比同样高于行业平均水平 20%。但实际上，P 企业对运营资金结构没有进行有效的规划管理，存在货币资金没有充分利用的情况。P 企业应重视对现金的管理，以免造成运营风险。

（四）收益分配活动风险分析

P 企业在近五年股利分配政策均为：不派发现金红利，不送红股，不以公积金转增股本。根据 P 企业的实际情况来看，P 企业虽然已开始盈利，但至今，年末未分配利润仍未负数，所以企业无法进行利润分配，不能以公积金转增股本，只能将利润用于弥补以前年度亏损。如一直持续当前的状况，不能及时弥补亏损，无疑会使投资者对企业失去信心，企业的供应商、客户也会减少，导致产品生产成本增加，销量减少，影响企业发展。

三、P钢铁企业财务风险形成原因分析

（一）外部原因

1. 宏观市场复杂多变

企业财务状况受多种因素影响，其中外部市场变化多端是其重要影响因素。市场经济发展、相关法律法规的设置与完善、市场需求变化等原因都会影响企业经营效益。

钢铁行业在前些年早已达到饱和状态，严重的产能过剩导致整个行业经济低迷，P企业也深受其影响，连续几年亏损，甚至被迫暂停上市，与整个行业产能过剩、供大于求的情况有着重大关系。

2. 国家政策调整

企业业务活动的开展应严格按照国家相关法律法规的要求进行，为实现可持续发展，国家颁布了一系列文件来推动钢铁产业转型升级，促使钢铁产业结构由粗放型向集约型转变，提升行业整体效益。

新颁布的《中华人民共和国环境保护法》对企业提出更高的要求，钢铁企业是高耗能、高排放、高污染的企业。P企业为达到排放标准，追加大量资金用于环保支出，从长远意义上来讲，这对企业的发展肯定是有利的，但也增加了企业当下的资金压力。

3. 市场信息不对称

钢铁业属于资源型企业，主要依靠市场信息来进行投资决策，但想要完全掌握准确的市场信息是很难做到的。用最低的价格买入原材料，以最高的价格卖出产成品，是任何企业都想达到的效果。但因为市场复杂多变，难以掌控，很多企业都难以做到这一点。

（二）内部原因

1. 企业整体缺乏风险意识

P企业对风险分析与控制缺乏足够的管控，未对行业市场进行全面的调研分析，为追求利润，盲目投产。P企业将卡拉拉铁矿项目收入囊中，本以为该项目会给企业带来丰厚的利润，没想到面临的却是几十亿元的巨额亏损。由于对投资预算估计不足，导致P企业多次追加投资，大大超出之前的估算，使得该项目迟迟未

能按照原定计划日期投产，即便后来开始试生产，但此时国际市场的铁矿石价格逐渐走低，使得P企业净利润逐年降低，造成巨额亏损，卡拉拉铁矿项目反而成为P企业巨大的包袱。

此次项目决策失误与P企业整体风险意识不强有着很大的关系，只顾追求眼前利益，没有认真分析市场的变化，导致企业出现严重亏损。

2. 筹资方式单一

P企业主要通过银行借款来筹集资金，筹资方式过于单一。近几年为实现节能减排的目标，各银行也根据国家宏观政策提高了向钢铁企业贷款的门槛，使得企业能筹集到的资金减少，筹资成本也逐渐增加。而P企业过于依赖银行借款，会大大增加企业的筹资风险。通过前面的分析也可以了解到，P企业以短期借款为主，如果企业经营不当，没有做好筹资计划安排，那么在未来某个时间将会面临偿还巨额债务的重大压力。

3. 缺少对外投资

P企业所做投资主要是对内投资，用于“构建固定资产、无形资产和其他长期资产支付的现金”占投资活动现金总支出的比重较大。通过该企业相关的资料可知，P企业目前在建工程项目达20多个，都是一些新的项目试验或拓展的新的生产线，对于钢铁行业来说，这些是必须进行的投资，但P企业只注重实体性投资，不利于分散投资风险。企业的投资应结合自身实际情况，尽量将投资多元化，不要“将鸡蛋只放进一个篮子里”。

四、改进P钢铁企业财务风险控制制度的建议

（一）筹资风险控制的改进建议

1. 拓宽筹资渠道

P企业的筹资方式过于依赖银行借款，为企业埋下了风险隐患问题。在今后的筹资过程中，P企业应该根据自身情况，选择合理的筹资渠道。钢铁行业本就需要大量的资金用于流转，P企业作为上市公司，应善于吸收社会资金，通过发行债券、增发股票等多种方式来筹集资金，这样就可以降低筹资成本，优化负债结构。

2. 完善筹资决策机制

P企业在进行筹资前，应详细了解企业实际情况，根据企业日常资金运营状况，制订出合理的筹资计划。并在准确分析企业所需资金后，再决定筹资数额，做到适度筹资，减少闲置资金的占用，提高资金使用率，保证资金链安全运转。

3. 制订合理的负债规模与偿债计划

在杠杆效益的作用下，企业一定的负债率可以促进企业的发展，但负债水平过

高，便会给企业造成严重的资金负担。P企业的资产负债率在重组后明显降低，但还是离不开银行借款来保证企业经营发展，企业的还债压力就显而易见了，只有将负债控制在合理的范围之内，并且制订合理的还债计划，才能降低企业偿债风险发生的概率。

（二）投资风险控制的改进建议

1. 分析投资项目的可行性

了解市场环境，预判市场走势，关注国家政策走向，是企业在进行投资决策前必须做的事情。P企业投资卡拉拉铁矿项目的失败经历说明企业做出投资决定前，一定要认真分析投资项目的可行性，要具有长远的战略眼光，对市场动态变化有较高的敏锐性。因此，企业应组织有关部门对项目进行全面分析论证，有必要可以聘请第三方机构进行论证，在项目运行时也应时刻关注，全程跟踪调查。

2. 制定合理的风险规避方案

一般情况下，风险与收益是成正比的，企业想要获得更多的收益，也就会承担更大的风险。风险规避是指企业运用一定手段将企业承担的大部分风险转移到其他机构组织，从而减少企业的损失，例如运用购买保险来规避风险。

P企业可以事先支付一定的保险费用，在企业发生经济损失之后，保险公司会按照保险约定比例赔偿企业的经济损失，通过这种方式，可以大大减少企业的损失。除此之外，P企业可以寻找合作伙伴，共同完成投资，共享收益，这种共担风险的方式除了可以增进企业之间的合作，在损失发生时，也能共同承担，减少每一个企业的损失。

3. 投资决策应与企业资金力量相匹配

P企业虽已开始盈利，但企业本身资金状况并不是很理想，未能完全弥补以前的年度亏损。目前P企业只做了内部投资，将资金用于添置新的机器设备，或用于产品生产线改造升级。这些投资与企业本身获利水平有着很大联系，且在国家调整整个钢铁行业产能结构的大环境下，P企业如果只顾眼前利益，盲目投资，不从长远考虑，必定会给企业带来严重的亏损。所以P企业应在结合自身实际情况的基础上审慎投资。

（三）运营风险控制的改进建议

1. 优化资本结构，提高资金使用效率

钢铁行业普遍存在高负债的现象，过高的负债率对企业来说就是潜在的财务风险。P企业的资产负债率有所降低，这对企业来说是一件好事。因此，P企业在保证自身优势之余，应好好利用企业留存资金，防止过分依赖银行借款，让企业融资方式多元化，优化资本结构，提高资金使用效率，将风险控制在一定范围内。

2. 加强科技创新，开发新产品

创新、改革是国家大力推行的政策，也是企业应该主动做的事情。近年来国家大力发展第三产业，实行节能减排。在这种背景下，P企业应加强人才队伍建设，设立产品研制小组，开发新产品。同时做好环境保护工作，实现绿色发展，做好带头工作。

3. 加强资金运营流动性管理

企业内部资金运营良好是企业能否持续发展的关键因素，对P企业来说，在对企业内部资金运作进行管理时，应综合考虑企业自身存货、应收账款等资金流情况，对各部门资金支配制定合理的使用规定，保证资金运转效率。同时，应采取恰当的方式减少坏账的发生。

（四）收益分配风险控制的改进建议

1. 保证企业良好的收益

由于P企业前几年的亏损，至今，企业所获利润多数用于弥补之前的亏损，或者偿还借款及利息，直接导致没有多余资金来进行股利分配，使得投资者的积极性越来越低，所以P企业目前重要的事情就是让企业正常运转起来，稳步提升企业的财务状况，使企业有盈余资金进行收益分配。

2. 制定合理的股利分配政策

P企业在获利的前提下可以推行固定的股利支付政策，这样一方面可以稳定投资者对企业的信心，提升企业在公众眼中的形象；另一方面也能让企业有机会筹集到更多的资金，实现健康的运转模式。

（五）健全企业财务风险分析与控制体系

P企业虽已设立董事会、审计与风险控制委员会等机构来分析控制风险，但其实际意义并不大，这些机构只是笼统地对财务信息进行检查，采用逐级汇报的形式向董事会报告异常情况，没有形成一个完整的风险分析控制体系。

首先，P企业应建立和完善财务风险预警系统，实现对企业财务活动的有效监督，通过科学的方法和技术手段进行数据分析，识别企业目前经营形式和潜在的危机，在风险来临前，及时调整财务计划，减少风险对企业造成的损失。

其次，P企业应建立完整的财务风险分析控制体系，必须在各个环节实施风险控制，同时完善信息监测机制，加上配套的信息传导机制，使信息能及时传入财务预警系统并反馈给管理层，使各项财务活动都能得到严密的控制，减少风险的发生。

最后，P企业应建立考核机制，对那些因个人原因让企业面临财务风险并造成损失的人员予以惩罚，奖励那些对企业风险控制做出贡献的员工，通过这种机制，能提高企业整体风险意识，逐步完善企业的风险控制体系。

参考文献：

[1] 高洋. 企业财务风险成因分析及控制 [J]. 现代经济信息，2016（8）：175.

[2] 陈蕊. 中小企业财务风险评价与控制研究 [D]. 西安：西安理工大学，2017.

[3] 谢超尧. X 公司财务风险分析与控制研究 [D]. 南昌：南昌大学，2018.

[4] 刘一霖. 中小型高新技术企业财务风险分析与控制研究 [D]. 北京：首都经济贸易大学，2018.

[5] 孟娟. 浅议企业的财务风险分析与控制 [J]. 现代商业，2018（11）：129-130.

[6] 龙海燕. 企业财务风险管理与控制分析 [J]. 中小企业管理与科技（下旬刊），2018（6）：52-53.

[7] 蒋艳梅. 财务分析在企业风险控制中的应用 [J]. 中国商论，2018（27）：129-130.

[8] 周成. 基于风险导向下企业财务内部控制存在的问题分析 [J]. 财经界（学术版），2019（2）：119.

钢铁企业的内部控制研究

周佳丽

［摘要］内部控制制度是单位内部建立的使各项业务活动互相联系、互相制约的措施、方法和规程，也是现代化企业管理的产物。钢铁行业作为我国经济支柱产业之一，对国家经济总体发展态势有深远影响。2015 年，我国钢铁行业受到重大冲击，钢铁行业产能过剩。近两年国家出台了一系列宏观调控政策，虽然在一定程度上缓解了这种供需矛盾，但钢铁行业仍是微利行业，加上环保倒逼的影响，使钢铁行业的发展要比其他行业更加艰难。如何控制钢铁行业面临的财务风险，如何对钢铁行业的内部控制进行完善，是钢铁行业稳定持续发展的关键。因此，对钢铁行业进行内部控制研究，加强企业内部控制，有助于企业平稳运行，不断提高自身的竞争力。本文采用描述性研究的方法，阐述了财务风险、内部控制的相关基础理论，结合钢铁行业的发展现状，探讨钢铁行业的内部控制，针对钢铁行业的发展环境进行分析，指出钢铁行业内部控制存在的问题，分析其原因，并提出行之有效的建议，有效规避财务风险，使内部控制得到有效实施，促进钢铁行业的发展。

［关键词］内部控制　钢铁行业　财务风险

一、研究背景

内部控制是为了合理保证单位经营活动效益性、财务报告的可靠性与法律法规的遵循性而自行检查、制约和调整内部活动的全部过程。1986 年财政部颁布了《会计基础工作规范》，对内部控制作了明确的规定。1996 年财政部发布《独立审计准则第 9 号——内部控制与审计风险》，对内部控制作出了权威性解释，标志着我国现代企业内部控制制度建设拉开了序幕。1999 年修订的《会计法》第一次以法律的形式对建立健全内部控制提出了原则性要求，2001 年 6 月财政部发布的《会计工作基本规范》和《内部会计控制规范——货币资金（试行）》，明确了单位建立和完善内部会计控制体系的基本框架和要求，以及货币资金内部控制的要求。2006 年国资委发布了《中央企业全面风险管理指引》，对内控、全面风险管理工作的总体原则、基本流程、组织体系、风险评估等进行了详细阐述。2010 年，财政部、证监会、审计署、银监会、保监会五部门联合发布了《企业内部控制配套指引》，标志着适应我国企业现在的实际情况、融合国际先进经验的中国企业内部控制规范体系基本建立起来了。随着生产力的迅速发展，企业经营方式和制度发生了巨大变化，内部控制在企业中的管理地位愈显重要，已经逐渐成为企业规范和抵御风险的有效屏障和保障企业实现健康、科学、可持续发展的保护屏障。

钢铁行业是国家支柱产业之一，在经济发展中发挥着不可替代的作用。在整个钢铁行业处于严峻形势之时，中央提出了供给侧结构性改革，钢铁行业面临结构调整的挑战和机遇，但受到环境、能源、技术等多方面的影响，加上环保监查日渐频繁，随着供给侧结构性改革的不断深入，钢铁行业也承受着更大的压力。如何行之有效地对钢铁行业进行内部控制显得尤为迫切，在这种急迫的发展势态下，对钢铁行业进行内部控制研究，规避财务风险，对内部控制缺陷进行整改就显得尤为重要。

二、研究的相关理论

（一）内部控制理论

企业在市场竞争中，为了实现企业目标，会受到很多未来不确定性因素的影响，这些不确定因素的影响共同构成了企业的风险，这些风险包含国家政策带来的战略风险和资金分配不合理等财务风险，以及税收政策、出口汇率、质量安全、知识产权法律、商标等风险。而财务风险在其中起着举足轻重的作用。财务部门作为经营活动中各职能部门之间的连接窗口及企业核算的组织者，更应研究财务管理活动中各种难以预料和无法控制的因素，用财务风险理论指导和防范对企业的影响。不断提升企业核心竞争力，创造更大的社会经济效益。

（二）内部控制构成要素

1. 内部控制环境

对企业内部控制造成影响的多种内部因素，总称为内部环境，它是内部控制实施的重要基础。治理结构、反舞弊机制、企业文化、人力资源政策、组织结构设置与权责分配、内部审计机构设置等，是目前业界公认的内部控制环境因素。就钢铁企业而言，对钢铁行业内部控制造成影响的环境因素主要有：企业管理层的配置和经营理念、反舞弊机制、企业文化、组织机构设置与权责分配、内部审计机构和企业管理模式等。

2. 风险评估

风险分析、风险识别、风险应对是风险评估的重要组成部分，是针对影响企业内部控制目标实现的各种干扰因素，及时识别、科学分析和评价，并采取应对策略的过程。应积极树立现代风险管理的观念，全面管理风险评估、风险识别、风险应对等过程的风险，优先考虑具有重大影响、较高发生概率，对企业管理具有明显的积极作用的因素。

3. 控制活动

根据具体的应对策略所采取的措施就是控制活动，在制定控制活动措施的同时，应结合企业具体业务和事项的特点与要求。控制活动就是内部控制的重要组成部分，体现于企业的所有层级和各个职能部门。控制活动主要针对钢铁企业在实现其既定目标过程中可能遇到的风险，制定和实施相关规章制度、程序及措施，并对这些措施进行控制，促进企业经营目标的实现。主要表现形式是在资产、采购、预算等方面的控制。

4. 信息与沟通

信息与沟通是将企业运营与管理过程中的各种信息及时、准确并完整地收集起来，并将这些信息在企业的各个部门与员工之间进行有效沟通、及时传递和正确应用。企业在收集和传递信息的同时，还要确保信息在内部之间的有效沟通。确保所有人员能够了解自己与其他岗位的关系，以及自己在内部控制中的角色与作用，并且能够获取实施控制所必需的信息。

5. 对控制的监督检查

监督检查内部控制的建立与执行的整体情况，可以对内部控制进行专项监督检查，并提出有针对性的改进措施，或者提交相应的检查报告等。内部控制监督与检查不可或缺，应建立健全企业的内部控制监督与检查制度，包括内部、外部、日常和专项监督。日常监督是指常规、持续的监督检查企业建立与实施内部控制的情况，内部监督是指企业内部审计机构或内部纪检机构对企业内部控制的日常监督和专项监督，外部监督是指会计师事务所、国家审计机构和国家纪检部门对企业内部控制的监督和检查。

三、钢铁企业的内部控制现状

（一）内部监管机制不完善

一个有效的内部监管机制能严格把控企业管理活动的每一个流程。尽管如此，完善的内部监管机制在我国却并不多见。钢铁企业现存的第一大问题即为缺乏有效的内部监管机制。钢铁企业财务部门的监管缺失，一方面表现在管理上，另一方面则表现在企业内部的规章制度的建立上。在管理上，企业缺失专门的监管部门，内部监督只是覆盖到一些重要的部门，并没有实现全面覆盖，对于一些不太重要的部门并不注重全面监督。因此，一些部门由于管理不善而发生舞弊事件，另外由于内部控制信息系统没有及时进行更新，也会使内部监管不力。目前，在钢铁企业中，由于缺乏各项规章制度进行规范及引导，很多岗位的工作人员权限超出了自身工作职责，而企业又没有聘请外部的审计监督机构，其内部监督由自己确定的部门进行。即各部门负责制度的制定，也负责财务的审计，极易导致监督过程中出现监督不力的情况，影响企业内部的平衡，也使企业内部管理失去控制，为企业的长期发展留下隐患。

（二）风险控制意识薄弱

市场经济环境复杂多变，如果企业缺乏风险控制意识，可能会引发财务危机。钢铁企业目前风险控制意识不足体现在两个方面，一方面是管理者把控风险的意识不足，另一方面是员工缺乏风险控制意识。钢铁行业里有一部分国有企业，其高层管理者是由国务院国资委委派的，对企业的了解并不够全面，对企业财务风险认识也不敏感，对财务风险控制容易流于表面形式，如对国家政策导向、市场情况分析不够，就会在亏损时仍大力投资导致财务困难。钢铁行业的特殊性，对铁矿石需求量大，成本较高，这就让钢铁行业对银行的融资十分重视，却没有认真对外部财务风险因素的识别。比如在采购铁矿石时，只关注价格的波动，并没有考虑是否采取措施来应对将会面临的成本风险，就会加大成本风险。另外还有潜在的财务风险，一是如钢铁企业没有结合环保支出、研发支出等非财务指标来进行相应的风险识别，对风险信息收集不够重视，数据库不够全面。二是员工缺乏风险控制意识。员工是企业的主体之一，若员工的风险防范意识不足势必影响到企业对整体层面的风险把控。主要表现在评估技术水平不高。员工风险控制意识薄弱，并不会对风险进行事先预测、对风险进行深入分析，使得企业风险控制受到阻碍，这也会为企业带来财务风险。

（三）信息沟通系统不完善

良好的信息与沟通系统，是保证企业内部控制活动能够正常有序地展开的有效保障。钢铁行业信息沟通不完善主要表现在以下几个方面：一是各个部门之间沟通产生阻碍，会导致信息沟通不畅；二是沟通双方的地位差异，在企业里一般都是上级对下级发出命令，下级去执行，很少会有下级与上级主动沟通；三是随着互联网的发展，信息量过多只能依靠手机、电脑进行沟通，对电话和电脑的过于依赖，会造成信息泛滥，减少了面对面沟通的机会；四是信息系统的完善并没有全面应用于工作中，不重视信息系统的维护和更新；五是内外部沟通形式和手段单一，会导致面临决策时，没有快速更新的信息和内外部有效的沟通会影响到企业的发展。

四、钢铁企业内部控制与风险管理问题的解决措施

（一）加强内部沟通

加强内部沟通，可以了解工作进度，形成更加默契的配合。从纵向来讲，企业可以定期开展一些培训课程，管理层可以经常组织相关会议，让管理层和各部门员工面对面地进行交流，对积极提出有效建议的员工给予奖励，让员工通过内部沟通清楚自己的工作目标，也让管理层及时了解企业经营中的问题和解决对策，营造一个良好的工作环境和树立正确的企业文化。从横向来讲，还应加强同一层次部门之间的交流沟通。保持各部门之间的联系，定期向各部门收集信息，保证信息传导的畅通，及时更新信息传输渠道，丰富交流的平台，利用新媒体在企业内进行推广使用，畅通企业内部员工之间的沟通交流渠道。

（二）强化内部控制监督

内部监督是内部控制体系的一项重要举措。首先，建立健全内部监督机制，就是建立健全企业的内部审计机构，并充分发挥内部审计机构的作用。钢铁企业可以下设审计委员会，直接负责内部审计部门，监督其工作的实施，评价内部控制体系执行的情况，及时发现内部系统的漏洞和相关工作人员的舞弊情况。其次，要重视对内部审计人员的专业能力培养，加强人员配备，形成一套严谨的、具有针对性的评估体系，使其能完成内部监督工作，强化内部控制监督作用。

（三）全面提升企业员工的内控意识

管理者和员工作为企业的主力军，应提高其风险控制能力，落实内部控制责任，增强企业内部控制执行力度。作为企业的管理人员，应重视经济发展的宏观变化，科学地分析预测市场发展趋势，管理者可以根据未来的发展预判企业的资金需求和投放力度，加强资金风险意识，减少市场变化对企业造成的不利影响。对管理者可以定期进行考核，既能为企业全面具体了解员工提供依据，还能使管理者正确认识到自己的不足，也能为员工日后的发展方向提供依据。对管理者定期进行培训，可以全方位地提高其工作水平，达到企业内部控制所要求的管理人员的素质水平。

（四）完善风险控制体系

风险识别、风险分析都是对企业面临的风险判断和分析的一个过程，企业首先应对风险分类进行识别，分析出现风险的原因，再去分析风险发生后会给企业带来的影响。风险分析是以风险识别为基础的，分析计算出风险发生的可能性以及会产生的后果，在对风险进行分析之后，企业应考量如何控制风险、权衡收益与风险去

确定应对风险的策略，规避风险，保证企业的可持续发展。企业应不断完善风险控制体系，把风险控制体系建立和健全作为企业的一项长期制度，降低或避免企业在经营中发生风险。

参考文献：

［1］丁友刚，王永超. 内部控制缺陷认定标准及其制定和披露研究［J］. 财务与会计，2015（3）.

［2］阴峰竹. 民营钢铁企业的内部控制研究：以 ZY 公司为例［M］. 北京：北京交通大学，2016.

［3］高永红. 浅析钢铁企业内部控制风险及应对措施［J］. 科技、经济、市场，2016（3）：98-98.

［4］李莉. 论企业内部控制的风险管理机制［J］. 企业经济，2016（3）：52-55.

［5］梅艳晓. 公司治理、内部控制、风险管理与绩效评价关系研究［J］. 黑龙江科技信息，2016（33）：141-142.

［6］郑小荣，何瑞铧. 企业目标导向下的内部控制与风险管理整合［J］. 财会月刊，2016（9）：3-6.

［7］孙志梅，李秀莲，王昕. 国有企业内部控制与风险管理研究综述［J］. 经济研究导刊，2016（36）：26-27，36.

［8］程圆. 内部控制与风险管理的关系及现实协调［J］. 绿色财会，2017（1）：51-54.

浅谈资金管理信息化建设中存在的问题及对策研究

袁　磊

[摘要] 随着信息技术水平的不断提高，互联网等信息化技术不断地被运用在企业集团的日常经营管理中，这些新技术的使用促进了企业集团的高速发展。在企业集团的资金管理中加强信息化建设可以有效地提高工作效率与效果。企业集团在进行信息化的过程中难免会遇到一些问题：如人员素质无法满足信息化建设的需求；缺乏完善成熟的制度规范；系统模块的设计对于一些企业自身的特有情况无法使用等。本文通过对企业集团资金管理信息化建设中存在的问题进行分析，并提出了相应的对策建议。

[关键词] 资金管理　信息化建设　对策

随着经济社会的不断进步，大型企业集团有了多元化发展的需求，仅仅利用计算机和网络技术进行会计核算已远远满足不了企业集团资金管理的需要。大量的资金收支业务量、复杂的预算管理，导致现代企业集团的资金管理需要各个环节协同配合前端的业务原始数据录入中端财务核算，最后形成末端的资金报表以实现数据共享与联动管理。

一、存在的问题分析

（一）系统的设计无法满足企业集团的业务需要

通常财务人员使用的资金系统财务软件在设计时需要满足广大使用者的使用要求，主要解决集团企业普遍存在的问题，而对于企业自身一些特有的情况却无法解决。如无法实现三级组织构架的设置，二级单位与三级单位之间无法在系统内直接进行业务处理和财务核算。同时也存在设计的表单不够灵活，生成的收付款结算单据和最后形成的资金报表格式和内容无法满足企业集团的资金核算以及管理需求。

这就造成需要在系统外手工完成如台账的登记、现金流项目的调整，除了增加财务人员的工作量还可能导致出现一些因人工操作造成的数据错误等问题。

（二）编制的资金预算与实际偏差较大，对于资金预算的执行情况无法及时反馈

编制资金预算的人员对于单位的日常业务的熟悉掌握程度不足导致在编制过程中出现漏项或金额估计过大，企业资金就容易出现收支不平衡的情况，造成严重的资金缺口。

编制资金预算易流于形式，对于预算的监管工作不到位，不能很好地确认预算的执行情况，管理层不能及时掌握企业资金计划的完成情况、无法对相应资金用途的资金进行分类汇总，对于某些业务资金实际收支与预测相比偏差较大。

（三）对财务资金岗位人员的素质要求较高

与以往单一的财务核算系统制证功能相比，资金系统需要与多个系统进行数据联动，对于系统间的钩稽关系、联动性、逻辑性都更强，对财务资金岗位人员的技能要求比普通人员就更高。在资金系统的实际运行过程中，财务资金岗位人员从认识系统到熟悉系统，需要一定的熟悉磨合时间。因此，要求该岗位人员要有较扎实的技能基础和较强的学习能力。

对于企业集团来说，由于下属财务人员的综合能力有高有低，而资金系统又属于业务繁杂、工作量大的一个财务系统，对于各类资金基础信息的维护、资金业务流转全流程都需要在资金信息系统中完成，需要在资金系统录入的业务信息比日常核算的要素更多、更详细、要求更高，反映的内容也应更清晰、更完整，每一个环节环环相扣，任意一个环节出现差错，都会影响系统数据的及时性、准确性和完整性。

二、对策建议

（一）不断优化业务流程并对资金系统模块进行完善

资金管理信息化建设需要企业集团依据自身的资金管理需要与业务特点，在系统使用过程中反复对资金业务流程进行调试与优化直到能满足企业集团的使用需求，业务流程的优化需要对各个环节进行分析并确定其重大风险，有针对性地制定防控措施。在信息化实施过程中，以风险控制为核心的内控体系要求对有重大风险的环节设定必要的标准与防范措施，还需要将风险管理的理念融入和体现在业务信息系统的建设过程中，在确保重大风险得到适当防范和控制的前提下优化业务流程。

根据企业集团的发展需要增加相应的资金管理模块。如年度资金预算模块，月度资金预算模块。在遵循成本效益的原则下，通过增加相应的功能模块对资金系统

功能进行完善满足企业集团不同的管理需要。

（二）强化预算管理并完善资金预算系统

资金预算管理作为资金管理的核心，企业应该对其足够重视。一个合理的资金预算应该以年度财务预算、月度生产经营情况、市场行情和业务合同为基础，按收付实现制为基础，量入为出。企业集团的预算编制需要涵盖所有的下属单位。

对于资金预算的管理，可以采取线上统计、线下协调的方式进行。如：新增资金预算管理模块，各预算成员按照统一要求及模板在资金预算系统内进行填报工作，各个预算成员在预算方案通过审核后，才能在结算中心提交对应款项用途的资金结算单据。如果没有编制资金预算或审批完成的单位，提交下拨及付款申请时，系统无法保存，同时提示未编制资金预算。通过年度资金预算与汇总月度资金预算的对比可以监控年度资金预算的执行情况。只有通过预算系统核对的单据才能到资金支付系统进行审批，通过领导层层审批最终实现资金的对外支付。将资金支付系统与资金预算系统紧密结合在一起，实现了预算的管控功能。同时资金预算模块的使用也要求资金管理人员深入了解每月的资金动向，按时完成月度资金预算与年度资金预算要求。而系统内留存的数据资料也为资金预算的编制提供了数据支撑。

（三）加强人才培养，提升员工综合素质

财务资金岗位人员需要加强对资金系统的学习而不仅仅是局限于如何使用，也要明白系统设定的意义。对于繁杂的业务多熟悉多练习做到熟能生巧。企业集团也可以将日常业务处理或者一些特殊的情况进行汇总编制成操作手册，定期组织财务资金岗位人员进行业务、操作、系统方面的培训与面对面的交流活动来提升相关人员的业务能力。由于资金管理信息化建设离不开对现代信息技术的使用，财务人员也应该自行学习如有关计算机、互联网等现代化信息技术的相关知识，不断充实自己，提高自身的综合素质。

“业财融合”是当前会计工作的新提法和新要求，为了真正实现企业业务财务工作的一体化，以价值链管理视角进行企业的管理，一方面，财务工作者需要向业务工作前端，包括采购、供应等环节进行延伸，这就需要加强同其他部门的交流；另一方面，业务部门同样需要懂得财务和管理知识，打破两者之间的隔阂，达到部门之间相互渗透、相互需求的关系，最终实现最大的企业效益。只有财务人员了解业务流程才能有针对性地对业务流程进行优化设计；业务人员了解了财务人员的需求之后才会更有利于后续工作的进行，才能保证终端资金报表的准确性与完整性。只有两者协调合作才能为经营管理者提供及时、有效的决策依据，为集团企业的稳定发展提供有效助力。

三、结语

企业集团的财务资金管理关乎着企业持久经营与长远发展，是企业的生存之本。在“现金为王”的今天，企业集团借助信息化平台实现资金高效管理已成为一种必然的发展趋势。在资金管理信息化建设过程中，既要统筹规划建立一个与自己业务相匹配、与发展要求相适应的资金管理信息化体系，也要认真把握信息化服务本身存在的不足之处，让企业在信息化建设中得到最大化的收益。

参考文献：

[1] 于雷. 财务共享中心会计信息化：资金管理信息化探讨 [J]. 商讯，2020（20）：59-60.

[2] 段淑哲. 以信息化手段加强企业资金内控管理 [J]. 经济师，2020（7）：92，94.

[3] 李志刚. 煤炭企业财务管理信息化研究 [J]. 商讯，2020（18）：50-51.

[4] 白晓泉. 新常态下优化企业资金管理的思路研究 [J]. 财会学习，2020（10）：202-204.

[5] 常毅. 关于企业集团财务信息化资金管理分析 [J]. 当代会计，2019（22）：46-48.

[6] 焦悦. 资金集中信息化管理的实践及应用 [J]. 财经界(学术版)，2019（13）：59.

[7] 尤伟红. 企业集团资金信息化管理存在的问题与对策 [J]. 财经界，2019（7）：111-112.

[8] 尤伟红. 浅谈企业集团资金集中管理信息化建设：以某企业集团为例 [J]. 财会学习，2019（14）：211，228.

第三篇

管理会计

基于“互联网+精准扶贫代理记账”的农村财务管理研究

——以四川省为例①

课题组②

[摘要] 近年来，随着脱贫攻坚工作的深入开展，农村各项改革不断深化，农村集体经济持续发展，加强集体财务管理的客观要求日益迫切。目前的农村财务管理不能满足脱贫攻坚和乡村振兴的需要，尤其是近年审计和各项检查中暴露出的农村财务记账混乱、财务管理严重缺失、基层“微腐败”等问题。加强农村财务管理已不仅仅是社会关注的热点问题，其好坏更是直接影响党群、干群关系、影响农民的切身利益和农村工作的开展，直接制约农村经济的发展。本课题采用现场调研、问卷调查、文献查阅及数据分析等方法，结合试点地区特点，重点梳理了四川省“互联网+精准扶贫代理记账”在广元苍溪、绵阳北川及甘孜藏族自治州三地的典型试点情况。在此基础上，总结了试点经验和存在的问题，为在四川省乃至全国其他地区推广“互联网+精准扶贫代理记账”提出了建议，这对于助力实现乡村振兴、基层村民自治，提高乡村基层治理能力水平有着积极的意义。

[关键词] 互联网+精准扶贫代理记账　农村财务管理　脱贫攻坚　乡村振兴

---

① 本课题系四川省财政厅2019年重点立项课题阶段性研究成果。

② 课题组成员：朱蓉，四川省扶贫开发局，高级会计师；刘绣峰，省会计学会，秘书长；高淑芳，四川省财政投资评审中心，正高级会计师；易雪辉，电子科技大学，博士后，高级会计师；林蓉，四川旅游规划设计研究院，高级会计师；梁勇，四川师范大学，博士，副研究员；田文娟，四川长虹创新投资有限公司，高级会计师；向臻，成都市政务服务管理和网络理政办公室，高级会计师；徐芳，四川省住房公积金管理中心，高级会计师；白南翔，四川省财政厅会计处，科长；文建国，甘孜藏族自治州财政局，局长；李晓容，甘孜藏族自治州财政局，副局长；翁秋，甘孜藏族自治州财政局，科长；杨杰，甘孜藏族自治州财政局，科长；陈任毅，北川县财政局，局长；谢光友，北川县财政局，总会计师；朱福勇，北川县擂鼓镇人民政府，镇长；杨建红，四川省扶贫开发局计划财务处，副处长；杨勇，四川财经职业学院，教授。

一、研究背景和意义

（一）研究背景

1. 构建与创新农村集体经济组织治理体系的客观需求

党的十九届四中全会指出，要进一步坚持和完善中国特色社会主义制度、推进国家治理体系和治理能力现代化。中共四川省委十一届六次全体会议指出，结合省情实际，要着重推进城乡基层治理制度创新和能力建设，推动治蜀兴川再上新台阶。四川是全国人口大省、经济大省、农业大省，广大乡村类型多样、发展差异明显。实施乡村振兴依赖于农村经济的发展。由于经济结构、地理位置、人文环境、支柱产业发展等因素，农村经济发展不平衡，进而影响到资金来源和使用方向存在较大差异。农村财务是农村集体经济组织经营管理的核心，渗透和贯穿着整个农村经济活动，农村财务管理水平的高低决定了农村集体经济组织的循环良性与否。因此，规范和提高农村财务管理水平，是农村集体经济组织治理体系的主要目标。实施“互联网+精准扶贫代理记账”模式，是强化农村财务管理水平，提升农村集体经济组织体系和能力的重要保障。

2. 实施精准扶贫、精准脱贫提出的战略要求

2015 年，中共中央、国务院印发的《关于打赢脱贫攻坚战的决定》中明确提出，到 2020 年要解决区域性整体贫困问题，实现现行标准下的农村贫困人口全部脱贫。四川省出台的《关于集中力量打赢扶贫开发攻坚战确保同步全面建成小康社会的决定》及 22 个年度专项扶贫方案，要求实现扶贫资金的精准使用和绩效管理，把农村财务管理提高到精准扶贫、精准脱贫的战略高度。

实施精准扶贫、精准脱贫战略以来，各级财政扶贫资金、信贷扶贫资金、帮扶资金、捐赠资金等不断增加，投入农村用于脱贫攻坚的资金总量急剧增大，扶贫项目急剧增多，涉及农村基础设施、公共服务设施、社会保障等诸多扶贫方向。如何管理好扶贫资金，实施好扶贫项目，让扶贫政策更多地惠及贫困群众，做好扶贫资金管理和项目实施的基础工作至关重要。如何从农村财务核算和管理中体现扶贫资金的使用情况、扶贫项目的建设情况、扶贫资金的绩效管理情况，需要农村财务的会计核算和管理奠定良好的基础保障，提供扶贫资金的使用绩效、脱贫攻坚成效的有力数据支撑。

3. 互联网技术提供了解决发展瓶颈的新手段

提高农村财务核算和管理水平，是构建与创新农村集体经济组织治理体系的客观需求，也是实施精准扶贫、精准脱贫提出的战略要求。但农村财务人员专业水平

不高、人力资源匮乏是制约农村财务核算和管理水平的现实情况。四川省农村地广人稀，农村财务管理成本高，人力资源匮乏。本次调研显示，县村级财务人员有90%以上的无相关财务资质，54个试点县仅0.17%的财会人员有会计从业资格。而据财政部统计，截至2017年年底，全国累计有637万余人取得了会计资格，其中：初级443万人，中级180万人，高级14万人。对应农村人才匮乏的问题，如何充分发挥会计人才资源作用，让这些具有会计专业知识和职称的人才参与到精准扶贫的农村财务管理中，互联网技术的运用和“分享经济”的理念为解决这个问题提供了新手段。通过互联网技术远程链接中介及专业会计人员，能深入挖掘专业人才效用、帮助农村财务管理水平快速提高，更有效地管好用好扶贫资金，为评价扶贫资金使用绩效提供基础数据，有利于优化扶贫资金配置、提高资金使用精准度和扶贫资金使用绩效。

4. 总结四川省创新实践经验具有积极的现实意义

四川省开展了“互联网+精准扶贫代理记账”创新实践试点工作。2017年四川省确定在北川县擂鼓镇开展“互联网+精准扶贫会计代理记账”试点，试点成功后又将“互联网+精准扶贫代理记账”模式推广到45个深度贫困县实施。“互联网+精准扶贫代理记账”在保证村集体资金所有权、使用权、审批权、监督权不变的村民自治制度安排下运用互联网技术开展代理记账工作，通过互联网消除人才分布不均的物理距离，引进先进的管理技术和手段，快速提高农村财务管理水平。这种模式基本解决了农村财务制度不健全、会计核算质量不高、财务人员素质整体偏低等问题，加速了农村财务管理规范化、制度化、电子化进程，推动实现农村账务实时查询、层层溯源、资金收支透明公开，有效防治微腐败，有效提高了村财核算和资金管理水平，是创新开展农村财务管理工作的积极探索，是实现扶贫资金精准管理的创新实践。农村财务人员匮乏、财务核算和管理水平不高、精准脱贫和精准扶贫承接能力不足等问题，不仅在四川存在，也在全国其他农村地区广泛存在。在全面脱贫奔小康的新时代背景下，及时总结分析四川省创新实践的经验和不足，为“互联网+精准扶贫代理记账”的推广提供有益的借鉴，具有积极的现实意义。

（二）研究意义

1. 有利于促进摸清农村财务管理现状，完善农村财务管理机制

四川省开展“互联网+精准扶贫代理记账”的试点地区，均将农村资产现状摸底完善作为建账的前置条件和重要基础。数十年来，公共财政资金投入农村基础设施建设、各类扶贫资金投入农村，由于村级财务核算管理水平等问题，大量资产游离于账外，未形成账面资产反映，无法为资金精准安排使用提供基础数据，资金安排不能体现公共服务均等化。由此也导致了一些有“资源”，可以找到资金的乡

村，资金投入量大，形成“汇报村”现象，并造成乡村之间的基础设施水平、发展存在差异拉大的问题。通过“互联网+精准扶贫代理记账”工作，对农村资产状况进行全面深入的摸底建账，清产核资、摸清家底、弄明产权，把集体资产和资源纳入统一管理，科学配置，有利于完善农村财务管理和预算安排机制。

2. 有利于促进规范农村财务会计核算，完善农村财务监督机制

“互联网+精准扶贫代理记账”借助信息技术手段，对农村财务的业务类型、业务量、业务开展进行系统分析，归纳农村财务特点，将农村常规性财务业务进行模板化、固态化，设置相应的会计核算模式和账套基础，规范了农村财务会计核算。通过“互联网+精准扶贫代理记账”信息平台和手机 App 等，各级党政、管理部门，审计监督部门可实时查询村级财务运行、财政专项扶贫资金使用管理情况，受益群众可实时查询惠民资金发放和本村财务运行情况，构建了一个透明、公开、高效的全方位监督体系。

3. 有利于促进提高农村财务管理水平，推动乡村治理机制建设

开展“互联网+精准扶贫代理记账”，统一、集中核算农村资金收支，管理农村资产资源；依托第三方机构专业财务团队“严、高、快”的标准进行村财核算，较短时间内有效促进了过去村级财务管理混乱、专业人员紧缺、长期不做账、没有账、流水账、包包账等问题的解决；推动农村财务管理信息公开、透明、全面、系统和规范化管理，快速提高了农村财务管理水平和质量。通过规范管理，培训专业管理人员、配备必要的设备和设施、制定相关规章制度，增强了乡村治理水平和管理能力，加快了乡村治理规范化建设进程。

4. 有利于建立绩效管理理念，优化资源配置实现乡村振兴

以精准扶贫、精准脱贫为目标，建立扶贫资金使用绩效与脱贫攻坚目标考核、扶贫资金分配挂钩机制，为各级各部门树立了“花钱必问效、无效必问责”的绩效管理新理念，在农村财务管理贯彻实施了绩效管理新要求，提高了农村财务管理人员和农村财会人员提升农村资源和资金使用绩效的意识，有助于优化农村资源配置、挖掘农村资源优势，促进乡村振兴建设步入可持续、健康发展轨道，降低返贫率，实现精准脱贫和农村治理的长效机制。

二、农村财务管理存在的主要问题

农村财务管理一直是社会关注的热点问题，也是诱发农村各种矛盾的主要根源之一。近年来在审计和各项检查中暴露出来的记账混乱、财务管理严重缺失、基层“微腐败”等农村财务管理问题日益突出，形成了“村民难参与、公开难到位、民主难实现、管理难规范”的“四难”局面，严重影响了社会稳定，极大地制约了

农村经济发展和农村社会进步。据本次对四川省部分乡（镇）财务人员、村级财务人员、村民的调研问卷数据（乡镇财务人员有效问卷 1 259 份、村级财务人员有效问卷 4 382 份，村民有效问卷 14 755 份）显示，目前四川省农村财务管理主要存在四个方面的问题。

（一）会计制度更新不及时，财务管理执行不到位

自 2005 年起，现行的《村集体经济组织会计制度》已经执行 14 年多，特别是脱贫攻坚以来，村级组织不断完善，投入到村级的建设项目不断增加且资金量大，农村的公共基础服务设施和公益性服务设施不断完善，农村集体经济组织不断增强，农村集体经济组织的经营环境，经营范围和经营模式已发生了巨大变化，现行会计制度已不能适应农村产权制度改革的进程，也无法满足日益增长的农村公共服务和社会管理的需求。比如现在的农村收入来源多元化、资产形式多样化、村级公共服务支出日益增多，安排给农村的财政专项资金和公共预算资金不断增加，要全面清晰地反映所有收支，核算农村涉及的租赁、对外投资、土地使用权流转、涉税等业务，准确反映社会管理事务的各项财政转移支付资金核算、“一事一议”奖补资金核算、产业扶持基金、村级公共服务支出等，现有的农村会计制度的会计核算方法、会计科目设置等亟待修订。

同时，大多数农村的财务管理制度不健全，缺乏有效的财务内部监督与控制制度。本次调查问卷结果显示，有 10.7%的乡（镇）存在村级财务制度流于形式，财务制度如“一纸空文”无法严格执行；村级组织领导凌驾于村级理财监督小组之上，有 30.7%的乡（镇）存在村级理财组织履行职责不到位和民主理财监督小组形同虚设；各市（县）、乡（镇）、村均制定有村级财务公开制度，但存在公开形式单一、公开时间不及时、公开地点不固定或不明显、公开内容较陈旧且不规范等问题，17.5%的乡（镇）财务人员反映存在财务公开不到位让群众“雾里看花”等问题；80.5%的村民反映村级财务公开形式较为单一，只是在村委会的公告栏上进行公开，空间小、内容少，而且往往“避重就轻”，只公开一些无关紧要的内容，对于村民比较关心的内容、重要的内容不公开，资金往来具体细节不公开，大额费用不公开。同时，在村级财务管理过程中，缺乏村民申诉渠道，村民有意见无处反映，村级组织领导对群众反映的问题不采纳或不及时整改等。

（二）农村财务管理不规范，财务基础工作薄弱

农村财务管理不规范，主要体现为“预算管理不规范”“原始票据管理不规范”“资金使用管理不规范”“往来款管理不规范”等基础工作方面。

（1）预算管理不规范。多年来，村干部和村级财务人员对村级预算的认识不到位，认为村级预算可有可无，无关紧要，对预算的编报重视不够，未能对预算的收支做出科学的评判，缺乏严密的论证，导致预算执行不严肃，流于形式，调整随意，使得村级预算与实际情况严重脱节。

（2）原始票据管理不规范。部分村在收款时开具的是非国家统一的收款收据，本次调查问卷结果显示，有12.2%的村甚至不开具收款收据，有4.4%的乡镇所辖部分村存在收入不入账现象，不符合相关财务制度规定；支出票据不规范，有14%的村存在白条入账现象，还有59.9%的乡镇村财务报销手续不规范。

（3）资金使用管理不规范。本次调研显示：部分村干部存在不经集体讨论就自用自批、自收自支等情况，部分村财务管理形同虚设；部分村存在不惜贷款、动用未来的承包费收入等来满足村干部利益最大化；部分村还存在寅吃卯粮的现象。

（4）往来款管理不规范。有些村对往来账重视不够，长期挂账，存在往来账务处理不当、坏账处理不及时，甚至有利用往来款项隐藏收入；对有些往来账不清理、不追查，使得村集体的收入不清晰；有些借款长期不催收，人员流动形成坏账，给村里带来经济损失。

（三）资产管理机制不健全，资产权属不清晰

长期以来，资产管理问题一直是农村财务管理较为突出的问题。家底不清、产权不明、资产出租和出让随意性大等都是农村资产管理存在的主要问题。由于部分农村村级组织不健全，缺乏完善的资产管理机制，村级很多固定资产购建、验收、入账、转固、报废等管理环节都没有严格履行手续，固定资产入账不及时、日常清查盘点不到位的问题成为常态；这些年来村与村的合并、村干部的调整轮换，固定资产交接和清查工作未及时开展，部分村干部对村级土地、房屋设施等集体资产的管理随意性较大，存在未签合同或签订的合同手续不齐、要素不全、条款不明，权利义务不清楚等不符合法定要求的问题；存在村集体资产被长期占用，既未签订合同，也未交纳租金，同时也存在帮扶单位对村捐赠的资产，如电脑、空调、设备等未及时入账，致使捐赠资产长期游离在账外；设备、基础设施、村集体资产的数量和权属不清晰，资产有账无物或有物无账的现象十分常见。

（四）绩效管理制度未建立，问责机制不完善

（1）村级没有设定绩效目标，缺乏整体规划。村一级干部常年处于基层，只了解本村目前的状况，对本村发展建设没有较长远的规划。在实施安排项目时，在自己的领域单打独斗，村与村没有关联与统筹，没有形成整体格局。

（2）村级项目没有制定绩效管理考核措施，缺乏管理手段。村级项目由村级设计，村级施工，村级验收，没有相应的监督管理办法，部分项目存在建设内容与下达项目内容不符、项目已验收但存在施工漏项、村干部插手项目工程、项目质量得不到保障等问题。

（3）村级项目资金绩效不明显，缺乏有效问责机制。村级产业发展项目存在“一投了之”、缺少监管和问责机制；产业发展项目重视种禽、种苗发放环节，轻生产环节的技术指导和管理，对产业发展结果没有分析和运用，仅仅统计数据而已；村级实施的公共基础服务项目存在“面子工程”，如在植被很好的农村植树、在田间安装路灯、墙面刷白等，没有将有限的资金用在刀刃上，没有用在帮助农村经济发展、实现乡村振兴的民生迫切需求方面，影响了扶贫资金使用效率。

三、农村财务管理问题的原因分析

（一）现行会计制度与实际需求不适应，亟待修订完善

随着农村集体经济不断发展壮大，农村集体经济组织的经营环境、经营范围、经营模式和经营规模已经发生了巨大变化。截至 2016 年年底，全国 55.86 万个行政村，拥有资产 31 021 亿元，2016 年实现村集体经济收入 4 257 亿元。但《村集体经济组织会计制度》自 2004 年修订以来，已经执行 16 年未曾修订，在会计科目、核算方法、集体资产核算等方面已经无法与实际情况相适应，不能真实合理反映农村集体经济组织的全部经济活动，不利于农村集体资产资源的财务监督与管理，在一定程度上阻碍了集体经济的发展，迫切需要修订完善。

（二）村级财务制度体系建设不完善，执行力度不够

大部分农村村级财务收支程序不完善，账务设置不合理，权责分工不明确，内部控制不严密，制度有效执行不到位，存在较大管理隐患。主要体现在：未制定统一的账务处理程序，权责分工不明确，报账随意；不相容岗位未分离，会计出纳“一肩挑”，甚至资金收支或钱、账、物一人管理，现金收支管理混乱；内部控制监督流于形式，核算与监督岗位未分离，有些记账人员同时也是审核人员，工作随意性较大；部分乡（镇）对村级财务工作的指导和监督不及时，流于形式，没有起到实质性监管作用；未制定绩效管理和考核制度，不利于资源的优化配置和有效利用。

（三）部分村干部财务管理意识淡薄，管理能力不足

部分村干部存在“重任务、轻财务”的片面认识，思想观念有偏差，财务管理意识淡漠，未清醒认识到财务管理是其应履职的义务，而消极应付财务管理工作；部分干部不熟知财经纪律，不严格按照财务制度办事，把制度抛在脑后；有些干部为了个人私利，对财务管理工作存在抵触情绪，甚至故意隐瞒、欺骗财务监管，甚至出现指派村干部直系亲属或关系紧密人员组成村民理财小组，对监督发现的问题敷衍了事，蒙混过关；有些村干部对审计问题存在不敢管、不愿管、不深管的倾向，这些问题严重影响了农村财务管理水平的提高和改进。

（四）农村财务人员及专业知识匮乏，调整变动频繁

部分农村财务人员由村干部指定，任人唯亲，出现随着村党支部、村委会换届，财务人员也随之更换的现象。村干部不重视财务人员的专业素质，凭个人好恶和感情办事，排斥坚持原则的财务人员，致使能胜任财务工作的人不能被选拔到财会岗位上来；一些有文化有专业知识的年轻的农村财务人员在财务岗位留不住；农村财务人员普遍存在平均年龄大、文化水平低、专业知识缺乏、会计基础工作薄弱的情况；大多数农村财务人员接受会计继续教育培训和会计专业知识学习的机会少，对新的账务处理程序不熟悉，凭经验做账，记账不及时，乱用科目，账簿设置混乱，导致会计信息失真；对新政策新要求学习不及时，法治意识淡薄，违法违纪现象时有发生。

四、当前农村财务管理模式的利弊分析

（一）“村财村管”模式

该财务管理模式是由村组织自行配备会计人员，设立会计机构，单独设账，独立核算，自行管理，村集体资金所有权、经营权归村民集体所有，农村财务人员对村委会负责，村委会对全体村民负责。

这种模式的优点是，更加体现村民自治，有利于对农村财务的直接管理，村干部能够及时、准确掌握本村财务状况。缺点是，对农村财务人员的专业素质要求较高，村组织必须建立比较完善的财务制度。这种模式一般适用于经济较为发达的地区。

（二）“村财乡（镇）管”模式

该财务管理模式是在集体资金所有权不变、核算权不变、管理权不变、债权债务归属权不变、村民自治基础不变的前提下，由乡（镇）成立会计代理服务中心统一招聘会计人员，对村集体资金和账务实行统一管理、分村设账、集中做账。村组织只保留资金日常管理工作，设报账员一职，定期报账。

本次调研显示，四川省“互联网+精准扶贫代理记账”试点县以外有 86.26%的村采取村财乡（镇）管的模式，是现在采取最多的一种模式。

这种模式的优点是，强化了监督管理职能，在很大程度上解决了村自行管理时记账不及时、手续不完备的问题。缺点是，会计代理中心只负责记账，对村集体经济具体情况了解不够，难以发挥会计管理职能；与村民自治现行法律、法规有一定冲突，在不同程度上干预了村民自治的工作；有的乡镇在村级项目资金安排和使用时利用行政管理职能进行干预，影响到村民自治制度，形成了新的权力寻租机会。

（三）“农村会计委派制”模式

该财务管理模式是由乡（镇）设立会计委派中心，在保证农村集体资金的所有权、使用权、审批权、监督权不变的情况下，村与会计委派中心签订委托记账协议，对农村财务进行统一管理。

这种模式的优点是，财务人员受所有者委托，独立于村领导，减少村委会对农村财务人员的管制，可实现真正的监督。缺点是，会计委派人员对管理村的情况不太了解，在工作中可能存在与村领导产生分歧，容易引起工作上的矛盾。

（四）“委托代理制”模式

该财务管理模式是在村民自愿的前提下，与专业代理机构签订会计委托代理协议，在保证村集体资金所有权、使用权、收益权和审批权不变的前提下，委托专业代理机构对村级财务进行管理。乡（镇）只设一名会计辅助人员辅助处理村级财务，乡（镇）和村对财务进行审核。

这种模式的优点是，便于实现制度统一、审核统一、记账统一、公开统一、建档统一，保持集体资产所有权、资金使用权、财务审批权三权不变，便于加强上级监督、业务监督、审计监督和群众监督。缺点是，专业代理机构不熟悉村级实际情况，需要在合同中明确沟通协调和反馈等要求。

五、“互联网+精准扶贫代理记账”试点应用经验总结与不足分析

（一）试点工作的开展情况

2016 年，四川省财政厅下发《关于进一步规范乡镇财政管理的意见》，提出推行村级会计委托代理服务、实现村级会计核算电算化的要求。同年 12 月，省财政厅在北川县擂鼓镇召开“互联网+精准扶贫代理记账”试点工作启动会，拉开了四川省“互联网+精准扶贫代理记账”工作的序幕。

“互联网+精准扶贫代理记账”模式是四川规范扶贫资金使用管理的一个探索创新。自 2016 年在北川县擂鼓镇试点，由财政部门牵头、扶贫开发和农业农村等部门协同推进，目前在全省 5 个市（州）、54 个县（市、区）推广，特别是在甘孜藏族自治州（以下简称“甘孜州”）全面实施，取得了显著成效。2017 年 11 月，时任国务院副总理汪洋同志在《绵阳北川“互联网+精准扶贫代理记账”模式》[《经济内参》(〔2017〕川经内资 01 号)] 上批示：“进一步跟踪，总结可推广的经验。”2018 年 1 月，财政部会计司、国扶办规划财务司到四川调研“互联网+精准扶贫代理记账”服务扶贫资金管理试点工作，给予了高度评价和肯定。

（二）试点取得的经验

“互联网+精准扶贫代理记账”试点工作从县级、市级两个层面进行了探索，

北川县、苍溪县和甘孜州各自结合本地实际，积极开展“互联网+精准扶贫代理记账”试点，取得了显著的成效。

1. 组织管理是基础

各级政府的高度重视和贯彻落实是“互联网+精准扶贫代理记账”试点实施的重要保障。2010 年 3 月，财政部《关于切实加强乡镇财政资金监管工作的指导意见》是加强财政管理基础工作和基层财政建设的指导性文件。该文件指出：“县级财政是强化乡镇财政资金监管工作的关键，是上级部门与乡镇财政间监管信息反馈交流的枢纽，担负着承上启下和横向协调的重要任务。”以甘孜州为例，形成了省指导、州统筹、县负责、乡落实、村报账、购买第三方服务代理记账的权责分明、层级清晰的管理模式。一是州统筹。州成立领导小组，常务副州长任组长；州财政局成立推进办。二是县负责。县成立领导小组，实行双组长制；县财政局成立工作小组负责具体工作。三是乡落实。乡（镇）成立村财代理服务中心，配备主任、代理记账管理员、代理记账报账员负责“互联网+精准扶贫代理记账”的管理工作。四是村报账。村设置报账员，负责村级“互联网+精准扶贫代理记账”的报账工作，同时负责资金管理使用、资产管理处置、资源管理使用。五是专业的事交给专业的人来做。通过政府购买服务委托第三方机构代理记账。委托四川长虹公司，利用“云尚行”大数据平台进行账务处理和数据统计分析。

2. 制度建设是关键

（1）建立统一的实施方案和相关制度，为“互联网+精准扶贫代理记账”有序实施提供指导。如甘孜州政府印发了《甘孜州进一步加强乡镇村财政财务管理指导意见》，明确了 2018—2020 年乡镇财政建设、村级财务管理基本原则、总体任务和主要内容；州财政局印发了《甘孜州“互联网+精准扶贫代理记账”工作推进方案》《甘孜州村级资产清查工作实施方案》《甘孜州推进乡镇财政所建设实施方案》。

（2）建立规范的村级财务管理制度，为统一标准奠定基础。如试点县出台了《村级财务管理制度》《村财核算业务标准化清单》《村级公益事业建设“一事一议”财政奖补项目管理暂行办法》《“一事一议”民办公助支农项目实施意见》《基层活动和公共服务运行经费管理暂行办法》《产业扶持基金管理办法》《村（社区）捐赠物资管理使用和监督管理办法》《集体经济组织账务管理办法》《互联网+精准扶贫村级财务代理记账服务中心工作流程》《代理记账服务中心及管理人员职责制度》等管理制度，统一规范了村级财务管理。

（3）建立完善的监管考核制度体系，为目标实现保驾护航。如甘孜州将“互联网+精准扶贫代理记账”工作纳入对县（市）的目标考核内容；州财政局印发的《甘孜州“互联网+精准扶贫代理记账”工作推进方案》《甘孜州村级资产清查工作实施方案》《甘孜州推进乡镇财政所建设实施方案》明确了工作任务和要求，州财政局负责不定期总结、分析和梳理存在的问题，对工作推进有力、成效显著的地区进行表扬，对进度滞后的最后3名进行约谈，年底进行统一考核；严格按照考核结果应用，将考核结果作为资金分配的重要因素。

3. 前期准备要做实

实施“互联网+精准扶贫代理记账”前期准备要做实。

（1）摸清家底。全面掌握村级资产，确保村级资产归口清楚、数据准确。甘孜州将清查的资产数据全部录入“全州村级资产管理系统”并与“互联网+精准扶贫代理记账”平台衔接，做到账务系统和资产管理系统的资产数据一致。

（2）宣传到位。北川县、苍溪县和甘孜州通过广播电视、新闻报道、微信、QQ等多渠道宣传，采取“进村入户、结对帮促”等方式深入乡（镇）、村、组，乡、村、组干部、农牧民群众宣传，推广和安装手机App，设置查询平台。甘孜州还针对农牧民不识汉字的特殊情况，将工作手册、报账流程等印制成藏汉双语。

（3）加强培训。北川县、苍溪县和甘孜州财政分管领导均参加考察学习，县（市）政府分管领导和财政局负责人、业务骨干专门参加“互联网+精准扶贫代理记账”业务骨干培训班学习，四川长虹公司、县财政局及相关部门的专业人员对乡（镇）记账员和村级报账员进行集中培训。采取“一对一教、手把手学”的教学模式，让参训人员学懂弄通，能够独立上线操作，熟练运用平台；每个县（市）树立1~2名业务标兵，负责本县（市）业务指导和培训。

4. 机制建设是保障

（1）建立领导机制。建立各级一把手或分管领导负责的同频共振推进工作机制。以甘孜州为例，州委书记视察并提出要求，常务副州长亲自抓，县委、县政府主要负责同志为“双组长”，州财政局成立推进办负责指导督查。全州仅用了56天，就完成了2 679个行政村的基础数据收集和上线运行工作。

（2）构建协调机制。建立市、县、乡、村四级联动、各司其职的协调工作机制，确保各司其职，密切配合。以甘孜州为例，州财政局设立推进办，管理全州“互联网+精准扶贫代理记账”工作。州指导、县（市）负责、乡（镇）抓落实、村（社区）具体实施，实现了州、县、乡（镇）、村四级联动，各司其职、密切配合。

（3）落实保障机制。制定统一的工作方案、步骤、内容、流程等，形成带有普遍规律性和指导性的政策措施，形成长效机制。如甘孜州财政局印发的《甘孜州“互联网+精准扶贫代理记账”工作推进方案》统一了范围、内容、工作步骤、业务流程，要求各县制定《××县“互联网+精准扶贫代理记账”工作实施方案》

明确时间节点和工作措施，州财政局按各县制定的实施方案督查落实。

5. 技术支撑是手段

互联网技术为农村财务代理记账提供了先进的互联网化的财务处理手段。“互联网+精准扶贫代理记账”构建了互联网+农村代理记账服务平台，包括在线会计服务平台、数据存储平台和客户端。数据存储目前采取租用企业云平台和政务云平台的方式。省、市、县、乡相关管理机构，村级管理人员，核算范围内农户均可随时通过App查看村级账务，数据互联极大地降低了应用成本，同时有利于农村财务的规范化和标准化。人工智能、图像识别等新技术缩短了物理距离，系统可自动识别扫描票据自动入账，自动形成相关报表，提高了劳动生产率，降低了服务价格。通过分享经济，通过“互联网+精准扶贫代理记账”平台可以低成本、高效率地解决村级财务人员匮乏的问题。

（三）试点存在的不足

1. 核算范围不完整，影响实施效果

根据2010年3月财政部颁发的《关于切实加强乡镇财政资金监管工作的指导意见》文件要求，代理记账的范围应包括所有由村级开支或不由村级开支的实质由村级受益的所有收支。比如纳入乡镇财政监管范围的各级政府安排和分配用于乡镇以下的各种财政资金，以及部分乡镇组织的集体经济收入等。然而，目前四川省试点中纳入代理记账范围的资金主要是扶贫专项资金和村级资金，其核算范围不大，内容不完整，限制了“互联网+”设计效果的充分体现。

2. 沟通机制不健全，影响工作效率

“双向沟通评价机制”的缺乏，导致代理记账中重复退单频繁，影响了记账工作效率。试点地区财务人员未能严格按照规定提供原始票据或其他报账事项，代理记账财务人员不熟悉当地实际情况，在信息不对称情况下退单率较高。试点地区乡镇财务人员大多兼有其他职务或工作，退单未能及时查看，使得退单处理周期较长。由于未建立有效通畅的双向沟通评价机构，问题发生后代理记账方和被服务方相互推诿，互相指责，问题迟迟得不到解决，严重影响了工作效率和效果。

3. 成果权属有分歧，影响后续实施

试点中对于代理记账的软件和平台，在技术成果的产权归属上存在严重分歧，产生潜在的数据安全隐患。目前，四川省已经开展试点的县在技术成果上存在两种情况，一是苍溪县是在现有软件平台基础上的再开发，技术成果权属政府。二是北川县、甘孜州是委托第三方开发软件和平台，通过购买服务方式，购买代理记账服务，相关技术成果产权归属企业。但可能会存在数据安全性问题，重新更换购买服务对象成本代价较大，容易受制于提供服务单位，导致市场竞争机制失灵。比如：

北川和甘孜模式中相关软件、平台的产权归属于提供服务单位，可能会产生未来更换、重新开发代理记账软件平台高投入成本的隐患。

4. 定价模式有歧义，不利于良性发展

调研结果发现，县（乡）财务人员和县行业主管部门人员均提出了经费问题。苍溪县是在现有软件平台基础上的再开发，可以较灵活地选择代理记账服务单位，且不用担心数据安全性问题，但另一方面可能会存在由于平台、软件、硬件等维护要增加人员，资产更新费用高等问题；北川县、甘孜州委托第三方开发软件和平台，其特点是轻资产，但由于采用购买服务方式，企业开发记账软件平台的费用均要通过提供会计服务的过程予以收回。以甘孜州试点为例，当前基本定价按每村200~300元每月，仅通过该数据来看，其成本是不高的，但由于乡村数量大，汇集后县、州的压力即显现出来，如甘孜州2 679个行政村，按260/(村·月)，每年需要835.85万元；从试点的目的和意义的角度来看，这样的费用换取快速提高乡镇、村的财务核算和管理水平显然是符合成本效益原则的，但由于个别村的财务会计处理业务较少，有个别村反映2018年平均每笔凭证的记账费用可以达到数百元，而乡（镇）财务人员认为代理会计只记了账，大部分工作都需要乡镇财务人员来完成，代理记账的费用和乡镇财务人员的工资形成了显著对比，导致乡（镇）财务人员的不满和抵触情绪，成为双方有效沟通协调的阻碍因素。

5. 有效沟通存障碍，认识不够是根源

（1）委托单位对购买代理记账服务的认识不够。部分委托单位认为花钱购买服务，应由代理记账服务单位负责。试点地区委托单位基本为地处山区或民族地区的贫困县区或经济较为落后的县区，其存在财务人员素质不高或不足的问题，在与代理机构签订合同后，认为只要交代理记账费给代理记账机构，则一切会计核算等工作均由代理记账机构负责。这一方面导致委托方提供的原始单据质量不高，直接影响了代理记账机构提供会计信息的真实性和完整性，导致代理记账机构的核算效率低；另一方面退回单据比率大幅提升，加之与被服务单位沟通不畅，信息不对称等，导致退单未得到及时有效的更正处理，不规范单证的修正不够及时。

（2）代理记账机构对代理政府记账业务认识不够。当前代理记账机构已经熟知的是企业代理记账，服务内容涉及会计核算和涉税业务，对于政府及行政事业单位财务核算、预算管理等内容涉及较少。村级财务基于村民自治角度，不同县之间存在差异。此外，在项目管理和报账流程方面各地也出台了符合各自实际的政策，也存在差异。一方面代理记账机构自身需加强政府及行政事业单位业务的专业人才储备；另一方面其需要主动收集学习被服务地区的各项相关政策文件，才能更有效地提供会计服务，提高服务水平和质量，更好地满足委托人的需求。

六、基于"互联网+精准扶贫代理记账"的农村财务管理优化对策

"合抱之木，生于毫末；九层之台，起于垒土。"运用"互联网+精准扶贫代理记账"模式的最终目标是构建农村财务大数据中心，实现村级财务智能化和数据化管理。但农村财务大数据中心需要构建在组织架构科学、机制完善、制度规范、执行有效、衔接有序、协调配合默契等一系列基础工作之上，因此，立足于实际调研情况，探讨农村财务管理优化措施，为推广"互联网+精准扶贫代理记账"模式的地区提供可供借鉴的实际操作路径和思路。

（一）构建农村基层领导协同机制

1. 构建责任明确的农村基层领导协调机制

农村基层领导是农村治理体系和治理现代化的主要助推者，要发挥农村基层领导的领导和支持作用，加强对"互联网+精准扶贫代理记账"实施全过程的落实力度，应构建农村基层领导协调机制。一是建立农村财务管理领导小组，负责农村财务的领导、管理和协调落实。领导小组由乡（镇）长、分管财政副乡（镇）长、财政所长、农业服务中心主任、会计等组成。二是乡（镇）成立村会计委托代理服务中心，负责做好村级财务管理工作。村会计委托代理服务中心设主任、会计、出纳岗位，各村设报账员。主任负责全面工作、对村财务收支的审核；会计负责村级财务账目的建立和会计核算、对村社银行存款的支取限额把关；出纳负责办理银行结算及相关业务、建立和登记银行存款日记账和备用金登记簿；村报账员负责本村财务报账工作。

2. 构建全面透明的农村财务管理监督机制

乡（镇）成立村级财务监管机构，选拔有农村财务管理经验的财务人员参与村级财务管理与监督，定期或不定期对村级财务管理进行监管检查，把村级财务和集体资产效益与村级干部年度考核相挂钩，建立村社干部离任审计制度。积极落实村级财务公开制度化，主动接受群众监督，必要时乡（镇）党委政府派出专职人员进行督办。建立资金使用审批制度，各种开支实行逐级审批制，按月报账。建立健全民主理财制度，切实保障群众参与财务管理和依法行使民主监督的权力。将监管措施纳入"互联网+农村财务代理记账"信息化管理流程，实现全民监督、公开透明的农村财务管理监督。

（二）规范完善农村财务制度体系

一般而言，农村财务制度体系应包括村级预算管理制度、财务收支管理制度、资产资源管理制度、项目实施管理制度、合同管理归档制度、村级收益分配制度、会计核算制度等。根据各级部门归口管理职能，认真分析和研究农村财务制度体系

的基本框架，从顶层设计层面去规划农村财务制度体系，在基本框架中进一步细化相关制度内容，完善相关具体规定，明确办事程序和流程，有助于“互联网+精准扶贫代理记账”的规范有序实施。表1中列示了应该建立健全的农村财务制度体系、牵头责任部门、制度内容和要求。

表1 “互联网+精准扶贫代理记账”财务制度体系

制度体系	牵头部门	制度内容和要求
村级预算管理制度	县财政	预算的编审、批复、执行、追加、调整、决算、绩效评价等；建立预算管理内部控制流程；建立预算编制、预算执行、资产管理、项目管理、人事管理等岗位的沟通协调机制；加强决算分析，强化决算分析结果运用；加强预算绩效管理，做到预算编制有目标、预算执行有监控、预算完成有评价、评价结果有反馈、反馈结果有应用
财务收支管理制度	县财政	加强各项收入管理，确保应收尽收，防止村级资金、资产、资源体外循环或形成“小金库”；明确支出范围及标准，规范审批及报销程序；对审批、审核、支付、核算和归档等关键环节加强控制；建立收支管理内部控制流程；明确流程节点，梳理关键管理节点，落实流程控制要求
资产资源管理制度	县农业农村等相关行业主管部门	村集体资产的配置、使用、处置、评估、产权界定、产权纠纷调处、产权登记、资产清查、资产报告和监督检查等方面的管理；集体所有的土地、林地、草地、“四荒”地、果园、养殖水面、集体建设用地等集体资源的产权界定、产权登记、管护以及承包、租赁、出让、合作和取得收益等方面的管理
项目实施管理制度	县相关行业主管部门	村级建设项目的范围、村级建设项目应当遵循的原则、村级建设项目的管理实施和监督机构、村级建设项目的程序、村级建设项目的财务管理即竣工决算审计、村级建设项目的后期管护和使用效益的发挥等
合同管理归档制度	乡（镇）人民政府	合同的订立、合同的履行、合同的变更、合同纠纷处理、合同档案管理等方面
债权债务管理制度	县财政	“村两委”和集体经济组织借贷资金的原则和借贷资金的程序、债权债务的管理和核算、债权债务的监督方式、债权债务的监督责任等方面
村级收益分配制度	“村两委”	集体经济组织收入和收益分配的范围、集体经济组织的支出要求、集体经济组织的收益分配的程序等方面。村级收益分配制度报乡（镇）人民政府备案
会计基础工作制度	县财政	会计机构和人员的设置及管理规范、会计核算过程规范、建立健全内部会计管理制度、办理会计工作交接及会计档案管理规范等方面

表1（续）

制度体系	牵头部门	制度内容和要求
财务监督制约制度	县财政	监督的主体和职责、监督的内容、监督的方式、监督结果的运用等
村财乡（镇）代管制度	县财政	代管的内容、代管的原则、代管的方式、代管的要求等

（三）规范完善农村财务内部控制制度

农村财务内部控制度是否完善，关系到“互联网+精准扶贫代理记账”模式的顺利实施。内部控制度建设旨在进一步完善相关制度，规范办事流程，明确职责分工，控制相关风险。委托代理记账建立在授权明确、职责清晰、流程规范、风险控制的基础之上。因此，在推进农村财务内部控制制度建设中，要进一步增强“村两委”对内控建设的认识，明确建立农村财务内部控制制度的重要性，“村两委”对内部控制的建立健全和有效实施负责；按照不相容岗位相互分离的原则，完善内部审批机制，构建决策、管理、执行、监督评价相分离的农村财务管理组织架构；设置内部控制预算管理、收支管理、采购管理、资产管理、建设项目管理、合同管理、内部监督评价等关键岗位；根据业务特点，分别制定和细化内部控制流程，明确风险控制关键节点，落实流程控制要求；加大对农村财务内部控制信息的公开力度，针对内部控制的有效性，开展农村财务内部控制监督与评价，查找和分析控制流程缺陷，以问题为导向，逐步规范和完善。

（四）将村级收支纳入全面预算绩效管理

由县财政部门牵头，制定村级收支绩效管理实施办法，建立上下协调、部门联动、层层抓落实的工作责任制，将绩效管理责任分解落实到村，明确到具体责任人，做到“花钱必问效、无效必问责”，着力提升村级财务管理水平和政策实施效果。抓好村级收支绩效管理关键环节，比如：预算编制环节突出绩效导向，项目实施环节加强绩效监控，项目完成环节开展绩效评价，强化绩效评价结果刚性约束。通过实施“互联网+精准扶贫代理记账”模式，夯实村级收支绩效管理基础工作，为绩效管理提供真实、可靠、及时、完整、有用的财务数据，为绩效预算编制的科学性、合理性和可预见性提供数据支撑，不断优化资金资源配置，将有限的财政资金投到老百姓最需要的地方，解决老百姓最紧急、最迫切的现实需求，全面提高资金使用效率。

（五）构建农村财务大数据中心，营造良好管理环境

“互联网+精准扶贫代理记账”模式就是要依托互联网技术统筹村级财务，把原有的各村的手工财务或者初级会计电算化工作纳入互联网并用互联网技术进行核算，统一村级财务核算的要求、统一会计科目和会计报表。在代理记账过程中，利用互联网技术推行非现金结算，建立与金融机构有效连接，减少资金中转环节，确保过程留痕、责任明晰，确保资金安全有效。利用互联网技术，把项目、资产、财务全部纳入互联网信息平台，通过平台实现对财务、资产和项目的全程监管。通过构建适合农村财务管理的大数据中心，收集农村的村级财务、资产和项目信息，通过信息平台分析和挖掘这些数据中潜在的信息价值，逐步实现农村财务的信息统计与公开，农村资产的统计与管理，项目建设的全流程管理，建立全方位、全过程、一次录入、全面共享的农村信息化综合管理平台。实现财务数据与业务数据的高度融合，科学指导村级集体经济发展，为实现精准扶贫、精准脱贫、建设美丽乡村、实现乡村振兴营造良好的管理环境，提供决策支持。

参考文献：

[1] 徐小君. 完善村级代理记账的思考和建议 [J]. 时代金融，2016（17）：291，293.

[2] 刘国林. 村级会计委托代理服务工作浅探 [J]. 财会通讯，2011（7）：139-140.

[3] 郑建华.“村账乡代理”的实践与思考 [J]. 中国财政，2013（10）：54-55.

[4] 陈永苗. 论村级财务代理记账存在的问题及对策 [J]. 湖北经济学院学报（人文社会科学版），2016，13（3）：89-90.

[5] 狄恺，万文翔. 小账本撑起和谐新农村：湖北省实施村级会计委托代理服务工作调研报告 [J]. 财会通讯（综合版），2008（3）：11-13.

[6] 姜海华. 湖北省村级会计委托代理服务工作调研 [J]. 财会月刊，2012（26）：89-90.

[7] 李晨光. 北京市村级会计委托代理服务调查研究 [J]. 经济研究参考，2010（71）：80-81，88.

[8] 杨会朴. 村级会计委托代理服务的完善与思考 [J]. 商业会计，2012（3）：66-68.

[9] 苗福生. 建章立制，从根本上规范村级财务管理：云南全省推行村级会计委托代理服务的调查 [J]. 经济研究参考，2013（68）：54-58.

[10] 顾飞，李文博.“村财镇管”运行现状及其完善对策探讨：基于重庆市巴南区的实地调查 [J]. 会计之友，2016（2）：77-80.

[11] 聂建平. 农村“村账乡管”模式问题及对策分析：基于巴山山区三县的

数据调查［J］. 财会通讯，2016（22）：27–29.

［12］李平，胡泠越，赵连静. “村账代管”模式下的村集体资金控制体系［J］. 会计之友，2012（15）：29–30.

［13］刘桔林. 完善“村账乡代理”财务会计管理模式的对策研究：基于湖南省的调查数据分析［J］. 中国集体经济，2011（12）：17–20.

［14］纪灿离，宿志鹏. 不同农村财务管理模式的利弊评析［J］. 河南农业，2008（21）：10.

［15］李视友. 农村财务管理模式存在的问题及设想［J］. 财会研究，2008（5）：52–53.

［16］财政部基层财政干部培训教材编审委员会. 村集体经济组织财务管理［M］. 北京：经济科学出版社，2011.

国有企业债务重组问题研究

——以 EZ 公司为例

马　波　陈　钢　虞国华

[摘要] 近年来，我国国有企业高负债率问题日益凸显，严重制约了企业的正常经营发展。在企业无法通过自身经营性现金流偿还债务，又不能采取破产清算的情况下，通过债务重组的方式来解决国有企业的负债问题是重要途径。本文通过 EZ 公司在实施企业债务重组过程中所采取的各种创新性方法，为我国国有企业开展债务重组工作提供了借鉴意义。

[关键词] 国有企业　债务重组　司法重整

近年来，受国家淘汰落后产能、持续推进“三去一降一补”工作的影响，不少传统制造型企业主导产品市场需求持续低迷、销售价格大幅下滑，盈利能力持续下降，经营性现金流濒临断裂，企业高负债率问题日益凸显，严重制约了企业的正常经营发展。在企业无法通过自身经营性现金流偿还债务，又不能采取破产清算的情况下，债务重组就成了解决国有企业过度负债的重要且有效的途径之一。通过实施有效的债务重组，企业调整了债权债务关系，实现了企业制度的创新，优化了产权结构，重建了市场运行的微观基础，企业自我调整资产负债水平的能力得以提高，也提高了社会资源的配置效率，不管是对债权人还是债务人，这都是一种“双赢”的举措。债务重组还能实现保全企业资产价值、维护金融安全、盘活国有企业的存量资源、维持职工就业和实现债务清偿的多重目标。

一、EZ 公司债务重组背景

近年来，由于受到国内经济及行业不景气的影响，EZ 公司收入规模大幅萎缩，经济效益严重下滑，企业经营异常艰难，连续出现巨额亏损。由于公司已无法清偿到期债务且企业资产已不足以清偿全部债务，根据《中华人民共和国破产法》（以下简称《破产法》）的规定，债权人随时可申请企业破产清算。虽然EZ公司通过实施破产清算、处置不良资产，将优良资产重组后设立新公司，这可能是市场化运作下较经济的一种处理方式，但是可以预计，EZ公司破产清算所带来的一系列后果也必须引起各方的高度重视：5万余户中小股东将面临不可挽回的投资损失，上千户关联企业将遭受重大损失，部分中小企业可能因此破产倒闭，对地方经济生态将产生严重影响；EZ公司上万名员工将因此失去赖以生存的基础，带来巨大的社会稳定风险。特别是EZ企业破产清算的债务清偿率不足30%，债权人只能获得较低的债权清偿。由于EZ公司短期内恢复盈利能力的难度极大，债务重组就成为减小企业偿债压力，降低企业负债水平最快和最有效的一种方式。债务重组后企业破产清算的风险也相应地大大降低。

二、EZ公司债务重组案例分析

（一）EZ公司债务重组的实施

1. EZ公司债务重组的过程

2015年9月11日，EZ公司债权人以EZ公司不能偿还到期债务为由，向法院申请对EZ公司实施重组。2015年9月21日，法院做出《民事判决书》认为EZ公司存在不能清偿到期债务，且资产不足以清偿全部债务的事实，符合重组条件，裁定受理债权人对EZ公司提出的重组申请。同日，法院指定律师事务所担任EZ公司管理人。

为保证重组成功，避免EZ公司破产清算，管理人在法院的监督和指导下，严格按照《破产法》的规定履行相关职责，积极听取各专业机构和利益相关方的意见，制订了重组计划草案。根据重组计划草案，EZ公司以现有总股本为基数，按每10股转增4.46股的比例实施资本公积转增，共计转增约102 287.85万股；全体股东按照相应比例让渡持有的EZ公司股份，其中第一大股东让渡所持股份的45.32%，让渡约74 283 54万股，其他股东让渡所持股份的20%，共计让渡约13 087.20万股。上述转增和让渡的股份全部用于清偿债权人，剩余部分采用现金进行清偿。

2015年11月27日，管理人组织召开债权人会议对重组草案进行表决，由于EZ公司债权涉及担保债权、普通债权且偿债方式涉及出资人权益调整，因此本次表决分担保债权、普通债权、出资人三个组进行表决。

（1）担保债权组，出席会议的有表决权的3家有财产担保债权人100%同意重组计划草案；同意重组计划草案的有财产担保债权人所代表的100%债权金额表决通过重组计划草案。

（2）普通债权组，出席会议的有表决权的1 224家普通债权人有1 194家同意重组计划草案，同意重组计划草案的普通债权人所代表的债权金额占该组债权总额的96.16%，超过普通债权人总额的2/3，普通债权组表决通过重组计划草案。

（3）出资人组，表决同意的出资人代表的股份占参与表决的有表决权股份总数的99.44%，超过参与表决的全体出资人所持表决权的2/3以上，出资人组表决通过重组计划草案涉及的出资人权益调整。

2015年11月30日，EZ公司收到法院《民事裁定书》裁定为：

①批准EZ公司管理人所制订的重组计划。

②同意终止EZ公司的重组程序。

2. EZ公司债务重组的方式

EZ公司在债务重组过程中，为保证重组效率，降低重组的时间成本，通过庭外与债权人委员会的多轮谈判，最终形成了针对不同性质的债权采取不同的清偿方案的综合性债务重组方案，并以携手进行司法重组程序的方式保证了重组方案的尽快落地。该方式既最大限度地保证了债权人的利益，又确保了整个重组程序的顺利完成。

（1）金融类债权：通过与债委会成员银行的谈判，针对16家银行涉及的130亿元金融债务，形成了现金受偿+保留债务+以股抵债的综合性重组方案，通过该方案的实施，成功解决了100多亿元的金融债务。

（2）非金融债权：对于此类债权，EZ公司在选择重组方式时充分考虑了债务人的承受能力、未来现金流以及经营性债权人的利益，创造性地提出了多种清偿方案供债权人自主选择。

（1）25万元以内全额现金清偿。每家债权人25万元以下（含25万元）的债权部分，100%全额清偿。自重组计划获批1个月内一次性清偿完毕。

（2）超过25万元的部分提供三种不同清偿方案供债权人选择，并且承诺如果EZ公司未能按期清偿任何一期款项，债权人有权要求EZ公司一次性支付尚未清偿的金额。

方案1：2年内偿还55%，其余部分予以豁免。清偿安排：2016年内支付35%，2017年内支付20%。

方案2：3年内偿还75%，其余部分予以豁免。清偿安排：2016年内支付10%，2017年内支付15%，2018年内支付50%。

方案3：5年内偿还100%。清偿安排：2016年内支付5%，2017年内支付10%，2018年内支付15%，2019年内支付20%，2020年内支付50%。

3. EZ公司债务重组的结果

（1）债务人的重组结果

根据法院裁定的债务重组计划和经营性债权人选择的清偿方案，EZ公司在

2015 年当年完成了现金偿债部分的第一次支付和以股抵债的相关股权划转登记手续及账务处理。2015 年年末公司负债总额 1 308 109 万元，比上年同期减少 785 517 万元，降幅 37.52%。在考虑重组费用和共益债务的支付后，2015 年 EZ 公司获得重组利得 34.93 亿元，同时中、农、工、建等金融机构均跻身 EZ 公司前十大股东。通过本次债务重组的实施，EZ 公司约 15 亿元金融债权得以一次性偿还，约 100 亿元金融债权得以转为股权，对约 30 亿元经营性债权也进行了部分偿还和分期偿还安排，每年可减少利息支出 6 亿~8 亿元，资产负债率降至 90%左右，并同步解决了企业债、中票、融资租赁等复杂问题，基本实现让企业轻装上阵（见表 1、表 2）。

表 1　EZ 公司债务重组前前十大股东及持股情况表

股东名称	股　本	持股比例/%
中国第二重型机械集团公司	163 908.95	71.47
中国华融资产管理股份有限公司	25 302.00	11.03
解剑峰	380.00	0.17
周瑞风	353.85	0.15
周丽敏	308.83	0.13
张强	286.80	0.13
沈亚彬	264.74	0.12
杨林	256.00	0.11
赵华	210.01	0.09
赵秀珍	199.31	0.09

表 2　EZ 公司债务重组后前十大股东及持股情况表

股东名称	股　本	持股比例/%
中国第二重型机械集团公司	66 380.95	20.02
中国机械工业集团有限公司	27 510.62	8.30
中国农业银行股份有限公司四川省分行	45 028.28	13.58
中国农业银行股份有限公司江苏省分行	957.10	0.29
中国银行股份有限公司镇江润州支行	8 305.66	2.50
中国银行股份有限公司德阳分行	34 585.70	10.43
中国建设银行股份有限公司四川省分行	24 208.86	7.30
中国建设银行股份有限公司江苏省分行	509.18	0.15
中国华融资产管理股份有限公司	20 241.60	6.10
中国工商银行股份有限公司德阳旌阳支行	19 829.46	5.98

（2）债权人的重组结果

在木次债务重组过程中对经营债权人来说，25 万元以下（含 25 万元）的部分得到了全额清偿，累计金额为 1.84 亿元；对于选择 2 年、3 年打折支付的，累计金额 3.9 亿元，对应折扣额约 1.2 亿元；重组协议明确约定多少年后全额支付债务的，累计金额 22.56 亿元，对应折扣额约 9 800 万元，经营债权人受偿率约为 90.3%。对金融债权人来说，获得 15 亿元现金清偿，15.9 亿元得以保留，约 90 亿元转化为 EZ 公司的股权，受偿率超过 60%。同时不良债权的受偿率也得到了大幅提高，降低了坏账率，且若未来 EZ 公司恢复上市后，其债权也能得到最大限度的保全。

（二）EZ 公司债务重组的创新点

1. 依法灵活解决中期票据、企业债相关问题

EZ 公司负责中包括约 15 亿元中期票据、企业债，这些负债以票据形式和债券形式在银行间市场发行和流通，具有一定的特殊性。至今，尚未出现对中期票据、企业债实质性违约的先例，市场上存在“刚性兑付”的行业惯例。

为避免 EZ 公司进入重组程序后导致中期票据、企业债被动纳入重组程序的重组范围，经交易商协会、中国人民银行与控股股东充分协调，在确保 EZ 公司不涉及个别清偿的前提下，由控股股东单方面采取“先收购后代偿”的方式化解中期票据、企业债的违约危机。

2. 采取继续履行合同的方式妥善处理融资租赁

EZ 公司为了缓解资金压力，近年来进行了大量的“售后回租”式融资租赁融资。由于 EZ 公司涉及融资租赁的租赁物几乎全部是其正常生产经营所必需的关键设备，为维持其持续经营，必须确保这些设备正常运转。因此，有必要对融资租赁进行特殊处理。鉴于融资租赁合同符合《破产法》规定的关于继续履行合同的条件，在重组过程中对融资租赁合同确认了继续履行，相应租金成了公益债务，对应设备正常运转。

3. 创造性的安排可供选择的经营性债权清偿方案

非金融普通债权具有人数多、金额大、抗风险能力弱以及与 EZ 公司的持续经营关系密切等一系列特点。考虑到金融债权人明确反对经营性债权人占用股票资源致使抵股价格攀升，以及经营性债权人自身对以股抵债的接受程度很低，本次重组计划在普通债权人组中专门区分了非金融普通债权这一类别。对于此类普通债权，重组计划充分考虑了债务人的承受能力、未来现金流以及经营性债权人的利益，创造性地提出了多种清偿方案供债权人自主选择。

4. 为体现实际控制人的支持对其债权进行了特殊处理

控股股东债权，包括担保债权和普通债权，主要是控股股东近年来对 EZ 公司陆续提供的资金支持形成的，具有大股东借款的性质。考虑到债务人偿债资源非常有限，为体现控股股东对 EZ 公司的继续支持，本次重组计划对控股股东债权进行了特殊处理。针对担保债权，明确放弃就担保物优先受偿，解除抵押、质押担保。担保债权、普通债权，本次都不安排偿债资源，留待重组后根据 EZ 公司实际情况妥善处理。在债权清偿前，利息仅按照不高于同期贷款基准利率的 50%计提。

三、研究结论与对策建议

（一）在进行国有企业债务重组时应进行充分的利弊分析

国有企业在选择债务重组作为解决企业过度负债的途径时，应结合企业实际情况进行分析，科学评判实施债务重组和破产清算的利弊，对企业陷入债务困境的原因和摆脱债务负担后的发展前景进行预判，从而决定是否选择债务重组作为解决企业过度负债问题的有效手段。EZ 公司作为关系国家经济安全命脉的大型国有企业，长期以来为国家制造了大量的重型机械设备，积淀了极强的研发和生产制造能力，其陷入债务困境主要是受国家宏观政策和长期以来内部管理粗放的影响，其通过债务重组摆脱债务负担并进行改革后将能够迅速恢复发展动力。

（二）分析企业债务性质，选择适合企业的债务重组方式

国有企业在进行债务重组时，需对企业承担的债务类别、性质进行认真分析，根据企业自身的经营状况和与债务人的谈判沟通结果，选择适合的债务重组方式，全面考虑并注重多种方式的综合运用，才能确保债务重组工作的顺利开展和债务重组后实现最优效果。

（三）以债务重组为契机，完善公司治理结构，持续推进国企改革，实现可持续健康发展

企业通过债务重组化解了债务危机后，为避免再次陷入债务困境，应积极借助债务重组创造的有利条件，一方面持续完善公司治理结构，一方面进行资源整合，强化内部管理，提升经营效益，合理利用财务杠杆，控制负债水平，才能促进企业可持续健康发展。

参考文献：

[1] 李雪珍. 上市公司债务重组问题研究 [J]. 商业会计，2015 (6).

[2] 黄新飞，张娜. 债务重组的公司治理效应：基于中国上市公司的实证分析

[J]. 经济管理，2011（1）

[3] 金辉俊，林玉梅. 我国上市公司债务重组的市场绩效实证研究 [J]. 商业经济，2013（2）.

[4] 韩克勇. 债务重组相关问题的思考 [J]. 经济问题，2006（2）：62-65

[5] 马波，陈世均. 中国二重债务重组方式及账务处理 [J]. 财务与会计，2018（1）.

水电企业固定资产全生命周期管理体系建设及其应用

邱展法　曹　旭　江丽君

[摘要] 水电行业属于典型的资产密集型行业，面对激烈的市场竞争，提升固定资产全生命周期管理水平已成为促进企业发展的原动力之一。本文从运用 Maximo 系统在全生命周期固定资产管理中的应用视角出发，为水电企业资产管理提供了改进方向与建议，进而有利于提高电站成本费用管控和预算管理水平、提高项目投资决策管理水平、提供资产全口径信息智能化应用场景，为智慧电厂的建设提供基础数据，对水电站行业固定资产全生命周期管理有所裨益。

[关键词] 水电行业　全生命周期固定资产管理　智慧电厂

一、水电企业固定资产管理基本情况

水电行业是典型的资产密集型行业，固定资产通常占总资产的 70% 以上，甚至达到 90%，与固定资产相关的成本（折旧、修理费、保险等）占主营业务成本的比例通常也在 70% 以上。电力体制改革、电力市场化交易对水电企业的经营管理提出了更高的要求。由于电力产品的同质性，成本成为水电企业的核心竞争力，对固定资产进行全生命周期精细化管理显得尤为重要。

相对于电网企业，水电开发企业固定资产全生命周期管理方面的研究相对较少，系统建设相对滞后，资产管理精细化程度有待提高。本文以笔者所在的企业为例，对水电企业固定资产管理中存在的问题进行分析，基于本企业实际情况提出建立固定资产全生命周期管理系统的路径建议，并借助物联网、大数据等现代信息技术工具，给出了基于资产全生命周期数据信息的一些典型应用场景。

二、固定资产管理中存在的主要问题

（一）财务与业务固定资产管理维度和口径不一致

资产实物管理和账务管理存在脱节现象，两者在资产分类规则、编码规则等方面均不同。财务部门在财务系统中按公司发布的《固定资产目录》进行固定资产管理，业务部门在 Maximo 系统中（Maximo 系统是一种集成的资产管理工具和平台，包括资产管理、工单管理、采购管理、计划管理、库存管理、预防性维护管理、报表管理、安全管理、工作票管理等模块，在电力行业被广泛使用）按照 KKS 编码规则（KKS 码是根据标识对象的功能、工艺和安装位置等特征，来明确标识系统和设备及其组件的一种代码）进行资产实物管理，业务部门管理颗粒度更细，可能将财务上的一项固定资产拆分成若干可维修的功能单元，录入 Maximo 管理系统中，形成设备卡片。

（二）固定资产管理全过程信息不共享

固定资产从形成到最后退出全过程的相关信息分散在不同的信息系统或模块中，包括工程建设管理系统、财务系统固定资产模块、Maximo 系统电厂电力生产业务管理（如检修维护、工作票管理等）、采购管理、库存管理、合同结算管理、电力生产项目管理等模块，等等，各系统模块通过数据接口接入企业级数据总线，但固定资产管理相关业务流、信息流、价值流等方面的信息没有整合，没有共享，未能得到有效利用，信息孤岛现象比较严重。

（三）影响固定资产财务价值信息的准确性

资产实物管理与财务管理的脱节可能导致固定资产后续支出项目分类和会计处理产生偏差，从而影响资产财务价值信息的准确性。对固定资产资本性后续支出，由于财务固定资产目录未反映业务上的可维修功能单元，在某设备重要组成部分进行更换时，无法准确确定需要终止确认的原有设备的账面价值，也会影响资产财务价值信息的准确性。

（四）成本管理精细化程度有待提高

由于电力产品的同质性，电力企业之间的竞争主要是成本的竞争，实施市场化电力交易后，保本点、边际成本、边际效益等精细化成本管理工具在制定竞价策略时其重要性突显。在资产相关信息相互脱节、资产管理体系不够完善的条件下，相关信息准确性和可靠性较低，无法有效满足成本管理方面日益精细化的要求，对企业生产经营尤其对电力市场竞价管理的决策支持度不够，财务的价值管理功能不能很好地体现。决策支持度还体现在投资评价方面，包括既有电站的技术改造投资、新建水电站投资、收购水电站投资等。

（五）设备管理水平仍需要提高

目前各电厂在Maximo管理系统中的设备卡片没有做到统一，甚至有些仍借助Excell表格进行辅助管理，没有建立统一的固定资产实物管理体系，没有从资产全生命周期角度进行资产管理，管理总体水平仍有待提高。同时，每年设备检修基本上未从进行经济性角度进行分析评价，未根据设备适时状态评估是否需要检修以及检修的具体内容，可能存在过渡检修情况，与智能化管理、智慧电厂建设目标仍有较大差距。这也进一步影响了与设备配套的备品备件的管理，易产生多储备的倾向，造成库存积压、资金占用，产生技术和功能减值甚至报废风险，增加了企业生产经营成本。

三、全生命周期固定资产管理体系建设路径

（一）建立贯穿固定资产全生命周期的识别码

统一业务与财务固定资产颗粒度，统一资产编码规则，建立贯穿固定资产全生命周期的全公司统一的资产终身唯一识别码。KKS码的编码规则是按资产在机组上的位置来定义的，按机组码、系统码、设备码、部件码和设备清单进行细分，以可维修功能单元为细分原则，这与会计准则对固定资产明细确认标准“独立发挥功能”在经济实质上比较近似。经过调研与沟通协调，可以电厂生产管理部门使用的KKS码为基础制定公司统一的资产目录和编码规则（见表1）。

表1　以KKS码为基础的固定资产目录结构示例

大类	一级分类	二级分类	三级分类	四级分类	五级分类	设备清单（不在财务固定资产系统中反映）
			系统码	设备码	部件码	
房屋及建筑物	房屋	生产管理用房屋	电厂综合办公楼			
机器设备	发电及供热设备	水轮发电机组及附属设备	水轮机主体	水轮机补气装置		
运输工具	生产经营类	汽车运输设备	奥迪轿车			
办公设备	电子类办公设备		复印机			
其他	非生产经营类		长虹电视机			

（二）梳理固定资产全生命周期管理各阶段主要业务流程

全面梳理从资产初始取得（包括通过基建程序形成和购买新增等）、运行使用（包括日常维护和检修管理等）、财务价值管理、盘点管理、处置管理、信息查询、综合统计与报表管理等各阶段信息需求、数据架构、业务流程等，并对各业务流程进行主线场景、角色、职责描述，形成详细清单或表格，在此基础上绘制业务流程图，然后交由信息管理部门进行系统开发或改造，并适时加强与信息部门的沟通，确保任何变更或新增事项得到妥善及时的处理。

（三）建立统一的固定资产管理信息平台

按照“业务财务一体化”原则，基于 Maximo 系统建立固定资产管理系统，作为固定资产全生命周期管理的工具和平台，统一生产部门的设备卡片和财务模块的固定资产卡片，将固定资产全生命周期的全部信息进行整合，建立和打通 Maximo 系统与财务 Oracle 系统数据传递和共享接口，逐步开发和完善 Maximo 系统的资产全过程管理功能，实现工程建设管理、采购管理、库存管理、财务管理、生产管理之间能数据互联互通、信息共享，集成固定资产生命周期中的各项信息包括来源信息、历次维修改造信息、价值信息、存放地点、运行状态、使用信息、使用人变更、退出终止，等等。

资产全生命周期管理涉及的相关系统功能组成及数据流向如图 1 所示。

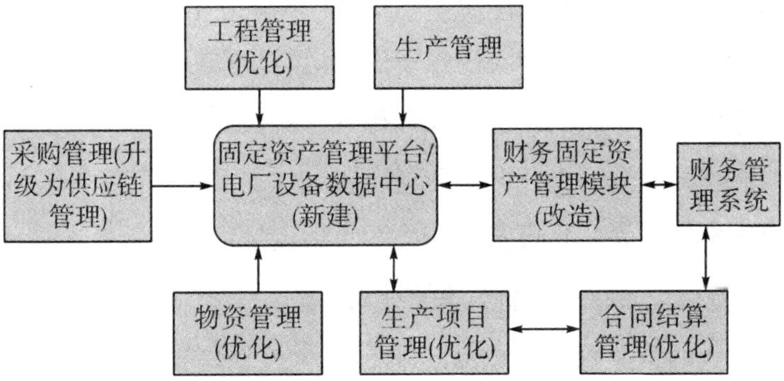

图 1　资产全生命周期管理涉及的相关系统功能组成及数据流向

四、固定资产全生命周期管理信息应用

在 Maximo 固定资产管理系统的基础上，整合公司其他信息系统相关信息数据，必要时引入外部相关数据信息，并利用有关技术手段逐步实现资产信息的深度挖掘和应用，将有助于提升固定资产管理和财务管理精细化水平，增强公司在电力市场的竞争力。

（一）提高电站成本管控和预算管理水平以及决策有效性

通过固定资产管理系统对相关信息进行集成和关联，可以实现对固定资产相关成本费用的精细化管理，除常规的横向、纵向比较，内部、外部比较等，还可进一步细化成本明细并与生产作业建立关联，按成本动因进行精细化管理，逐步探索建立各作业成本费用定额，提高电站成本费用管控和预算管理水平。通过按时间、设备明细两个维度进行成本分析，尤其在设备维度，可从不同明细程度进行成本归集和分析。可借助资产组概念，按电站、机组分别进行详细分析，分别测算保本电量、边际成本。不同电站、不同机组其成本属性以及边际成本是有差异的，存在比较优势。

（二）优化库存管理

水电站的存货主要是原材料和备品备件，包括原材料、通用备品、专用备品、事故备品等。这些备品是用来消耗的不是用来销售的，从经济的角度来看属纯粹成本项目，占有企业资源且存在减值淘汰的风险，应尽量少备一点。利用 Maximo 系统有关信息，通过深入分析历史维修消耗存货分析，包括各类别材料的消耗差异、不同供应商来源材料的成本差异和使用年限差异等，分别建立合理库存量模型，并结合最新的采购周期、新技术、新供应商、采购渠道等信息适时进行优化调整。

（三）利用资产运行管理信息提高项目投资决策管理水平

电力体制改革后，电站投资决策必须进行详细深入的经济效益分析，经济上的可行性分析将成为制约项目是否可以投资以及何时投资的关键因素，已投产电站固定资产全生命周期数据对新项目投资决策将有重要参考价值。此外，在电站建设期进行设备采购选型时应采用设备全生命周期成本而不仅仅是设备采购成本，现有设备资产全生命周期成本尤其是设备维护成本数据也是决策的重要参考依据。

（四）建立流域设备状态分析与共享中心

在公司已建成的企业级数据中心云平台之上，利用资产和电站全生命周期信息，建设公司流域设备管理平台，构建设备诊断分析中心；根据不同的场景建立相应的分析模型库，建立流域设备故障诊断分析专家库；利用设备管理云平台所预测分析的数据进行故障分析判断，帮助电厂掌握设备的健康状况并优化机组检修计划、优化电力生产调度计划，从根本上提高设备总体管理水平，为实现公司利润最大化提供基础支撑。

公司流域设备管理云平台总体应用技术框架如图 2 所示。

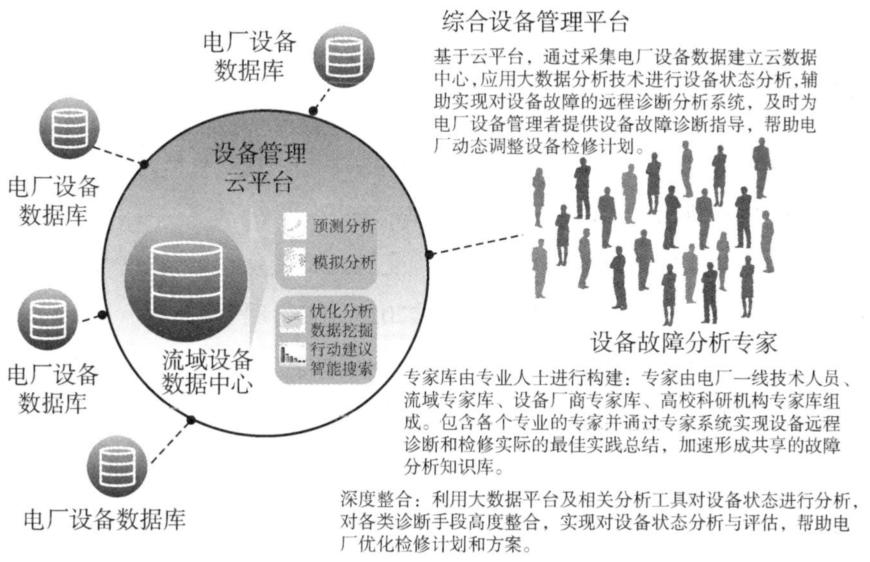
综合设备管理平台
基于云平台，通过采集电厂设备数据建立云数据中心，应用大数据分析技术进行设备状态分析，辅助实现对设备故障的远程诊断分析系统，及时为电厂设备管理者提供设备故障诊断指导，帮助电厂动态调整设备检修计划。
电厂设备数据库
电厂设备数据库
设备管理云平台
预测分析
模拟分析
优化分析
数据挖掘
行动建议
智能搜索
流域设备数据中心
电厂设备数据库
设备故障分析专家
专家库由专业人士进行构建：专家由电厂一线技术人员、流域专家库、设备厂商专家库、高校科研机构专家库组成。包含各个专业的专家并通过专家系统实现设备远程诊断和检修实际的最佳实践总结，加速形成共享的故障分析知识库。
深度整合：利用大数据平台及相关分析工具对设备状态进行分析，对各类诊断手段高度整合，实现对设备状态分析与评估，帮助电厂优化检修计划和方案。
电厂设备数据库

图2　公司流域设备管理云平台总体应用技术框架

（五）提高设备检修管理水平

固定资产管理系统构建后，利用设备生命周期全口径数据，可辅助提高设备检修管理水平，提高维修计划的编制水平，针对不同资产建立最佳维修模式（包括日常维护保养、计划维修、故障后维修等），提高故障解决效率，合理控制维修费用。在此基础上，逐步建立基于风险预控的检修策略选择，根据经济风险排序将检维修资源在低风险设备与高风险设备之间合理分配，使用专业的数学量化分析方法，综合考虑所有相关成本、设备的维护及可靠性，结合企业的实际操作经验得出最优维修策略，逐步将公司提出的智慧检修概念落地。

（六）提供资产全口径信息智能化应用场景

在 Maximo 系统上实现了固定资产全生命周期管理后，借助物联网、工业互联网、大数据等工具，可在企业 ERP 平台或企业门户上实现对主要设备资产的过程可视化展示和多维度穿透查询，随时掌握公司各电站以及各发电机组的运行状况、累计运行情况、动态保本电量、边际成本等，为公司各级领导和管理人员适时提供决策所需要的信息，提高电站智能化管理水平。

（七）为智慧电厂的建设提供基础数据

2016 年 2 月，国家发改委发布了《关于推进“互联网+”智慧能源发展的指导意见》。该意见明确指出：“鼓励能源企业运用大数据技术对设备状态、电能负载等数据进行分析挖掘与预测，开展精准调度、故障判断和预测性维护，提高能源利用效率和安全稳定运行水平。”固定资产全生命周期全口径信息的集成能为智慧电厂建设提供必要的基础数据支撑。

参考文献：

［1］吴家乐，张芯萁．基于Maximo系统的锦屏水电厂发电生产管理探索与研究［J］．水电厂自动化，2017，38（4）：18-21.

［2］罗戎．构建流域设备管理云平台，支撑流域发电高效运营：新技术在雅砻江流域的应用思路［J］．水电站机电技术，2016，39（8）：23-26.

［3］刘昌，等．南方电网公司资产全生命周期管理研究［J］．南方电网技术，2014，8（2）：113-116.

［4］韩雨．电厂设备资产管理（EAM）系统的设计及KKS编码在其中的应用［D］．呼和浩特：内蒙古大学，2010.

［5］刘怡．基于全寿命周期成本理论的杭州供电公司电网检修经济效益分析［D］．杭州：浙江工业大学，2016.

信息化视角下的企业集团业财融合体系构建与应用研究

——以 C 集团实践为例

谭丽清

[摘要] 近年来，业财融合在企业财务管理和信息化建设发展中逐渐成为一种理念和趋势。在管理会计领域，业财融合也被作为应用基础和核心。2016年财政部颁布的《管理会计基本指引》中业财融合也作为管理会计应遵循的原则被提出。业财融合不仅要求财务在发挥会计监督职能过程中与业务部门紧密协作和沟通，更要求财务和业务必须协同开展跨部门的经营管理活动，有效推动企业战略实施，共同实现企业价值的最大化。

近二十年来，高速发展的信息技术成为促进经济发展和社会进步的主导力量之一，也推动着企业和国家、社会各领域信息化的高速建设和发展。在业财融合管理实践发展过程中，信息技术的应用可为其提供重要的工具支撑，通过建设业财融合的信息化工具（或称“管理会计工具”），企业可以提高信息的质量、传递速度以及应用效率，构建一套科学的、具有实践应用价值的业财融合管理体系，真正促进业财深度融合和应用落地。

本文以信息传递理论、无边界管理理论、ERP 理论、XBRL 理论和企业价值最大化理论为基础，结合国内外研究成果和实践，以信息技术应用为视角，对大型企业集团的业财融合体系及应用进行研究，提出业财融合体系框架，对 C 集团的实践应用进行了实证分析，进而从实证角度探讨构建大型企业集团业财融合管理体系的框架思路和信息工具，最终从理论和实践两个方面论证业财融合框架体系在大型企业集团应用的价值和效果。

[关键词] 信息技术　业财融合　企业集团　价值最大化

一、绪论

（一）研究的背景

近年来，业财融合已经成为我国企业管理发展的一种趋势，也被财政部作为管理会计应用的基础。在商业运营中，财务不仅要参与商业活动的分析，还要参与商业活动的决策；业务和财务的融合一体化不仅要求财务部门在履行会计监督职能的过程中与业务部门密切配合，还要求财务和业务部门协调部门间的日常管理问题，共同有效推动企业持续经营和高效管理。

同时，伴随着信息技术的发展，企业在财务管理方面也经历了从手工记账到会计电算化到财务信息化再到业财融合一体化的企业信息化的转变。在信息化转换过程中，企业利用业财一体化融合的信息化工具，业财信息高度互通、高效传递，提高了信息质量、传递速度以及应用能力，提高了财务管理效率和服务质量，进而提升了财务信息化发展水平和企业整体经营成效。信息技术的快速发展已成为经济发展和社会进步的关键力量，信息技术的应用也为财务管理提供了重要的技术工具支撑。

（二）研究的意义

财务管理与企业管理的有效整合对于大型企业集团的发展具有重要意义，不仅可以支持企业内部各种业务活动的有效发展和战略目标的顺利实施，还有助于增强公司的核心竞争力。

1. 业财融合能够提高企业集团经济效益

在业财融合过程中可以加强价值管理，通过价值分析和管理控制在生产和经营中的各种资源的有效配置和使用，引导经营管理部门正确决策，监控经营活动的正确执行，从而实现企业价值最大化。

2. 业财融合可以更好地为企业经营业务提供服务保障

通过业财融合，财务从简单的财务数据了解到对生产经营业务情况的深度了解，从财务自我实现到面向业务的积极服务和支持，能更好地做好生产经营服务保障，促进企业发展。

3. 业财融合能提升企业集团财务管理整体工作水平，有效防范企业财务风险

在新的市场环境下，伴随着企业集团经营规模的发展壮大和业务种类的扩展，企业面临的传统和新型风险不断增加，形式更多样、内控更复杂。因此，财务必须对企业生产经营环节实施更全面，更严格，更有效的控制与监督。做到深度嵌入，充分识别和改善内部控制和风险管理中的薄弱环节。业财融合可以促进财务管理和业务工作紧密协作，共同努力，以实现其控制、监控与防范风险的目标。

（三）研究的框架与思路

本文以 ERP 理论、信息传递理论、无边界管理理论、XBRL 理论、企业价值最大化理论为基础，以 C 集团为例，探讨业财融合理论体系，研究其在大型企业集团的应用环境和具体案例，分析其内在价值和应用效果。具体研究框架与思路如图 1 所示。

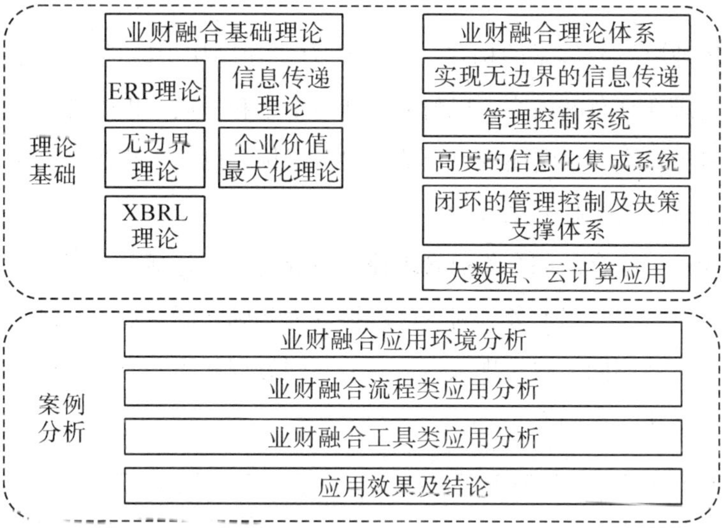

图 1　研究框架与思路

本文的研究思路是以业财融合相关理论作为研究基础，探讨业财融合体系构建和应用环境，结合企业业财融合实践，从业财融合的实施背景、意义、内涵及边界等方面概述业财融合体系所应包含的核心内容框架，并据此以 C 集团为基础，对所提炼和探讨的业财融合体系进行实证分析，最后得出实证分析结论及业财融合体系改进及推广建议。

二、企业集团业财融合内涵与体系构建

近年来，业财融合在国内实务界颇为盛行，但是相关理论文献涉及较少，对业财融合的理论内涵与外延边界缺少足够的理论研究与实务论证，加之业财融合提法属于“中国制造”，财会领域相关英文术语中也无相关描述，国际上与业财融合直接相关的探讨亦较为少见。从广义上看，国外学者提出的业务流程再造理论（BPR）、流程设计创新（BPI）、核心流程再设计（CPR）等强调业务与财务在过程中同步协同，国内学者提出的业财一体化、管理驱动、业务驱动等理念，都可归入业财融合理论范畴。

通过对国内外文献综合分析和归纳，笔者认为大型企业集团业财融合体系的内

涵可以定义为：业财融合体系是一个管理控制系统，通过高度集成、灵活的信息化基础架构，运用图像扫描、识别等技术和数据协议采集、转换实现数据、信息全面电子化、数据化，运用大数据、云计算等大规模数据挖掘工具和数据清洗能力，在企业内部实现信息无边界的高效传递，通过场景建模设计进而实现战略目标分析、决策支持、风险管控、价值链分析、核心竞争力识别等功能，最终实现企业价值最大化。

企业集团业财融合体系的构建，笔者认为实际操作中既涉及财务会计范畴内容，也涉及管理会计范畴内容，以财务会计为基础和手段，以管理会计为方向和目标，通过二者的结合，最终实现以企业战略为目标，以信息集成与应用为抓手，构建一套综合集成的管理控制系统。

企业集团业财融合的综合集成管理控制系统通常应包括基础层、信息处理层和结果输出层三个层次，以业务、财务处理事务为基础，涵盖业务、财务全环节、全流程、全数据，在不同层级实现数据信息的不同处理和不同应用，最终实现有价值的信息输出和应用，见图2。

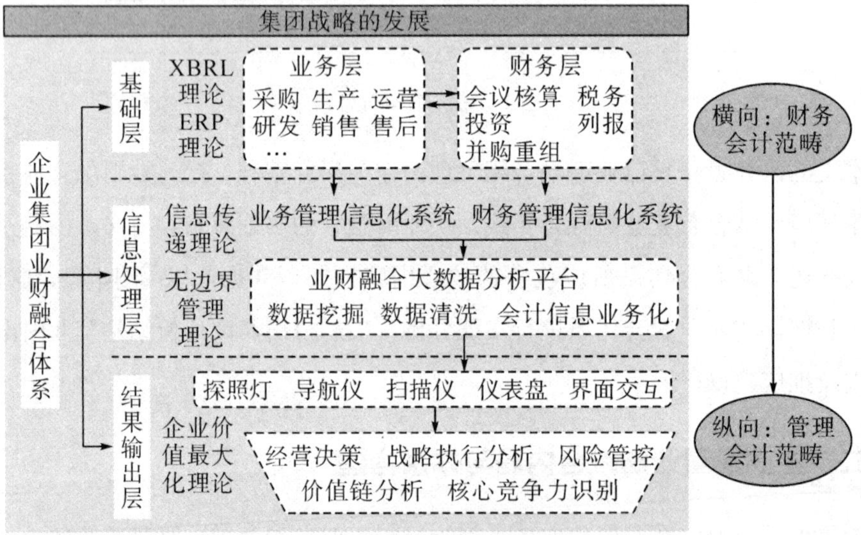

图2 企业集团业财融合体系

（一）基础层

业财融合管理体系下的财务会计，必须以实现企业价值链与财务会计一体化为目标，必须摒弃财务会计的纯会计核算、“唯”会计科目的局限思维，通过财务流程、财务信息链条渗透到企业价值链各环节、全流程，应用ERP理论，重构和革新业务、财务流程，打通业务流、单据流、资金流、价值流、信息流各渠道，改变各自为政、流程断点、信息脱节等现状，明晰关键业财流程控制点、业务信息链接点，映射对应财务节点，将财务信息和业务信息不断分解为超细数据颗粒。同时还要通过流程链接和信息映射标签保持其数据逻辑、信息逻辑的完整性，实现基础业务层面的业财流程和信息的有效融合，业务与财务在流程和数据上的全面同步。

基础层主要通过对业务信息的全面分析和全口径精细化采集，扩展财务数据采集和记录范围，建立业务信息与财务信息的映射关系，消除信息相互孤立存在和信息采集缺失不完整的现状，实现业务信息全面贯通和全面采集。从而形成闭环的价值链、信息链和完整的企业数据中心、信息中心，这样就可以为管理会计数据挖掘和管理会计工具应用打下坚实的基础，未来随时可以多组合、多层级多场景地灵活分析、应用，满足不同人员、不同层级对数据管理和应用的要求实现信息的无边传递和应用，向决策支持型财务管理发展。

（二）信息处理层

信息处理层主要解决数据采集和收集问题，将所有数据、信息，“电子化”“无纸化”，这是收集信息的基础。业务源头电子化是数据电子化最直接有效的方式，比如企业推进的无纸化办公，包括电子流程报销、电子流程审批、银行电子回单、税务电子发票、海关电子报关单、电子缴税单等，可直接实现无纸化、数据信息电子化流转和结构化存储。对不能直接电子流程化的信息，可通过扫描影像等进行电子化，再通过 OCR 识别转换为结构化数据。因此，数据采集收集既要关注结构化数据，还要关注非结构化数据，建立完善的数据收集和转换处理功能。

信息处理更重要的是数据质量，要实现跨系统、跨业务的对接交互和高效传递，统一语言和统一标准非常重要，包括系统和业财两方面。系统语言和标准是指不同系统间的技术语言标准、数据标准、接口标准等应统一规范、通用共享；业务语言和标准要统一标准化，例如借鉴应用 XBRL 等标准，减少会计、财务专业术语的描述，减少数据的重复冗余。

在信息处理中，数据通过处理、清洗，形成有序分类分层的有效信息。形成真正意义上的数据中心，才能为企业提供可供大数据、云计算等工具挖掘利用的有用信息，为业财融合的数据信息化系统的真正形成奠定基础。

（三）结果输出层

业财融合体系结果输出的最终目标和结果就是形成一套 PDCA 完整循环的经营管理分析决策体系。在这个体系中，业财融合贯穿于企业战略规划、经营决策、管理控制和业绩评价等全部环节，贯穿于企业价值链和经营活动的全过程。在系统中以业财融合采集集成的数据信息为基础，通过探照灯、导航仪、扫描仪、仪表盘与界面交互平台进行战略方针与经营目标制定、行动方案布局与实施、价值链与业务过程监控、评价与反馈、合作沟通等场景建模，实现企业战略目标落地、经营决策执行、风险管控实施等管理目标，最终实现企业业财融合成果的输出，企业经营效益提升，价值最大化目标达成。

三、C集团业财融合体系应用案例

（一）C集团基本情况

C集团地处四川省，成立于20世纪50年代，是一家具有全球影响力的大型信息家电企业集团，年销售额近千亿元，旗下共有40家左右二级子公司、200多家三级及以上孙公司，经营地遍布全球各地区，旗下多层上市公司架构形成了复杂的伞形资本架构。从资本关系和地域上看，C集团具有法人成员众多，控股链条长、架构复杂，地域分布广泛等特点，因此经营管理难度也相应较大。

C集团根据发展情况逐步实施了集团化管控模式，通过变革从原集权化经营型管控模式逐步向放权战略型管控模式转变。为适应集团化管控模式，支撑企业战略，C集团在总部层面建立了适合企业发展的企业管理制度，总部从对人、对事的直接管理，转变为对内外部信息的及时传递和全面掌握，依赖信息传递和沟通，作出企业经营管理决策。在经营管理转型的同时，C集团财务也随之同步转型，财务工作的重心从过去主要为企业外部利益相关者服务转变为主要为企业内部管理者提供决策支持服务，即高度重视企业财务在业务层面的运用，使企业集团的管控工作落实到业务层面。在业务财务同步转型过程中，财务与业务深度融合的管理提升诉求异常强烈。

（二）C集团业财融合实施整体思路

C集团业务与财务的融合实践，简而言之就是改变传统财务是核算者、管理者、风险控制者的观念，将其从后端把控角色，调整为前端服务角色，定位于为战略和业务“服务、沟通、协同、支持”的角色，为战略决策提供支撑，为业务提供专业咨询诊断和参谋顾问，并且依托财务信息技术工具，实现财务与业务的“五融合”：

一是以支撑战略发展和产业布局为目标和方向，构建匹配的业财融合架构体系；

二是以数据信息统一入口为原则，加强作业精细化管理，灵活资源配置，实现业财信息的融合；

三是以信息化为载体，借助IT技术，革新业务财务流程，解决各自为政、信息相互孤立的弊端，重构业务流程，明晰关键控制点，映射各对应财务节点，实现业财流程的融合；

四是以多年来形成的数据信息资源，借力互联网+思维，实现业财资源的融合；

五是以内部控制体系为核心，建立运营异动预警实时识别与查验，预警企业运营过程中的生产经营风险、财务风险，实现业财风险管控融合。

（三）C 集团业财融合创新理念

基于 ERP、信息传递和无边界管理等基础理论，C 集团结合自身实践，进一步拓展创新，基于自身实践提出了业务驱动价值管理和无边界管理外部无限延伸的创新理念，来开展业财融合的体系建设与应用。

1. 业务驱动价值管理理念

C 集团业务驱动价值管理理念，是指为了实现业务与财务的一致性，通过流程再造，实现业务信息与财务信息的高效同步，以经营活动产生的价值信息来自动、直接驱动财务核算、财务管理活动，以实现“财务语言”与“业务语言”高度一致，包括产生时间、计算口径、管控原则等，从而很好地解决“财务与业务两张皮”的问题，改变“回顾式财务”和“被动式财务”处理方式导致的财务管理无效和管理缺位问题。

2. 无边界管理外部无限延伸理念

C 集团无边界管理向外部无限延伸理念，打破了企业与供应商、顾客、政府管制、社区等组织边界，将内部无边界管理进一步向公司外部无限延伸，通过业务流程协同、信息技术手段、资源合作、信息共享等方式，推倒外部围墙，让供应商、客户、金融机构、监管机构及其他社会群体成为公司系统的组成部分。让企业内部与外部相关方从原来内外部讨价、博弈、对立变为共同利益体，整合内外部产品资源、资金资源以及信息资源等，实现可持续发展的多方共赢，形成高效管理、融洽和谐的内外部环境和良好的公共关系。

（四）C 集团业财融合管理体系构建全景

基于理论基础和实践理念，C 集团不断理清构建思路，结合自身情况，借助信息工具等手段，寻找合适的业财融合方式、挖掘融合价值。经过多年努力和积累，已初步搭建了一套适合自身发展的业财融合管理控制体系。C 集团业财融合体系以实现战略规划为目标，充分运用信息化和管理会计工具方法，在规划、决策、控制、评价等方面实现业务、财务全环节、全流程、全数据涵盖，在不同层级实现数据信息的不同处理和不同应用，最终实现有价值的信息输出和应用，形成闭环的管理控制及决策支撑体系，构建出了一套适应不同发展阶段的一体化、网络化的业财融合体系。

C 集团业财融合体系构建与应用全景如图 3 所示。

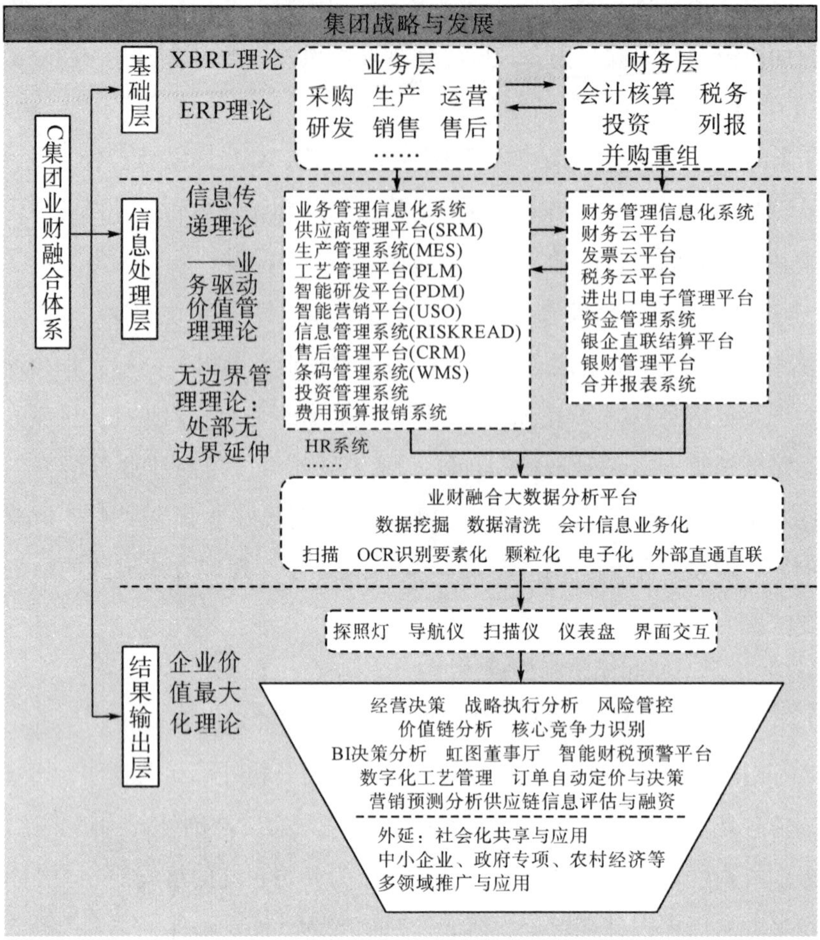

图 3 C 集团业财融合体系构建与应用全景

（五）C 集团业财融合体系构建与应用之效果

C 集团业财融合体系以 XBRL、ERP、信息传递和无边界管理理论为基础，以企业价值最大化为目标，在基础层、信息处理层和结果输出层三个层面搭建了相对完整的业财融合体系，实现了业务和财务的基础处理能力、经营价值链和财务信息流的高度集成以及战略规划目标达成情况、绩效评价结果、财务信息报告等结果输出，创造了一定的管理价值和经济利益。

1. 内部效果

从内部来看，C 集团实现了内部效率的大幅度提升。目前，C 集团 100 多项业务单据实现电子化，98%以上的会计凭证由业务系统驱动自动生成，差错率不到万分之 0.45，提升人力效率 77%以上，纳入 C 集团财务共享范围的分子公司数量从 80 家增加到 200 多家，而从事核算处理的会计人员数量从原来的 500 人下降到 200 多人。由于体系的标准化程度高、自动化程度的大幅上升，手工处理业务量锐减，差错率得到有效控制，大大缩减了财务处理时间。

通过业财融合对财务流程，经营流程，乃至经营模式实现了优化和重构。当业务和经营对跨区域的财务结算、财务核算不再感受到时效、流转、沟通等的差异和影响以后，分公司本地化模拟核算经营方式逐步减少甚至被取消，客户分销模式调整为直销模式，为企业实施营销体系变革提供了坚强支撑，促进了业务渠道整合，减少了经营管理环节和管理风险，节约了驻外经营成本近千万元。

通过业财融合，财务重心转向企业资源配置与产融结合等方面的更多创新。C集团实现财务核算集中化、财务管理专业化、财务业务一体化后，在保障财务基础核算和报告等基本要求外，培育了新的财务价值创造能力，创新供应链融资模式、拓展了多种融资渠道，支撑上下游供应链融资4亿~5亿元/年，通过产融结合的模式解决了上下游供应商与客户信用资源与结算需求，为整体经营发展注入了新的驱动力。

2. 外延效果

C集团利用自身业财融合和信息化工具的应用方面的丰富经验，近年来探索性地实现了智能化财务的社会化推广与应用，促进和助力国家财税信息化推进加速。

C集团近年在实现内部财务共享、财务云服务的基础上，经过资源合理配置、深度资源融合，推出了财务云服务，逐步探索将云平台服务于外部中小微企业客户，为客户提供低门槛、高质量、低成本的财务核算和管理咨询，以及流程再造和信息化等服务，有效地帮助中小企业实现财务核算规范化、财务管理高效化及经营效益最大化，助力中小微企业更好、更快地发展；同时匹配高端税务服务，在提高中小微企业财务税务管理效率，降低税务风险的同时，协助税务机关提高纳税申报有效性，实现精细化税源管理，推动各项税收优惠政策及时落地，成了中小微企业的“财税管家”；同时延伸国家税务总局“互联网+税务”管理触角，以全方位的信息化、现代化实现税企双方共治、共赢。

除中小微企业社会化应用外，C集团还助力省财政厅精准扶贫，解决贫困地区因基础环境条件差、管理基础薄弱、人员流动性大等因素造成的不利影响。C集团为精准扶贫打造的财务云平台，借助C集团财务云等技术、业务融合系统构建理念及专业人员服务，拓展创新出“互联网+精准扶贫代理记账”平台，从解决村财核算问题，延伸至项目管理、财政资金管理、惠农涉农管理等全方位管理，并贯穿“精准扶贫管理”业务与信息主线。C集团财务云在农村集体经济的实施应用，实现了财务云平台由企业管理向农村集体经济管理的有效突破。借助财务云平台的先进理念和手段，利用财务云的灵活扩展配置性，实现了农村集体经济资金、国家及各级扶贫资金的规范管理，有效防范资金管理风险，保障了农民受益权、知情权和监督权，维护村民利益和社会稳定；通过扶贫资金的有效监控，促进了国家扶贫政策和惠民资金的严格有效执行；通过财务信息与扶贫信息的有效对接，实现了扶贫管理的精准定位、精准分析。上述一系列转化成果，体现了C集团业财融合成果向社会输出的巨大价值。

四、总结与展望

本文从信息化视角分析和阐述了企业集团业财融合的理论基础和内涵，从企业实际操作角度提出了如何构建企业集团业财融合管理体系，并以C集团实际案例分析介绍了其整体管理体系构建思路及部分模块应用场景，为决策支持和经营管理奠定了坚实的基础，具有非常重要的实践意义。

未来，随着信息化、智能化、互联网、物联网经济的进一步发展，国家、外部机构等全社会信息化推进的全面化、共享化，以及现代化企业竞争力提升的需要，业财融合将更加全员化、全社会化，将得到更为广泛地推广和应用。同时，企业集团的业财融合体系+共享模式也可以广泛借鉴和应用于国家行政事业单位会计制度改革、政府会计的财务管理、预算管理与会计核算新模式新体系的探索和建设中，从而加快国家部门、全社会的改革进程。因此，业财融合的理论研究和实践应用前景值得我们持续期待和共同努力。

参考文献：

[1] 刘曼. 业财融合助力企业发展探究 [J]. 中国市场，2016 (33).

[2] 李娜. 基于价值链的移动电子商务模式浅析 [J]. 中国科技信息，2007 (5).

[3] 杨允栋. 浅谈财务管理与业务管理的融合 [J]. 现代经济信息，2011 (16).

[4] 王斌，顾惠忠. 内嵌于组织管理活动的管理会计：边界 & 信息特征及研究未来 [J]. 会计研究，2014 (2).

[5] 于靖. 关于业务与财务融合的预算管理模式之我见 [J]. 企业研究，2013 (3).

[6] 罗伯特·卡普兰，戴维·诺顿. 战略地图 [M]. 广州：广东经济出版社，2005.

[7] 汤谷良，夏怡斐. 企业“业财融合”的理论框架与实操要领 [J]. 财务研究，2018 (2).

水务环保行业上市公司盈利模式探讨

杨 冬 杨 刚 张 伟 李荣林

[摘要] 随着我国经济高速发展，环境污染问题日益突出。水体污染治理是我国开展最早的污染治理领域，水务环保行业发展相对成熟。不同水务环保企业的盈利模式各有侧重。本文主要基于水务环保上市公司开展研究，期望通过以上市公司为代表的水务环保行业盈利模式分析，能为水务环保企业在发展战略选择与企业经营管理决策中提供帮助。

[关键词] 水务环保行业 盈利模式 探讨

中国环保事业方兴未艾，为环保企业提供了广阔的发展空间。水污染是最早受到关注并加以治理的环境污染领域，水务环保行业也是经营历史悠久、技术较为成熟、规模较大的环保细分行业。本文主要通过对水务环保企业加以研究，探索行业盈利模式及其发展动因。因为上市公司信息披露较为充分，本文选择具有典型意义的涉及水务业务的上市环保公司加以分析。通过对 20 家上市水务环保公司的分析，发现水务环保行业呈现产业链上下游相互延伸，同时横向相关多元化的趋势。20 家上市水务环保公司业务内容各有侧重，根据产业链上不同环节业务的比重，盈利模式可分为三类：工程业务为主的盈利模式、运营业务为主的盈利模式和设备制造销售业务为主的盈利模式。我们选择其中 7 家公司深入分析其盈利模式，以及驱动因素（见图 1）。

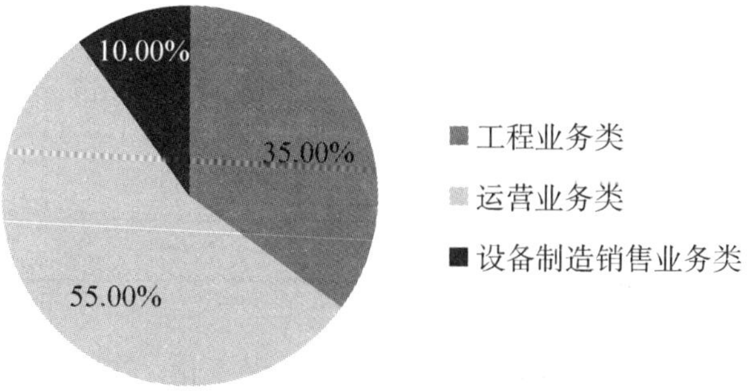

图 1 20 家上市水务环保公司分类

一、水务环保行业三大盈利模式

（一）以工程业务为主的盈利模式

此类水务环保企业的工程业务收入比重大，位列各类业务模式中收入第一位。北控水务、博天环境和东方园林等公司是这类企业的典型代表。

北控水务集团有限公司（简称“北控水务”）成立于2008年，是北京控股集团有限公司（简称“北控”）相对控股的水务和水环境治理的专业化环保集团公司，系香港联交所上市公司（HK00371）。

博天环境集团股份有限公司（简称“博天环境”）成立于1995年，系上交所主板上市公司（SH603603）。博天环境是国内较早的水务环保公司，成立之初主要从事污水处理业务，后获得较高等级的建造资质并进军水务工程领域。博天环境的业务主要集中在水务运营、水务工程和其他业务三大板块。

北京东方园林环境股份有限公司（简称“东方园林”）成立于1992年，成立之初主要从事园林景观的设计、施工及苗木销售业务。2009年东方园林在深圳A股上市（SZ002310）。自成立20多年来，东方园林在原有业务的基础上，向环保领域拓展并取得了突出业绩。目前东方园林的业务主要集中在环保运营业务、环境工程业务和其他业务，业务范围遍及全国30个省份。

以上三家公司2017年主要经营指标如表1所示。

表1　2017年工程类公司主要经营指标

	北控水务/亿港元	博天环境/亿元	东方园林/亿元
运营收入	58.72	2.64	16.37
工程收入	139.82	26.76	132.36
设备销售及技术服务收入	13.39	1.06	3.64
营业收入合计	211.93	30.46	152.37
工程收入比重/%	65.97	87.85	86.86
资产负债率/%	67.11	78.01	67.62
净利润	44.41	1.52	22.21
经营活动现金净流入	-67.14	-4.65	29.23
销售净利率/%	21.96	4.99	14.59
ROE/%	13.44	7.95	19.53

近年来，三家公司业务结构和经营状况无重大变化。工程类环保公司的工程建设收入超过全部营业收入的一半以上，工程业务为其收入和利润的主要来源。从以

上分析可以看出，经过多年的经营发展，工程类环保公司形成了工程建设和环保运营并举，以工程建设为主的盈利模式。

（二）以运营业务为主的盈利模式

此类水务环保企业运营业务收入比重大，位列各类收入第一位。兴蓉环境和重庆水务是这类企业的典型代表。

成都兴蓉环境股份有限公司（简称“兴蓉环境”）是成都环境集团有限公司（简称“成都环境集团”）相对控股的综合性水务环保上市公司（SZ000598）。兴蓉环境的母公司成都环境集团是从事环境治理业务的成都市属国有独资企业。兴蓉环境是集自来水供应、污水处理、垃圾渗滤液处理、垃圾发电和环保工程于一体的综合环境服务商。

重庆水务集团股份有限公司（简称“重庆水务”）于2007年由重庆市水务控股（集团）有限公司整体变更成为股份有限公司。2009年重庆水务（SH601158）在上交所成功上市。目前重庆市国资委为重庆水务实际控制人，通过重庆市水务资产经营有限公司及其子公司间接控制重庆水务88.56%股份。重庆水务持有重庆主城区及部分区县供排水特许经营权，同时积极向其他省市拓展业务（见表2）。

表2　运营类公司2017年数据

	兴蓉环境	重庆水务
运营收入/亿元	32.01	33.56
工程收入/亿元	4.57	2.24
设备销售及技术服务收入/亿元	0.74	8.92
营业收入合计/亿元	37.32	44.72
运营收入比重/%	85.77	75.04
资产负债率/%	45.69	29.32
净利润/亿元	9.16	20.68
经营活动现金净流入/亿元	16.57	19.97
销售净利率/%	24.54	46.24
ROE/%	8.99	14.54

近年来，两家公司业务结构和经营状况无重大变化。以兴蓉环境和重庆水务为代表的运营类水务环保公司，因其坐拥特大城市中心市场，供排水运营业务规模明显，运营业务收入占总营业收入的绝大部分。环保运营业务是这类水务环保公司的主要收入和利润来源。

（三）以设备制造销售业务为主的盈利模式

南方中金环境股份有限公司（简称中金环境）1991年成立于杭州，其前身为杭州南方特种泵业有限公司。2009 年杭州南方特种泵业有限公司整体变更设立股份有限公司即中金环境，2010 年中金环境（SZ300145）在深交所创业板成功上市。中金环境成立时是典型的设备制造企业，其主要业务是水泵等环保设备制造。上市时中金环境的拳头产品不锈钢冲压焊接离心泵已具有较高知名度，市场占有率达 12%。经多年发展，中金环境从设备制造商向环境服务商逐步转型，在设备制造、污水及污泥处理和环保咨询设计与治理等业务方面均取得了良好业绩。

成都天葆机械制造有限公司 2001 年成立于成都市青白江区，2008 年完成股份制改造，整体变更为股份有限公司，并于 2014 年在深交所创业板上市。该公司经历多次改名，并于 2016 年初最终更名为成都天翔环境股份有限公司（简称天翔环境）。成立初期，天翔环境公司的主要业务为离心机等环保设备制造；为顺应环保领域的发展趋势，天翔环境公司开始涉足环保运营业务（见表 3）。

表 3　2017 年设备制造销售类公司主要经营指标

	中金环境	天翔环境
运营收入/亿元	0.13	0
工程收入/亿元	13.1	0
设备销售及技术服务收入/亿元	24.91	9.4
营业收入合计/亿元	38.14	9.4
设备销售及技术服务收入比重/%	65.31	100.00
资产负债率/%	52.21	64.21
净利润/亿元	6.00	0.71
经营活动现金净流入/亿元	7.67	0.29
销售净利率/%	15.73	7.55
ROE/%	12.73	3.80

近年来，中金环境业务结构和经营状况无重大变化。天翔环境正由纯粹的环保设备制造商，向水务 PPP 项目进军。以中金环境和天翔环境为代表的设备制造销售类水务环保公司，以设备制造起家，利用其技术优势开始向水务环保运营进军。目前设备制造销售类水务环保公司收入和利润来源主要依靠其传统的设备制造销售业务。

二、盈利模式的驱动因素分析

水务环保行业形成的这三类盈利模式，与各家企业的背景和发展历程有密切关系。

（一）战略调整的驱动

兴蓉环境和重庆水务，拥有特大城市中心市场，运营收益颇丰，为扩大规模必须走出当地。投标异地BOT项目可以扩大运营规模，如有建造资质自行建造，还可以赚取BOT项目建造利润。北控水务是北京市属国有企业，但并未持有北京市供排水资产。虽然可以通过并购获得运营项目，但北控水务没有特大城市作为根据地，其单体项目规模较兴蓉环境和重庆水务小很多，运营效率也低很多。为扩大运营规模，投资BOT项目，同时通过建造利润弥补单体项目运营效率的劣势是理想的选择。然而，并非所有水务环保企业都具有以上企业的股东背景和地域条件，在强大竞争对手面前无法取得竞争优势，进行一定的战略调整成为必然。对于依靠供排水运营起步但规模不太大的水务环保公司，实施战略转型，逐步开拓水务环保工程市场，有利于扬长避短获得更大的发展空间。

（二）业务协同的驱动

对于生产水务环保运营设备和原材料的上游供应商，其主要业务是向水务环保运营企业销售设备和原材料。为在招标市场上有优良业绩证明，同时扩大产品销量和赚取运营环节利润，设备和原材料供应商向产业链下游进军，从事水务环保运营业务已成为必然。

（三）市场选择的驱动

供排水项目设计、建造、工艺和设备选型对于运营后出水质量和生产成本具有决定性作用。政府相关部门在PPP项目招标过程中，更青睐有能力在水务项目设计、建造、设备、技术和运营提供一体化解决方案的环保企业。环保企业若有能力提供一体化服务，势必在竞争中更具优势。

（四）短期业绩的驱动

供水厂和污水处理厂的建设期一般为两年左右。建设环节的利润两年左右即可在财务报表中得到体现，而运营环节利润则需要30年才能完全体现。根据《企业会计准则2号解释》的规定，自建自营BOT项目可以在合并报表中体现建造环节利润而不用抵消。基于此，环保企业可以通过自建自营的模式投资BOT项目，迅速体现建造环节利润，提升短期业绩。

（五）细分市场变化的驱动

传统水务行业中，供水和污水处理是主要业务内容。随着水环境污染防治压力加大，水环境综合治理成为环保行业的新兴细分市场。水环境综合治理大部分内容是工程建设，包括河道清淤、河堤修缮、污水处理厂建设和园林景观建设等。水环境综合治理项目的投资规模大，动辄几十亿元。除水务环保企业通过增加建造资质进入该细分市场外，传统建筑企业也大举进军该市场。

三、水务环保行业盈利模式存在的问题

在环境保护投入力度和监督力度空前加大的大环境下，不少水务环保企业抓住市场机会，扩张业务；一些非水务环保企业也乘机杀入环保市场“跑马圈地”，以争夺“市场蛋糕”。水务环保企业在快速发展的过程和市场竞争中也暴露了不少问题。

（一）主业繁多，经营管理能力难以适应

社会资本方能够提供设计、建造、设备、技术和运营一体化解决方案，更符合市场需求，同时也能在产业链的上下游都分一杯羹。位于产业链上下游的设计、施工、设备制造和环保运营等环节，从纵向上看可以归类为环保行业，而从横向看却是完全不同的领域，对专业技术的要求也截然不同。全产业链延伸也给水务环保企业的专业技术和管理能力提出了更高的要求和挑战。

（二）忽视风险盲目追求规模

水务环保市场规模快速增长，不少水务环保企业为了抢占市场，不惜降低运营收费价格，投标供排水和水环境综合治理项目。不论供排水 BOT 项目，还是水环境综合治理项目，其投资额较大。对于快速发展，不断投资新项目的企业来说，无法依靠原有项目积累足够的资金以投资新项目。企业只能大量负债融资以获得足够的资金。自建自营 BOT 项目，虽然可以确认建造利润，但所投入资金需要在整个特许经营期内才能收回。这对企业资金链的承受能力和可持续发展能力提出了巨大挑战。

（三）追求短期业绩，透支未来发展动力

供排水等环保项目特许经营期限一般在 30 年左右，项目前期投入巨大，属于重资产经营。供排水项目的前期投入在未来 30 年的经营期内逐步收回，其投资回收期长而见效慢。环保企业采用自建自营模式投资 BOT 项目，可以在较短时间内体现建造环节的利润，从而提高短期业绩。自建自营 BOT 项目虽可迅速体现建造环节利润，但现金流入仍在运营期内分期实现。BOT 项目建设需要巨大的资金，在不断大量建设新项目的同时，运营现金回流速度无法满足建设资金需求，不得不依赖大量负债解决资金需求。自建自营 BOT 项目的手段如果使用不当，只顾短期利益，必将严重影响水务环保企业未来的活力。

四、对水务环保行业盈利模式的建议

（一）充分考虑自身技术和管理能力，适度开展一体化、多元化经营

一体化和多元化经营对水务环保企业的技术能力和管理能力是巨大的考验。技

术能力和管理能力需要长时间的积淀，绝非短时间内能迅速形成。水务环保企业应根据自身的人力、物力和经验等条件，适度选择产业链环节实施一体化，在条件允许的情况下审慎选择相关细分市场领域多元化。

（二）基于自身资源条件，循序渐进，适度扩大规模

环保投入力度加强，水务环保行业方兴未艾，发展迅速。一些水务环保企业在“跑马圈地”、抢占市场的过程中，不顾自身的资源条件，高杠杆融资，盲目扩张。甚至出现了短期融资用于长期项目，借新债还旧债的恶性循环。分析外部环境和内部条件，冷静投资，循序渐进地扩大规模，应该成为水务环保企业的理性选择。

（三）兼顾长短期利益，走可持续发展之路

一些企业管理当局为保证短期业绩，用短期工程利润掩盖长期收益下滑的趋势。从水务环保产业链对社会的贡献来看，最终实现环境治理不是在上游的建造和设备制造环节，而是在下游的运营环节。自建自营水务环保 BOT 项目全生命周期，真正实现利润和现金净流入的是运营环节。开展自建自营 BOT 项目业务的水务环保企业，应把建造业务当成增强市场竞争力、降低建造成本、保证建造质量的手段，而不是把建造业务当成冲击短期业绩的工具。水务环保企业应平衡长短期利益，坚持可持续发展的理念，稳步发展。

（四）正视市场竞争，不断增强核心竞争力

诚然，在激烈的市场竞争中，采取一体化策略以求生存是不得已而为之。但是，每个企业的资源和能力总是有限的，能否在产业链多个环节甚至全产业链都做好是很难的。不顾资源和能力有限而盲目搞一体化，其结果只能是精力分散，产业链各环节业务均不突出，最终无法在市场中掌握主动权。水务环保企业应该在详细分析内外部环境的基础上，在产业链中把有能力有把握的环节做深做精，增强核心竞争力。

（五）加强政策引导，规范水务环保市场

政府在 BOT 项目招标时，应充分考虑投标企业长短期利益的协调，杜绝恶意低水价中标。防止社会投资方不惜运营环节零利润报价，恶意低价投标赚取短期建造利润，而不顾运营环节可持续经营。对政府付费项目，在制定运营收费价格时，需要考虑覆盖设施的建造成本和运营成本，保证水务环保企业的合理利润；同时应将政府购买公共服务纳入财政预算，及时付费保证水务环保企业资金流转和可持续发展。

“绿水青山就是金山银山”，环境保护任重道远。水务环保企业应结合自身优势，紧跟行业发展趋势，选择合适的盈利模式，把握住市场机会，创造良好的社会效益和经济效益。

疫情防控形势下医院审计思路与实践

吴 燕

［摘要］新春伊始，突如其来的新型冠状病毒肺炎在全球蔓延，面对供应商及工厂放假、供给端未提前做好应对、医院储备不足等不利情况，各家医院纷纷启动紧急程序，紧急采购防控物资和接受社会捐赠，由于没有规范的相关文件，审计提前介入，以联动方式规范紧急采购和接受社会捐赠流程，以审计监督实效助力疫情防控工作高效有序开展。

［关键词］疫情防控　医院审计

新春伊始，突如其来的新型冠状病毒肺炎（以下简称“新冠肺炎”）在全球蔓延。我国医院医疗防控物资短缺问题凸现。面对供应商及工厂放假、供给端未提前做好应对、医院储备不足以及非必需使用医疗物资行为对医疗资源“挤兑”等因素，各家医院纷纷启动紧急程序，缓解医疗资源短缺现象。面对疫情防控急需、政府采购相关单位放假、暂无紧急采购规范性文件可执行等问题，医院审计主动提前介入，联动式融入疫情防控战役中，成都市第一人民医院制定了《疫情防控专项审计方案》，着重从紧急采购和接收物资设备捐赠等方面优化流程，加强对疫情防控资金、物资和病房改建的监管，确保各项疫情防控措施有效落实，专项资金和疫情防控物资的高效使用。

一、审计联动助力抗疫物资紧急采购高效开展

《中华人民共和国政府采购法》（以下简称《政府采购法》）规定，各级国家机关、事业单位和团体组织，使用财政性资金采购依法属于集中采购目录以内或采购限额标准以上的货物、工程和服务，须严格执行规定的采购方式、采购程序以及其他方面的要求。但是，在发生地震、水灾、火灾、山体滑坡、房屋倒塌、严重疫情、战争等，如果仍然按照规定的方式和程序进行采购，就无法满足医院实际需要，《政府采购法》第八十五条“对因严重自然灾害和其他不可抗力事件所实施的

紧急采购和涉及国家安全和秘密的采购，不适用本法”。

作为成都市高新区唯一的三甲医院和新冠肺炎疑似病人收治点，成都市第一人民医院承担着发热病人筛查、疑似病人隔离和社区疫情联防联控等工作，突然袭来的疫情导致医院防控物资及相关需求剧增。为保障医院新冠肺炎疫情防控工作有序开展，按照2020年1月26日财政部《关于疫情防控采购便利化的通知》财办库〔2020〕23号文的精神，“各级国家机关、事业单位和团体组织使用财政性资金采购疫情防控相关货物、工程和服务的，应以满足疫情防控工作需要为首要目标，建立采购‘绿色通道’，可不执行《政府采购法》规定的方式和程序，采购进口物资无须审批”。医院结合实际情况制定操作性强的《疫情防控紧急采购审计办法》，进一步明确紧急采购内控机制，简化、优化审核审批流程，明确办结时间和责任，确保在最短时间内完成内部审核审批流程，快速实施采购。

为确保疫情防控物资采购工作规范、高效，医院迅速建立了内部控制体系：

（一）成立疫情防控物资采购决策机构

医院首先成立了疫情防控紧急采购领导小组，负责紧急状态下采购的组织领导，包括紧急动员、医疗救治、物资保障、督查等工作。

（二）明确部门职责权限，建立分工协作机制

设备部负责呼吸机、消毒机等医疗设备的采购供应；物资部负责口罩、防护服等医疗物资的采购供应；后保部负责病房、实验室的改造，各部门各负其责，通力配合，执行责任落实到部门和人。

（三）梳理应急采购流程、制定紧急采购管理办法

由于此次疫情传播速度快，影响面广，原有的应急流程已不能满足实际情况情况，根据《四川省财政厅关于新型冠状病毒感染的肺炎疫情防控工作实行紧急采购的通知》（川财采〔2020〕15号）精神，按照“在新型冠状病毒感染的肺炎疫情防控工作中，四川省各级国家机关、事业单位和团体组织（简称“采购单位”），使用财政性资金采购新型冠状病毒感染的肺炎疫情防控工作有关货物、工程和服务的，可以实行紧急采购”的要求，物资设备部门重新制定了《疫情物资管理办法》《装备紧急采购管理办法》，梳理了紧急流程采购管理程序。

（四）运用现代信息技术，实施审计全过程监督

临床科室根据实际需求提出设备物资申请，装备委员会利用信息化平台，在线上召开视频论证会议，专家委员根据科室物资设备现有情况结合病人需求以及医院感染防治要求，对所需物资的质量、数量及相关参数进行充分讨论，通过信息化手段进行线上科学决策，按照“三重一大”流程快速制订采购需求计划，由执行部门向供应商进行紧急联系，采购的原则是以最快速度保证物资设备供应，供货价格参照医院原采购价格，紧缺物资按照市场价格进行结算。

（五）重大紧急基建项目规范运行

疫情期间的隔离病房改建、核酸检测实验室改建迫在眉睫，医院首先制定了《基建项目紧急采购制度》，通过医疗、后勤和基建等专业人员参加的多部门联席会对改建的空间、布局和医院感染防治要求进行了充分论证，形成决定意见。由于招标代理机构放假不能采用正常的采购方式，采用邀请比选的方式择优确定维修供应商，通过签订合同明确双方权利义务，保证项目实施的规范和效率，降低潜在风险。采购项目验收完成后，将全套紧急采购资料汇总单卷存档备查。

医院抗疫物资紧急采购过程公开透明，审计人员全流程参与，及时提出审计建议，确保了采购活动的合法合规和高效实施。

二、审计联动强化捐赠物资规范管理

2020 年 1 月 24 日，四川启动公共卫生事件一级响应，社会各界纷纷捐赠物资，一定程度缓解了疫情防控期间医疗物资紧张，医院收到捐赠的专项资金、口罩等防护物资，均按照捐赠协议用于隔离病区、急诊发热门诊和援鄂等防疫防控一线。

疫情期间审计没有把视线停留在某一个科室、一笔资金、一个项目，而是立足医院整体运行，加强顶层设计，深入分析风险隐患背后的缺陷，提出完善制度、规范机制的建议。按照国卫财务发〔2015〕77 号文件精神和通知，医院第一时间成立了防控捐赠物资工作领导小组，加强对防控工作的组织领导，做好应急物资管理各项准备。物资、设备、后勤保障部负责对应物资接收，完善了《接受公益事业捐赠管理办法》，新增《新型冠状病毒感染的肺炎疫情防护用品管理办法》，根据《卫生计生捐赠规定》，审计部门结合实际情况制定了《关于开展新型冠状病毒感染的肺炎疫情防控财政资金和捐赠款物审计监督方案》，方案内容涵盖制度建设、文件管理、库房管理、表格管理和程序规范等方面的内容，捐赠工作做到责任部门全覆盖，涉及内容全覆盖，形成了以医院管理文件为统领，相关部门制订实施方案和操作流程的捐赠物资管理模式。科学的制度、明确的职责、清晰的流程，保障了在紧急事件发生时的忙而不乱、忙而有序，快速响应并妥善解决相关问题。

同时，审计人员应发挥审计专业性强、独立客观、反应迅速、触角广泛的优势。首先，主动参与物资部、药学部、后勤保障等部门捐赠物资的管理监督工作，协助相关部门建立规范的捐赠物资接收表，完善物资管理发放表，各科室对捐赠的资金、物资设专人管理，建立专门管理台账，严格按照制度流程接收、发放和使用，形成了标准的捐赠表格记录和全过程管理模式，所有捐赠物资可追溯到领用部门，有利于医院物资管理的追踪查询和分类管控。同时督促各科室做好合同签订和档案接收管理，相关凭据留存备查。其次，完善了捐赠物资价值评估体系，适时进行账务核算，项目完成后及时向社会公开资金、物资设备捐赠使用的相关信息。

审计视角加大了对风险感知的关注度，根据《四川省卫生健康委员会关于转发省审计厅着力发挥内部审计职能作用加强疫情防控资金物资审计监督的通知》精神和医院管理要求，审计部对疫情防控期间的捐赠资金、物资进行了专项审计，通过查阅相关资料，随机盘查部分捐赠物资。对捐赠制度建设、接收记录、台账设立、出入库管理、盘存情况、原始资料管理等实质性节点进行审计，其中重点核查捐赠接收单、捐赠协议、接收证明、领条、出库单等原始单据，采用比较、因素分析等方法对捐赠物资接收、验收、入库、管理、发放、盘点和使用7个关键环节提出实施的意见建议。

疫情期间审计对出现的新情况、新问题具体分析，通过整体调研和综合研判，及时提示不同层次的风险，推动相关业务科室梳理业务流程、完善相关制度，以联动式审计为医院现代化管理提供科学防治、精准施策的风险防控屏障，做到监督到位不越位，以审计监督实效助力疫情防控工作高效有序开展，为坚决打赢疫情防控阻击战提供有力的内部审计监督保障。

业财协同　精益管控
提高多维成本费用分摊与归集数据质量

徐晓越　董　韦　王湘一

[摘要] 根据财政部《电网经营行业产品成本核算制度》的要求，厘清输配电业务成本费用特性，支撑输配电价改革的深化推进，是国网公司推进管理转型升级的重大举措。公司需严格规范输送和提供电能在输配环节所发生的成本支出的核算方法，夯实会计确认的基础。

随着电力体制改革，特别是输配电价改革的持续深化，形势日益严峻，财政部明确要求电网企业按照电压等级核算输配电成本，划小成本核算单元，从电压等级、成本属性等多维度对业务活动进行记录与反映。国家发改委正在组织修订输配电成本监审和定价方法，制定更加细致全面的监管信息披露政策。公司当前单维的会计科目无法适应和满足新形势下政府监督监管要求，需要尽快调整，构建一套契合公司管理实际的多维度业财信息记录和披露体系。

一、指导思想

（一）国网公司指导意见

输配电价是电网安全稳定运营的生命线，推进多维精益管理变革，既是满足政府监管要求的必要行动，是国网公司推进管理转型升级的重大举措，也是公司高质量发展的内在要求。以“三型两网、世界一流”战略目标为指引，认真落实电力物联网建设大纲部署，继续坚持“共商共建共享”，按照“夯实第一层次、细化第二层次、展望第三层次”的建设路径加快推进多维精益管理体系变革（见图1）。

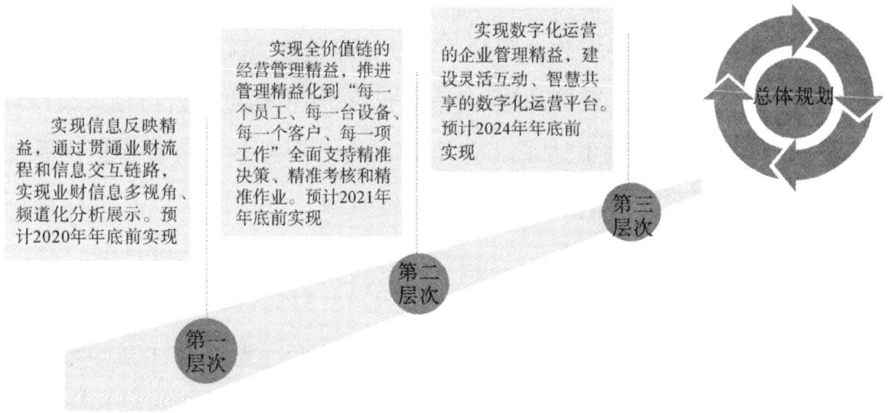

图 1　多维精益管理体系变革

（二）重庆公司指导意见

国网重庆公司进一步明确了工作任务，紧紧抓住 2018 年、2019 年会计专业工作的“一个关键”——多维精益管理体系变革，深度学习体系变革的业务与实施方案，梳理体系变革的内在逻辑，合理制订工作计划，多措并举、积极有序地推进体系变革工作。

（三）合川公司快速响应

2018 年 9 月，多维精益管理体系变革工作启动以来，合川公司高度重视，作为试点单位之一，承担了检修运行方案的穿行验证工作。第一时间成立以总经理为组长的多维精益管理变革工作领导小组，统筹开展相关工作。10 月，成立多维精益管理工作小组，由财务资产部、运检部、营销部、人资部、调控中心、安保部、建设部负责人和相关专家组成，财务资产部牵头，其他部门配合，组织业务方案的实施，协调处理实施过程中的问题。12 月，积极探索车辆管理系统新思路，结合多维精益管理要求，提高车辆管理集约化、标准化、规范化管理水平，开发完善“点点用车 App”。并且，针对成本分摊与归集中出现的困难以及制定分摊规则不合理等问题，经海量数据分析，逐项剖析问题成因，提出改善对策。在此基础上，财务部联合人资部等主要相关部门进行多轮研讨，精选业务骨干采用业务研讨与集中办公的方式，对不同成本费用的分摊归集方式进行逐项研讨，广泛听取收集各业务部门的需求，对现行标准成本体系进行了相应调整完善。

有效推动后续业务发展，助力多维精益管理体系变革高速施行。

二、主要做法

（一）主要数据治理

多维精益管理体系价值维度信息从业务前端自动获取，各专业系统存量数据是管理维度的重要信息来源，数据治理是多维建设工作的首要部分，是多维建设工作的重点。因此为进一步提升主数据质量，有效排除重复、无效数据对业务处理的影响，保证存量数据的完整、准确和唯一性，合川公司根据重庆公司相关文件对公司所属各部门、业务实施机构下达了《合川公司关于开展多维精益管理体系变革资产数据清理的通知》，对数据清理范围、清理时限、清理方法以及责任部门予以明确。

1. 高密安排 明确范围

数据清理的对象为 ERP 系统中存量的成本性项目主数据、工单主数据。数据范围包括：固定资产、在途业务单据、客户/供应商主数据等。需对 ERP 侧以及管控侧科目明细、供应商等数据进行清理工作。

（1）在途单据及业务数据清理

根据重庆公司多维精益管理体系损益类科目切换方案的要求，合川公司积极响应，对 ERP、财务管控、员工报销、凭证协同系统进行了在途数据清理。清理工作由财务部牵头，各部门、业务实施机构高度配合，认真梳理了目前系统中的在途单据。财务部将相关清理要求下发至各部门车间，要求重点业务部门（物资部、营销部、运检部、调控中心）对各系统目前存在的在途单据进行梳理并清理，对无法删除的“死数据”由各部门综合员统一汇总并反馈至财务部。

（2）资产数据清理

为确保资产卡片数据真实准确，多维报表取数准确，合川公司对本单位固定资产进行梳理清查。由财务部牵头，将相关清理要求下发至各资产归口管理部门，要求各部门对各自归口管理的资产进行清理，维护好资产对应关系，保证设备资产一一对应。各归口管理部门落实各项资产的使用情况，确认使用部门与人员，维护各项资产的成本中心，将成本中心具体化到班组车间，以保证资产折旧能够分摊到对应的使用资产的班组和车间。

（3）客户/供应商数据清理

合川公司针对 ERP 侧以及管控侧科目明细、供应商等数据进行清理工作。根据公司整理下发的供应商明细，在 ERP 以及财务管控导出所有供应商信息包括供应商编码、名称等信息以及余额。然后对供应商余额为零的供应商进行清账，在此过程中发现有较多供应商在之前进行挂账以及支付操作后，未及时进行清账操作。在清理供应商余额不为零的供应商时，也发现了供应商名称变更后未及时调整账目的情况。

2. 多措并举 把控质量

本着从实际出发的原则，收集、梳理、分析目前存在的各类数据问题，包括但不限于记录缺失、数据冗余、数据错误等问题，同时，将潜在的数据问题纳入梳理范畴；根据分析结果，有针对性地制定预算全链条数据治理策略，稳步推进数据治理工作。前期，合川公司共完成589条人员数据清理，明确人员与新成本中心的对应关系；完成49条成本中心数据清理，明确新增13个成本中心。

合川公司采取“三措施”做好数据治理工作：一是强化数据治理团队，合川公司高效协作、精准部署，先后组织两次集中会议、多次跨部门（运检部、营销部、人资部、后勤部、科信部）沟通会议，扎实推进多维精益管理体系变革数据清理工作；二是制定数据规范，与设备管理部门沟通协调，建立考核机制，定期清理数据，保证数据质量，最终确保分摊归集的准确性；三是制订数据治理方案和工作计划，明确职责分工，确保数据治理不留死角。成本中心与业务活动对应、企管类资产卡片、项目主数据、工单主数据等关键业财数据的盘点、清查和整改，从源头提高数据质量，确保各专业数据的完整性、准确性、标准性和一致性，夯实管理基础，做好多维建设的数据支撑保障，为建设好多维精益体系奠定基础。

（二）成本归集与分摊

1. 成本中心对应业务活动的清理

按照多维精益管理方案要求，合川公司为明确成本中心涉及的成本大类、业务活动，开展了关于成本中心与业务内容的清理。治理过程中，发现营销部和运维检修部存在着一个成本中心对应多个业务活动的情况，因为存在部分无法按照业务活动拆分的成本中心，合川公司需要明确拆分比例，将这部分归入综合管理类型。因此，运维检修部的成本中心细化为输电运检、变电运维、变电检修、配电运检、通信设备运检以及运检综合管理六大类；营销部则细化为电能计量、供电服务、智能用电、用电营业、市场与能效和营销综合管理六大类。为了保证成本中心的综合管理分配比例与部门的实际情况一致，财务部根据人力资源部提供的人员数据，分别对运检综合管理和营销综合管理进行了拆分。其中：运价综合管理中，输电运检占比10.7%、变电运维占比42.25%、配电运检占比44.38%、通信设备检修占比2.67%；营销综合管理中，电能计量占比10.39%，供电服务占比68.4%，智能用电占比2.6%，用电营业占比18.61%。

2. 直接归集　精确到位

合川公司根据典设方案，结合自己实际业务需求，按成本归集链路将部分成本费用（例如车辆使用费、对私职工福利费等）直接归集，自动记录到正确的会计科目与明确的受益成本对象中。在成本费用发生时，依据发票、收据、领料单等原始单据，通过ERP系统或员工报销系统，按成本归集链路自动记录到明确的受益成本对象（成本中心、工单、项目）和正确的会计科目中。

同时，合川公司制定相应成本直接归集的管理方案，明确直接归集的成本费用范围，对部分费用要求在发生时明确到实际受益成本中心，实现成本费用直接归集。例如职工福利费（对私部分）包括供暖费补贴、防暑降温费、离退休人员统筹外费用、独生子女费、丧葬补助费、抚恤费、职工异地安家费、探亲假路费、职工困难补助，通过福利系统与 ERP 集成过账。合川公司人资部根据实际受益成本中心维护相关费用，通过接口传输到 ERP 完成过账。以及其他通过 ERP 系统或员工报销系统，可按成本归集链路自动记录到正确的会计科目与明确的受益成本对象的成本费用中，例如车辆使用费。

3. 分摊归集　把控过程

由于成本费用的属性，不能直接归集到明确受益成本对象的费用，合川公司根据典设方案，结合自己实际业务需求，按照合理的分摊规则分配至相应受益成本对象。

根据成本费用性质，归口管理部门与财务部共同确定分摊规则，包括：明确受益成本中心的范围，明确成本费用的分摊依据，明确费用分摊的计算方法（见表 1）。

表 1　分摊归集　把控过程表

序号	工作项	举例说明
1	受益成本中心范围	财务部、人资部、物资部……
2	分摊规则	各成本中心人员数量
3	计算方法	以财务部为例 财务部拆分占比＝财务部的人员数量÷受益范围人员总数 财务部拆分金额＝待拆分总金额×财务部拆分占比 其他部门分摊公式类似

三、主要成效

（一）部门费用预算管理

针对所有成本性资金支出，明确预算支出三级目标，一级目标对接公司发展战略，二级目标衔接年度重点工作，三级目标细化到具体明细支出预计成效，形成全面覆盖、重点突出、目标明确的预算管理体系。部门费用预算管理以解决实际问题为导向，确保预算行动目标具有可视化、可量化、可评估验证和可追溯问责的特征。本次标准修订紧密围绕输配电价改革，结合合川公司现状，适当提高电网检修运维成本标准，以进一步提高电网运行质量、提升供电服务能力；严格控制一般性支出和非生产性费用，全面落实成本管理策略。同时，在与重庆公司标准相衔接的基础上，拓展了标准成本覆盖范围，进一步提升预算统筹调控水平，为持续提升成本管理精益化水平奠定了基础。

（二）多维报表应用

按照成本要素归集与分摊规则全面梳理，实现业务全覆盖、成本要素数据归集与分摊无遗漏。测试成本归集链路、核对分摊结果、设置分摊规则、分析凭证拆分逻辑，大大提高多维管理报表中成本费用拆分效率与数据准确性。

前期迅速组织运检部、营销部、人资部等业务部门开展逐项核对，完成业务活动、资产类型、电压等级、用户类别四个核心维度的推导及费用分摊因素收集。经过归口管理费用、复合业务活动分摊后，有效细化核算颗粒度。

在完成主数据清理的基础上，将治理完成的主数据导入 ERP 集中部署系统，为多维管理报表提供数据保障。

（三）创新亮点："点点用车"

1. 文件指导 贯彻要求

为贯彻中央国资国企改革和国家电网有限公司深化劳动、人事、分配改革的工作要求，根据《国网重庆市电力公司深化"三项制度"改革、促进"六能"落地、释放队伍活力指导意见》（渝电人资〔2018〕48 号）文件精神，合川供电公司积极研究车辆管理新思路，提高车辆集约化、标准化、规范化管理水平。

同时为进一步规范用车行为、提高车辆使用效率和有效管理车辆，合川公司研发车辆智能管理系统"服务 e 用车"（简称"点点用车"）。通过车辆管理信息化系统的手机端，完成用车申请、审批、调度、行车、评价、核算一体化管理，为财务车辆使用费归集提供数据与技术支撑。

2. 高效监管 降本增效

一是用车人申请更便捷，成本监控更有据可依。合川境内用车通过"点点用车"系统在线上传递工作票单（操作票、派工单等）即可申请用车。合川境外用车通过上传出差审批单（会议通知、派车单等）即可申请用车。通过系统上可视化的工作票、单、出差、会议通知，在费用报销时能准确判断车辆发生费用的合理性、可靠性和真实性，以及直接归集至受益成本中心。

二是打破车辆"分配制"，将原来分配到班组、车间的生产车辆和公司公务用车全部纳入点点用车平台进行统一调度，减少各部门车辆调度员统一调配环节，压减申请用车流程。将相同类型车辆统一建模，建立不同车型模块，用车人根据工作需要提出相应车型的需求，驾驶员根据自己能驾驶的车型进行抢单。

3. 运用技术 精准数据

点点用车系统实现对司机驾驶车辆的实时位置、历史行驶轨迹、行驶里程等信息进行采集。采集的数据可以为财务人员对车辆使用费分摊归集提供数据支撑和依据。数据采集方式有车载 GPS 采集、驾驶员手机采集两种方式，并对两种实现方式进行了对比。

车载 GPS 终端：通过安装车载 GPS 终端，对车辆的实时位置、行驶速度、行驶里程等数据进行采集。

随车手机终端：通过驾驶员的手机终端一定时间间隔传送坐标位置，体现车辆的实时位置、结合对应地图计算行驶里程（见表 2）。

表 2　分摊归集“点点用车”管理

序号	工作项	举例说明
1	受益成本中心范围	财务部、人资部、物资部……
2	分摊规则	各成本中心车辆使用总千米数
3	计算方法	以财务部为例 财务部拆分占比=财务部的总千米数÷公司总千米数 财务部拆分金额=待拆分总金额×财务部拆分占比 其他部门分摊公式类似

4. 精确分配　一一对应

点点用车系统已于 2018 年 12 月至 2019 年 2 月在合川公司运检部完成试运行，自 3 月 1 日开始在所有部门运行。

在全面保障合川公司车辆服务的基础上，共调减驾驶员 12 名，均没有新增驾驶员的需求。打破车辆部门“分配制”，有效减少车辆闲置率。生产用车、公务用车所有车辆均实行抢单模式，并可根据行车申请合并行程，有效提高了车辆使用率，为公司节约用车人工成本奠定了坚实的基础。财务方面，通过归口管理部门在员工报销中按照总发生金额×比例（部门千米数/公司总千米数）实现车辆使用费合理有效归集，有效提高了车辆使用率，让节约人车成本得以实现。

四、工作展望

（一）数据治理质量进一步提升

围绕国网公司“多维精益管理”工作要求，通过全面清理历史数据，梳理财务和业务数据质量规范、标准和费用管理精益化改造，实现账目层面上准确区分并核算生产成本与管理费用，并逐步提高各类成本要素到成本管理对象的直接归集比例。

结合合川公司业务现状，成本费用归集和分摊采取分步走的方式：2019 年中期，完成成本费用归集和分摊，重点实现生产成本与管理费用的区分。2019 年年末，根据业务应用情况，逐步提升直接归集的费用范围，提高按受益部门费用归集和分摊的准确率。

（二）“点点用车”拓展与深化

合川公司将认真贯彻落实市公司多维精益管理体系变革指导意见工作要求，进一步规范化管理，提高车辆管理水平，提升经营效益。

一是深化点点用车系统功能。结合财务精益化管控要求，通过车辆智能管理系统实现报表统计、自动报警功能，完成车辆成本核算、车务管理及智能预警、车辆实时监控等工作，让车辆运行发生的每一分钱都有迹可循，合理、真实、可靠，提高会计核算质量，提升经营管理效益。

二是深化用车成效应用。开展基层班组用车情况与工作量分析，评估各基层班组人员配置需求，为下一步深化内模指标分解提供有效支撑标准，真正实现业财融合，共同提升经营管理效率、效益。

基于平衡计分卡的绩效管理应用研究

——以L市邮政公司为例

王宗荣　陈夕杨　李　静　张明蓉　刘小冬

［摘要］随着我国经济体制改革的深入推进，国有企业经营绩效的管理提升已迫在眉睫。本文以中国邮政集团下属的L市邮政公司为案例，简要分析该公司近年来的绩效管理现状，指出了目前该公司绩效管理中存在的问题，然后详细阐述了公司运用平衡计分卡的基本原理对绩效管理进行优化调整的具体做法和具体措施、取得的成效和存在的不足，并提出了有针对性的改进建议。

［关键词］平衡计分卡　绩效管理　指标　战略

一、平衡计分卡理论概述

绩效管理是以企业战略为导向，将影响企业发展的各项关键因素有机结合起来，通过设置科学合理的绩效考核指标体系，对执行过程监督，对执行结果评价，据以对企业经营管理策略和具体措施进行改进和提升以确保实现企业战略目标的过程。

平衡计分卡作为一种绩效衡量工具，是各财务指标和非财务指标的综合体，更是通过因果关系将其四个方面紧密地联系起来的全新框架，体现了一种最自然而逻辑严密的因果关系和管理哲学，是一个完整的因果循环。它主要包括财务层面，体现为投资报酬率、经济增加值、利润、收入增长率、收入结构等财务指标；顾客层面，核心是满足顾客期望—市场份额、客户保有和忠诚度、客户获得率、客户满意度、客户盈利性；内部业务流程层面，主要包括价值链分析、流程再造和售后服务过程等；学习与成长层面，主要包括员工的能力、信息系统的能力、激励授权与相互配合。四个维度充分诠释了企业经营管理的逻辑，即员工满意、技能提升，优化流程、转型创新，客户满意、市场拓展，收入增加、利润提高，最终获得良好的财务结果。

二、L 市邮政公司的绩效管理存在的问题分析

结合集团战略转型要求，L 市邮政公司（以下简称“L 公司”）对以前方案和实施情况深入分析，逐一找出绩效管理各环节中存在的问题。

（一）绩效考评指标体系设置不够科学完整

L 公司绩效评价体系偏重短期行为、弱化长期发展。为完成集团考核，引导企业追求收入增长、压缩成本等措施，而对体现企业长期价值的基础设施建设、营运网络优化、服务持续改善、客户价值提升、员工和企业文化建设等指标关注不够，未能平衡好下属各县公司地域特殊性和区域发展不平衡等问题，导致部分县公司地域优势未能发挥，未完整反映绩效评价结果的科学性、公正性。

（二）绩效结果考评激励约束机制不够全面

L 公司的绩效考评机制单一，考评结果仅与下级公司领导班子薪酬挂钩，未与企业关键资源如工资总额分配、员工培训、晋升等挂钩，缺乏应用的全面性和深入性，不能充分激发基层组织和员工创新发展、持续提升的动力。

（三）部分专业归口部门职责履行不够到位

L 公司的绩效工作由财务部牵头负责，包括考核办法制定、指标体系和权重标准设置、综合指标评价打分、考核结果汇总和反馈应用等，专业部门主要负责归口管理指标对应的计划下达和业务督导，以及年终归口指标评价打分等工作。这种分工突出了财务部的责任，淡化了其他部门的绩效管理职责，使其他部门认为绩效管理的职责主要在财务部，绩效管理的协同意识不强。

（四）绩效管理全流程闭环管控不够有力

L 公司未能对绩效管理的全过程、全环节进行有力管控。L 公司虽重视绩效管理办法的制定和绩效结果考核，但对绩效实施与辅导、绩效结果的沟通与反馈、绩效考评结果应用等环节重视不够。

上述问题导致 L 市公司绩效考核工作带有“一厢情愿”的色彩，未能充分体现绩效管理导向和引领作用，未能完整反映基层企业经营管理业绩和管理水平，未能充分激发基层企业的内生动力和转型发展的积极性和创造性，对提升企业管理水平、促进企业高质量发展的作用有限。

三、L 市邮政公司的绩效管理体系的优化改进

L 公司运用平衡计分卡对绩效管理工作优化调整，从指标体系、绩效考评激励办法和其他实施环节进行完善补充。

（一）明确战略目标和实施途径，构建完善绩效管理总体框架

1. 明确企业战略目标

围绕集团战略目标，深入分析企业内外形势和面临的机遇与挑战，确立本公司发展战略，即深入实施“一体两翼”经营发展战略，确保发展速度和发展效益大幅提升，实现企业快速、高效、持续、健康、安全、和谐地高质量发展，建成社会满意、员工自豪、企业竞争力强的邮政行业国家队。

2. 确定战略实施途径

从员工学习与成长、内部运营、客户层面、综合管理和政治社会责任四个层面积极探索，致力于创新驱动、科技引领，激发企业生机活力，推动企业转型升级。

（1）关注员工学习与成长，提高企业自身可持续发展能力。加强员工队伍建设，深入开展全员创新；关注员工成长，加大教育培训力度，提升全员能力素质和技能水平；增强员工体验，着力解决职工关心的热点难点问题，凝聚共识，营造健康向上、和谐稳定的企业氛围。

（2）加强内部运营能力建设，提升核心业务竞争力。创新产品和服务，做优做强做大代理金融、寄递、电商、文传等核心业务，实行板块联动、协同发展；着力加强寄递网、渠道平台、营销体系等建设，提升企业可持续发展能力；规范内部流程，强化合规意识，防范经营风险。

（3）改善服务质量，提升用户满意度和忠诚度，扩大市场占有率。坚持以客户为中心，转变网点形象、提升员工技能、回访存量客户；开展虚假信息和邮件丢失延误等问题专项整治，提高客户体验度。

（4）创新经营管理模式，提升综合管理效能。强化财务管控转型创新，强化人力资源支撑，强化计划建设支撑，强化安全管理保障。

（5）稳步提升普遍服务水平。坚持“人民邮政为人民”，全面贯彻普遍服务新标准，担当起邮政企业的政治社会责任。提升空白乡镇建制村直接通邮率，全面实现党报党刊当日见报，打通投递“最后一公里”，确保机要通信万无一失。

（二）梳理战略重点和关键驱动因素，建立完善五维度考核指标体系

根据战略实施途径，运用平衡计分卡原理，梳理细化企业经营目标和发展措施的关键驱动因素：

（1）财务层面：提升经济效益。驱动因素：收入的增加、成本的控制、资金资产管理效率。

（2）客户层面：提升社会满意度和市场占有率。驱动因素：加强营投和网运质量管控，确保同城次日投递率、城市当日妥投率、农村及时妥投率、妥投信息实时反馈率等质量指标持续改善。

（3）内部运营层面：优化业务处理流程和运营管理模式，提供创新产品和个性化服务，多角度满足客户需求。驱动因素：创新邮务、金融、寄递类产品和服务，适应社会需求；加强网络和渠道平台建设，提升寄递网全流程环节能力，实现邮件提速增效；强化合规管控，防范化解经营风险。

（4）学习与成长层面：①提升员工能力素质，推进信息系统建设应用，优化组织管理程序。驱动因素：提高员工满意度和员工生产效率，降低员工流失率，推进企业文化建设，调动员工积极性；推进经营组织架构和财务管控改革，优化人力资源配置和业绩评价等管理流程。②根据各层面驱动因素，确立对应的评价指标体系。深入分析并将各驱动因素转化为具体指标，并确定评价办法和标准。在承接省公司指标基础上，根据平衡计分卡理论结合公司差异性，补充了部分指标特别是企业长远发展的能力建设和员工成长方面的指标，建立完善五维度绩效考核指标体系。③合理配置指标权重。分析各类指标对经营结果的影响程度，分别赋予各类指标不同权重分值。对于关键指标如利润、收入、普服等，其分值设定主要围绕省公司分配的分值上下浮动 10%左右调整到增补的指标上；对于创新类、技能竞赛等指标采用加扣分激励办法，不占基本分值，起到导向和引领作用。

（三）优化激励约束机制，整合单位绩效与员工绩效。

除了建立良好的考核指标体系，建立有效的绩效考评结果激励约束机制是整个绩效管理过程中一个至关重要的环节。

（1）创新县级公司利润管控模式，强化利润贡献奖励力度。制定《县公司超额利润奖励办法》，对各县公司超额完成利润目标，按不低于上年实际增幅的基础上自行申报的收入预算的增幅比例进行工资总额奖励，将收入预算增幅与利润奖励挂钩，激发各县公司主动要求升档升级、不唯计划唯市场，努力增收节支。

（2）创新设置专项奖励，充分发挥绩效考核的激励效应。兼顾发展差异，设置了总收入增幅和劳动生产率增幅同比进位奖、排位奖，解决发展规模不平衡、地区差异大的问题。

（3）创新公司职能部门绩效工资分配方案，强化职能部门对县公司的支撑力度。实行部门绩效工资与县公司绩效工资挂钩，实质上与县公司收入增长、成本管控和利润提升关联，使部门切实转变工作作风，提高工作效能，强化支撑服务，上下联动，形成合力。

（四）优化绩效管理其他环节工作

绩效改进需要对绩效运作机制的全环节进行全方位优化管控，L 市公司对其他环节工作进行同步优化。

（1）强化部门绩效管理意识。成立绩效管理委员会，实行绩效指标归口管理分工协作，明确部门管控职责，消除绩效管理责任空白点，强化专业归口部门的绩效管理意识。

（2）加强绩效实施辅导与沟通。召开专题会议对绩效管理办法进行宣讲，结合一对一等沟通方式，使各单位充分理解绩效管理的理念和导向，增强主动管控意识和管控精准性。

（3）加强考核评价与沟通反馈。财务部加强与县公司和各归口管理部门之间的联系，按月通报并将部分关键指标纳入月度考核；按年评价全部指标完成情况并据以考核年度绩效工资。

（4）加强以绩效为导向的企业文化建设。确立包含发展文化、执行力文化等九大企业文化，通过各种方式进行宣讲，内植于心、外化于行，实现战略、人才、文化三要素的联动。

（5）促成绩效管理与其他管理职能协作。以绩效管理系统为统领、其他管理职能全方位协作推进，将生产经营、能力建设、客户服务等诸多工作串联起来，形成有机体，发挥“1+1>2”的协同效应。

（6）建立动态调整机制，保持绩效考核指标的适用性和先进性。L公司以不同阶段的战略重点为准绳，适时调整指标体系中的关键指标，确保指标设置与战略目标紧密结合。

四、L市邮政公司成功实施平衡记分卡取得的实质成效

L公司基于平衡计分卡的绩效管理体系成功实施后，近年来多项关键指标水平大幅提升，达到历史最高水平。

财务层面，收入增幅、收入预算完成率、利润预算完成率、用户欠费率、劳动生产率、寄递业务收入增幅等多项指标均名列全省第一，收入利润率持续提升了19.34个百分点。

客户层面，邮政服务质量满意度持续提升达到84.3分的历史最高水平，核心业务储蓄、快递市场占有率分别提升了0.55和11.24个百分点。

内部运营层面，大力投入能力建设，收分投作业流程持续优化，核心竞争力不断增强，储蓄、快递等业务高速增长，发展迅猛。

学习成长层面，企业文化深入人心，员工技能显著提升，部门工作作风明显转变，执行力不断增强，各项管理制度不断完善规范，形成了良好的企业运行管理机制。

社会责任层面，全面贯彻普遍服务新标准，普遍服务水平大幅提升，邮件时限不断提速，2018年空白乡镇和建制村全部通邮并开通六条无人机邮路，2019年全市县乡村邮路全部贯通，解决了偏远地方通邮问题。

五、L市邮政公司绩效管理的持续改进

平衡计分卡在L公司战略绩效管理体系的应用，虽取得明显成效，但在运行过程中，仍需持续优化改进。

（一）指标评价标准要继续拓展深化对标管理

强化对标考核，以立标、对标、达标，引领各单位，以客户视角、竞争视角、行业视角和自我要求，保持评价标准的先进性，全面提升市场竞争力。

（二）持续优化员工和客户类非量化指标管理

可根据各县公司所处区域、员工素质层次和客户群体分类，设置3~5年逐渐提升的指标，加强绩效管理的前瞻性。

（三）强化专业管理部门在绩效管理中的职责

探索开展专业板块损益分析，将指标体系中的专业指标独立出来，以平衡计分卡维度的形式单独展示，建立起专业板块从员工、内部处理到客户满意，从而构建起专业效益提升的专业绩效闭环管理体系。

（四）提升绩效管理过程的沟通和辅导能力

尤其针对专业板块的沟通和辅导，对于促进执行效果的提升非常关键。同时要持续宣讲贯彻绩效管理办法的战略导向和引领思路，增强各部门对绩效管理办法的理解和认同，从而激发其原生动力。

参考文献：

［1］姚润生. 基于平衡记分卡的全面预算管理研究：以A公司为例［D］. 北京：对外经济贸易大学，2014.

［2］毛晓星. 基于平衡记分卡的绩效评价体系设计与研究：以浙江华美电器制造有限公司为例［D］. 杭州：杭州电子科技大学，2014.

［3］李虎. 华润电力设备维护人员薪酬管理体系优化与实施的研究［D］. 武汉：华中科技大学，2015.

［4］李思. 基于平衡记分卡的BF公司绩效管理研究［D］. 哈尔滨：哈尔滨工程大学，2015.

［5］沈丛. 基于平衡记分卡的M银行针对下属支行的绩效管理体系设计［D］. 济南：山东大学，2015.

［6］吴健，张媛，王晖，等. EVA综合记分卡绩效评价方法在企业中运用探析［J］. 商情，2016（48）：73.

攀枝花市中小企业融资难题原因及其对策研究

王玖斌　贾勇军　郑　军　蒋　文

［摘要］中小企业在攀枝花城市转型和产业升级的过程中，在拉动经济增长、吸纳劳动就业、构建和谐社会发展方面，发挥了不可替代的重要作用。但进入2014年后，受自身经营管理欠佳、市场深度调整、宏观政策变化等多重因素的叠加影响，攀枝花市中小企业融资难问题凸显，造成企业经营困难，给全市经济发展带来很大影响。本文通过对攀枝花市部分中小企业的调研，具体剖析了全市中小企业融资难和贵的现状，并提出了解决攀枝花市中小企业融资难题的具体措施，旨在对破解中小企业融资难的问题有所帮助。

［关键词］攀枝花市　中小企业　融资难题　原因　对策

一、攀枝花市中小企业融资基本情况

近年来，随着攀枝花城市转型和产业升级的稳步推进，全市中小企业蓬勃发展，为拉动经济增长和吸纳劳动就业，构建和谐社会发展，发挥了不可替代的重要作用。但进入2014年后，受市场深度调整、宏观政策变化等多重因素的叠加影响，全市中小企业大多经营困难，融资难的问题日渐突出。特别是以工业为主的中型企业，2014—2016年的年末贷款余额分别为119.65亿元、110.01亿元和107.31亿元，呈逐年下降趋势，而同期企业的融资意愿和实际需求却持续攀升，主要以维系既有债务或投资新建项目，这种融资供需间的“一减一增”，相应抬高了中小企业融资的综合成本，不仅体现在融资难，还体现在融资贵。

为深入剖析中小企业融资问题，笔者选取了攀枝花市龙蟒矿业、大互通、安宁铁钛、金沙纳米、高晶钒钛、朵实机械、嘉利达工贸、大西南实业、锐化农业、润莹齿轮10家行业内具有代表性的企业，通过分析这些企业近三年的财务报表发现：

（一）企业的融资难度与其经营状况直接相关

金融机构是否为企业办理融资业务，主要视其经营状况而定，包括良好的资产负债率、具备抵押物或担保、不存在偿贷违约情况等。如龙蟒矿业、大互通等企业在三项条件都满足的情况下，融资业务的办理就不存在较大的问题，且利率水平在6.5%左右。但对其他企业来说，由于融资条件无法满足，办理融资业务的难度较大，个别企业已连续三年未能实现有效融资，其间只能采用票据贴现、委代、民间借贷等方式，以较高的融资成本维持企业正常运转。

（二）企业的融资成本与其融资方式高度关联

2014—2016 年，10 家企业共办理融资业务 39 笔（这里“展期”等续贷单独视为 1 笔业务），融资金额 9.64 亿元。其中，间接融资业务 37 笔，融资金额 9.59 亿元。这说明目前全市中小企业的融资方式仍以间接融资为主。同时，融资成本的高低取决于企业采用的融资方式，如采用银行借款方式融资的，占间接融资规模的比重为 81%，利率水平普遍为 4%~8%；通过票据贴现方式变相融资的，比重为 8.3%，利率水平在 10%左右，若再考虑贴现资金使用限制条件过多这一因素，资金的实际使用成本还要高于 10%；采用融资租赁、委代等方式进行融资的，比重为 2.1%，融资利率可以达到 15%；以民间借贷方式融资的，比重为 8.1%，利率水平更是高达 24%。

（三）企业融资办理所在地正向市外拓展

过去，由于区域间金融市场板块相对封闭，使得各大金融机构在攀分支公司成为全市中小企业办理融资业务的首选对象。但从样本企业近三年的融资业务办理情况来看，已有部分企业选择在市外融资。如 2014 年，朵实机械就在广东南粤银行重庆分行办理银行借款 0.2 亿元、汇票 0.8 亿元；嘉利达工贸在华夏银行成都神仙树支行办理银行借款 0.14 亿元。同时，企业在外办理融资业务的成本较市内平均水平低 1~2 个百分点，这里以嘉利达工贸 2014 年银行贷款及后续展期为例加以说明（见表 1）。

表 1　2014—2016 年嘉利达工贸荣融资利率明细　　单位:%

融资业务办理银行		2014 年	2015 年	2016 年
市内	农商行仁和支行	11.4	10.0	5.2
	城市行仁和支行	7.2	7.2	7.2
	交行仁和支行	9.4	6.3	5.2
市外	华夏银行成都神仙树支行	7.8	5.8	4.4

总体来看，攀枝花市存在中小企业融资难、融资贵等问题，但问题的范围与程度需视具体情况而定，因此，找准原因、精准施策，对后续解决中小企业融资难题尤为重要。

二、攀枝花市中小企业融资难题成因分析

综合研判，攀枝花市部分中小企业面临融资难、融资贵的问题，既有企业经营管理欠佳的原因，又有金融市场周期波动的原因，还有银企对接匹配度不高的原因，各种因素相互交织、相互叠加，企业融资环境不容乐观。

（一）企业经营管理欠佳，自身融资能力偏弱

一方面，企业在过去的生产经营过程中，由于投资决策失误或融资方式不当，逐步丧失了再次融资的能力。如长期采用抵押方式贷款，使得后续可供抵押贷款的有形资产日渐减少，融资难度加大；“三角债”和“企业联保”等债权债务关系交织，让企业不仅无法贷款，还不得不面临偿贷信用危机；同时从事多个项目的开发建设，往往因其中一个项目资金链断裂，导致银行降低对企业整个经营状况的授信评估，从而使其他项目也无法进行融资，这些情况都使得银行不敢随意给企业办理贷款或担保业务。另一方面，全市中小企业大多为本土企业，其运营以“家族式”管理为主，通常情况下，传统的经营理念使其不大愿意采用直接融资的方式进行融资，而间接融资由于成本相对过高，不仅会侵蚀企业的盈利空间，还会反过来降低企业再次融资的可能性，企业可持续发展的能力被削弱。

（二）金融市场周期波动，加剧企业融资难度

经济周期具有波动性特征，在经济上行时，企业经营效益普遍较好，金融市场呈现扩张趋势；在经济下行时，企业经营效益的下滑将带来金融市场因规避风险而引发的整体性收缩，且金融市场的收缩程度往往还要强于实体经济的预期反映，由此造成金融资本与实体经济发展间的“供需错配”。这是过去一段时间内全市中小企业融资所面临的“大环境”。除此之外，全市的一些特殊情况，又在一定程度上加剧了这种“供需错配”，使得中小企业融资问题更为突出，集中体现在银行和担保两个层面。

1. 银行层面

截至 2017 年 6 月末，全市不良贷款率达到 4.29%，居全省第 4 位，关注贷款率 9.79%，且存在大面积向不良贷款转化的趋势。在这种情况下，目前全市各国有银行普遍被上收了授信审批权限或下调了授信审批额度，企业新增、续贷等融资业务的申请通过率大幅降低。同时，由于钢铁行业被环保部划归为高污染行业，行业内企业在信贷政策上长期受到限制。

2. 担保层面

自2014年四川汇通担保事件发生后，全省范围内的民营担保公司逐渐退出资本市场，担保业务的市场繁荣程度不进反退。同时，随着代偿风险的持续爆发，资本急剧减少，银行不再向融资担保公司授信，对全市而言，这就意味着以金鼎担保公司为代表的担保企业很难再为企业提供融资担保，导致担保功能缺失。

（三）银企对接匹配度不高，沟通渠道“狭窄”

为解决企业融资问题，攀枝花市不仅出台了大量的奖补政策，对企业融资、金融机构放贷给予激励奖补，还针对优质企业建立了“红名单”对口帮扶机制，要求有关部门和金融机构在融资方面予以支持和倾斜。这些做法，对增强企业融资信心起到了积极的促进作用。但从样本企业反映的情况来看，政策执行效果并不理想，银企在融资方面的对接匹配度不高。一方面，金融机构落实政策不到位，企业未能真正享受到融资优惠，如部分“红名单”企业在过去人行贷款基准利率6%的情况下，银行对其贷款利率上浮35%～40%，而目前贷款基准利率已下调至4.35%，银行却将贷款利率上浮调整60%～65%，企业融资成本没有出现实质性下降。另外，担保公司对其执行的担保费率也未按标准执行。另一方面，对企业的融资指导还有待加强。目前，企业融资正面临“转方式”的关键节点，在间接融资成本居高不下的情况下，部分企业已开始尝试采用直接融资的方式进行融资，但由于筹备、申报等流程较为复杂，具体实施极为不易，而现阶段全市并没有一个机构或平台专门开展此项工作，指导企业直接融资。因此，即使政府对企业给予融资奖励，但由于企业未能踏进“融资门槛”，奖励政策的激励效应无法得到充分释放。

三、解决攀枝花中小企业融资难题的对策和建议

攀枝花是一个传统的资源型城市，正面临转型升级的巨大挑战。因此解决攀枝花市中小企业融资难题，必须考虑攀枝花的独特性。

（一）坚持产业政策导向，助力攀枝花转型升级

产业政策是方向。坚持产业政策方向才能最大限度地避免系统性风险。要解决全市中小企业融资难题，首先要明确支持援助中小企业的范围，即重点优先支持有利于攀枝花转型升级的战略产业，主要包括钒钛产业、康养产业和现代农业，形成产业集群优势。确保不产生新一轮房地产泡沫、钢铁产能过剩、扩大库存等问题。对于存在行业过剩、盲目扩张、效率低下、经营不善等自身问题的中小企业，应该尊重市场规律，实现正常的市场优胜劣汰。全市发起成立100亿元的钒钛基金和50亿元的康养基金，就是明确产业政策导向，做好钒钛、康养两篇文章，助力攀枝花市转型升级的重要举措。

（二）引进金融机构落户攀枝花，做大金融市场规模

大力发展金融产业，努力做大金融规模，是攀枝花市解决中小企业融资难题的首要任务。金融总量上不去，可供企业融资的规模就会受到“天花板”限制，加之金融市场竞争不充分，融资成本也很难降低，因此，应将金融招商纳入全市招商引资范围，做到项目招商与金融招商齐头并进，相辅相成。同时，还应注重金融资本的多元化，既要有传统的银行、保险等企业，也要有便捷、高效的网络金融机构，更要有风投、基金等对市场敏感度较高的投资公司，多元化的金融结构才能丰富金融产品种类，以满足企业融资需求。

（三）培育企业融资新理念，鼓励企业在资本市场上找资金

采用股权投资等直接方式进行融资，不仅融资成本低，而且通过企业间关联度的提升，实现管理、生产要素、资本的互融互通。鼓励企业在资本市场上找资金，一是要继续加大对直接融资方式的宣传力度，营造良好氛围，加快转变全市中小企业传统的“家族式”管理理念，使其充分认识直接融资带来的好处，增强企业在资本市场找资金的内生动力。二是要做好对中小企业在融资方面的业务指导，如开展中小企业投融资培训、改制上市辅导、上市路演、项目对接、论坛沙龙等，帮助他们熟知资本市场融资流程及各项规定，切实提升企业融资的实际操作能力。三是要牵线搭桥、创造条件，让全市中小企业“走出去”，更多地在多层次资本市场挂牌上市。

（四）重塑地方融资担保增信体系，增强融资担保功能

在中小企业融资抵押物有限的情况下，贷款担保的作用就十分重要。综合考虑目前全市担保行业现状，建议应集中力量重点支持金鼎担保公司重塑融资担保能力，但由于金鼎担保公司代偿缺口较大、代偿风险较高，目前通过政府注资或引入社会资本均不具有操作性，因此，可先支持金鼎担保公司继续加强与商业银行的银担合作，通过重组、债转股、转让等形式化解盘活不良资产，以维系金融担保公司的正常运转，在不良资产得到有效化解、代偿率有效降低的情况下，再通过适当补充注入资本的方式壮大其融资担保能力。金鼎担保公司可以积极联系国家融资担保基金，寻求股权和业务合作，因为后者可以采取股权投资、再担保等形式支持各省（区、市）开展融资担保业务。积极建立担保机构与银行间的合理的风险分担机制。可借鉴国际上通行的风险分担比例（金融机构承担 20%~30%的风险，担保机构承担 70%~80%的风险），积极引导和鼓励银行与担保机构共同协商合理确定分担比例，实现信贷风险的共担。

（五）创新政策性金融产品，打造企业融资服务平台

攀枝花钒钛科技孵化器有限公司成立于 2011 年 4 月，是整合原攀枝花市大学生科技创业孵化园和中小企业服务平台而成立的国有独资企业，是科技部认定的“国家级科技企业孵化器”。可创新其经营模式，将其打造为以市场化运作为原则，以专业团队为保障，以保值增值为准绳，“有资产、有现金流”的资本运营公司。可研究设立“壮大贷”“科创贷”等政策性金融产品；根据攀枝花钒钛产业高度集中的特点，探索开展供应链金融、中小企业集合发债等融资方式；开展“统借统还”、股权投资、基金运作、资产管理等业务，使中小企业融资更加多元化。

（六）健全对金融机构的考核体系，确保融资扶持政策落实落地

攀枝花市已于2012年出台了《攀枝花市人民政府办公室关于印发攀枝花市市级金融机构支持地方经济发展考核奖励暂行办法的通知》（攀办发〔2012〕45号），主要是对银行机构的贷款增幅和融资增量进行考核，但由于这两项指标“过粗”，考核的针对性不强，因此，我们建议尽快完善对金融机构的现有考核体系。一方面，新增或单设对“金融机构支持中小企业融资”的考核指标，并在考核体系中赋予这些指标较大的权重，体现考核的导向性，鼓励金融机构对中小企业多投多贷。另一方面，将金融机构对中小企业融资扶持政策的落实情况一并纳入考核体系。对落实不到位的，其考核成绩“一票否决”，严肃考核问责，确保政策执行到位，不走过场，不打折扣。

（七）完善支持中小企业融资政策，注重政策引导与奖补实效相结合

目前，市里为加快城市转型和产业升级，围绕国家战略资源创新开发试验区和全国阳光康养旅游目的地，陆续建立了钒钛产业投资基金、康养产业发展基金、兴攀产业基金、得天股权投资基金等，基金体系已初具规模。因此，市里除了尽快研究落实国家各种解决中小企业融资难的奖补政策，对企业成功融资给予贴息、补助、补贴、奖励，还应在基金体系中设立一条“绿色通道”，专门对纳入“红名单”范围的优质企业给予扶持。通过企业融资渠道扩充和政策端口前移，进一步增强支持政策的效能，着重解决这些企业有好项目但不具备对外融资能力的问题。

（八）做强市级金融管理机构，强化对中小企业融资工作的统筹管理

前述七项意见建议，涉及面广、综合性强，这从客观上就要求全市必须强化对中小企业融资工作的统筹管理。为此建议：一是赋予市金融办更多职能，加大对人员编制、经费使用等各方面的保障力度，增强其服务金融产业的能力。二是发挥市工商联的优势，做好市内外企业间的对接，实现融资要素和信息的共享互助，提升中小企业融资成功率。三是依托市国投、市金融公司等，搭建信息平台，既包括企业融资需求，也包括金融产品的信息汇集，确保资本供需双方实现“线下和线上”的无缝对接，提高中小企业融资成功率。

参考文献：

［1］吕劲松. 关于中小企业融资难、融资贵的思考［J］. 金融研究，2015（2）.

［2］李欣，胡树林. 中小企业的融资困境及融资方式的拓展［J］. 时代金融，2018（1）.

［3］李志赟. 银行结构与中小企业融资［J］. 经济研究，2002（3）.

［4］张会平. 吉林省中小企业融资难的原因及对策［J］. 税务与经济，2018（4）.

［5］殷孟波，许坤，邱宇. 逆选择机制下的中小企业融资分析——非对称信息下银行与中小企业的委托代理模型［J］. 财经科学，2011（6）.

地方政府平台公司投融资模式转型分析

罗兴茂　岳　曲　赵　军

[摘要] 在国家不断加强地方政府隐形债务管理，持续推进地方政府平台公司转型为国有资本投资公司、国有资本运营公司的政策背景下，地方政府平台公司转型发展刻不容缓。基于地方政府平台公司比较优势，其未来投融资转型方向应聚焦于服务城市发展战略，以投资运营商的视角、市场化的经营机制强化对城市重大基础设施、民生工程的投资建设和运营。从投融资模式转型出发，地方政府平台公司如何做到既不增加地方政府隐形债务水平，又通过片区综合收益覆盖、政府采购项目付费、PPP 投融资、投资孵化优质实体企业等方式吸引社会资本和实现企业融资，达到加快城市重大基础设施、民生工程的投资建设，并以此促进地方政府平台公司自身实现经营转型的目的，这是本文所要研讨的主要内容。

[关键词] 政府平台　投融资　转型

一、 囚笼困境：严格地方政府隐形债务管理背景下的地方政府融资平台

根据《财政部、发改委、人民银行、银监会关于贯彻国务院〈关于加强地方政府平台公司管理有关问题的通知〉相关事项的通知》（财预〔2010〕412 号文）的界定，地方政府融资平台是指由地方政府及其部门和机构、所属事业单位等通过财政拨款或注入土地、股权等资产设立，具有政府公益性项目投融资功能，并拥有独立企业法人资格的经济实体。

2008 年全球金融危机，国家出台“四万亿”投资计划，铁路、公路、机场等基础设施建设成为投资重点，各地政府相继成立平台公司，作为地方保增长的中坚力量。为加快推进地方基础设施投资建设，地方政府指定地方政府平台公司作为项目投资业主；而后者则利用地方政府所匹配的资源和政府信用，以公司的名义对外

融资，融资资金主要用于纯公益性基础设施建设，最终实际形成地方政府隐性债务。

2010年国发“19号”文下发，该文件禁止地方政府平台公司违规举债。2012年《关于制止地方政府违法违规融资行为的通知》（财预〔2012〕463号文），对地方政府融资平台提出了“七个不得”，明确地方政府平台公司剥离政府融资职能。2014年《关于加强地方政府性债务管理的意见》（国发〔2014〕43号文），提出建立规范的地方政府举债融资机制，对地方政府债务实行规模控制和预算管理。2017年《财政部关于坚决制止地方以政府购买服务名义违法违规融资的通知》（财预〔2017〕87号文），提出政府购买服务范围，并限期整改违法违规政府购买服务项目。新的《中华人民共和国预算法》将政府债务管理提高到依法治理层面，明确地方政府举债的唯一方式为发行地方政府债券，地方政府平台公司需要按市场法则生存。

2018年国家发改委《关于实施2018年推进新型城镇化建设重点任务的通知》中指出：分类稳步推进地方政府平台公司市场化转型，剥离政府融资职能，支持转型中的地方政府平台公司及转型后的公益类国企依法合规承接政府公益类项目。

国家一系列组合政策相继出台，明确：地方政府平台公司不能再以地方政府信用背书融资，地方政府平台公司存量债务重新分类为政府债务和公司债务，并严格地方政府隐性债务管理。

地方政府平台公司资产端以公益性资产或政府占款居多，负债端则以有息金融负债及应付工程款项居多，负债刚性偿付要求而所对应公益性资产及应收账款变现能力、现金收入能力却无法同期足额匹配，期限及金额错配，借新还旧无可避免；而借助政府信用再融资存在重大政策障碍和政策风险，基于纯粹的地方政府融资平台逻辑下的新增融资极其困难。

由此，地方政府平台公司除了存量债务的处理外，如何面对新的生存、发展态势，重新定位并加快新定位下的投融资模式转型，显得更加迫切和重要。

二、地方政府平台公司投融资发展现状及发展制约要素分析

（一）发展阶段简析

至今，地方政府平台公司经历了五个发展阶段：

20世纪90年代初期至2000年，起步阶段；2001—2008年，缓慢发展阶段；2009—2012年，快速发展阶段；2013—2016年，规范调整阶段；2016年3月至今，收缩阶段。

（二）地方政府平台公司传统投融资模式发展制约因素分析

“受托代建+政府信用”这种模式的继续发展存在以下制约因素：

1. 政策制约

从2010年《国务院关于加强地方政府平台公司管理有关问题的通知》（国发19号文）“禁止地方政府平台公司违规举债”开始，到2017年《关于进一步规范地方政府举债融资行为的通知》（财预〔2017〕50号文），国家出台政策逐步压缩地方政府平台公司对外融资举债空间。

在地方政府层面，四川省人民政府2017年发布《关于进一步加强政府债务和融资管理的通知》（川府发〔2017〕10号文），明确要求地方政府平台公司转型后应按照市场化原则实施运作，自主经营、自负盈亏，政府在出资范围内承担有限责任，实现地方政府平台公司债务风险内部化。

《中华人民共和国预算法》则明确：政府举债唯一方式为发行地方政府债券。

2. 信用风险制约

基于严格地方政府隐形债务监管措施，地方政府回收信用资源，平台公司信用支撑减少。

3. 地方融资平台公司发展制约

（1）现有资产负债状况堪忧

地方政府平台公司资产端主要包括因代建地方政府工程而形成的应收账款、体内循环产生的其他应收款、股东注入的非经营性资产或股权，上述资产的变现基本依赖于地方政府的财政性收入；公司负债主要包括有息金融负债、应付施工企业或投资商的工程款，负债基本属于刚性偿付项目。上述资产负债状况，导致企业极易产生流动性偿付风险、长期资产和短期负债的资产负债匹配风险，无法保持正常的企业生存。

（2）经营模式单一且不可持续

地方政府平台公司业务定位，就是部分替代政府基础设施建设职能，对外融资并投资于市政道路、安居工程等基础设施项目。其经营收入主要来自政府结算的工程代建费收入，各地代建费率为8%～15%；与地方政府结算款暂挂应收账款待结算。这种单一的经营模式导致地方政府平台公司经营性现金流严重不足、形成代建费账面收入，利润和现金流都无力支撑地方政府平台公司持续融资和持续投入发展。

（3）管理模式不符合现代企业制度要求

地方政府平台公司由于其地方政府股东性质，在行政管理模式上往往将其视为政府部门看待，是政府的企业；在经济职能上则将其作为国有企业予以考核评价，是市场的企业。这种管理和考评模式的分裂，导致地方政府平台公司管理愈加行政化、投资效率和效益愈加低下。

三、凤凰涅槃：地方政府平台公司投融资模式转型分析

（一）地方政府平台公司比较优势

地方政府平台公司的比较优势主要体现在以下两个方面：

一是基于国有资本出资人原因，本身就兼具政治属性、经济属性，天然代表地方政府具有某一领域战略资源配置权，具有溢价和议价能力；对服务城市发展战略、完善城市重大基础设施投资建设、改善民生领域负有使命和责任。

二是国企体制内拥有大量专业技术人才，具有对重大投融资战略的驾驭和操控能力。

正如上文所述，地方政府平台公司设立的初衷就是投资建设区域内市政道路、桥梁、安居工程、产业园区等基础设施，汇聚了一大批工程技术、财务金融等管理人才，在完成大批基础设施工程建设项目后，已经具备了丰富的投融资实践经验。

上述比较优势，同样也是平台公司核心竞争力，更是平台公司投融资模式转型的重要依靠。如果放弃这些核心竞争力要素，大量进入完全竞争领域，企业经营风险、财务风险将会大大提升。

（二）地方政府未来的需求转变分析

新时期地方政府存在以下需求：

（1）债务隔离要求。根据加强地方政府隐形债务管理要求，地方政府债务要与地方政府平台公司的企业债务廓清、隔离，不再新增地方政府隐性债务。

（2）城市发展所需重大基础设施特别是产业园区配套建设要求。全国各地经济状况和地方基础设施建设情况不尽相同，但西部地区、民族地区在基础设施建设方面依然存在巨大需求；地方政府要引进产业，就需要完备产业园区基础设施建设，这些都亟须加强基建投资。

（3）民生领域和区域优势产业投资要求。依托于区域优势产业，如何保持产业发展，进而保持区域财政收入稳定，这同样是地方政府所关注的要点。

地方政府仍然大量需求企业投资，不过更加强调政府和企业债务隔离，即“事要做，债不增”。这种需求的重大变化，为地方政府平台公司投融资转型发展提供了契机。

（三）投融资模式转型方向

地方融资平台公司要发挥国企在城市运营领域的先发优势和资源优势，服务于城市发展战略，着眼于未来潜在的成长期和成长领域。

地方政府平台公司转型方向主要包括面向市场竞争的商业类转型和依托于区域基础设施投资建设、优势产业的公益或准公益类转型。地方政府平台公司的核心竞争力和比较优势不在充分的竞争市场，而在于转变投融资模式，聚焦于片区整体投资建设运营、教育等民生领域投资、区域优势产业的孵化投资上。

（四）投融资模式转型思路关注点

在地方政府平台公司投融资转型思路顶层设计上应着重关注以下几点：

（1）深化体制机制改革，加快厘清地方政府平台公司与地方政府的责权利关系，剥离地方政府平台公司的政府融资职能，隔离政府信用，从政府的企业转变为市场的企业。

（2）明确投资边界范围，原则上地方政府平台公司的投资边界不超出政府投资事权范围，不挤占社会资本尤其民间资本的投资机会。建立政府授权投资经营制度，明确地方政府平台公司的企业投资职能，建立投资结算新机制。

（3）着力培育地方政府平台公司的核心竞争力，包括投融资能力、投资项目建设管理能力以及城市、园区、产业的经营管理能力等，有效整合政府资源、资产、资本、政策以及必要的资金，优化地方政府平台公司的资产负债结构，提高公司信用，夯实投融资能力。

（4）建立健全投资项目的投资回报机制，充分挖掘项目潜在的商业价值，完善相关价格、收费机制，提高项目自身信用，为“项目融资”奠定基础条件。

（五）投融资模式转型路径

（1）片区封闭运行+经营开发。地方政府平台公司作为区域公益性基础设施项目的授权投资商，与地方政府建立投资结算机制，并将封闭片区内的未来年度土地出让收益、税收地方留存、报建规费等地方政府收入作为结算资金来源，由地方政府纳入相应年度的财政预算支出范围。对于经营类项目，地方平台公司按市场化原则参与投资经营。

（2）项目配建+资产经营。树立区域整体开发经营理念，积极构建基础设施建设投融资整体方案，整合项目上下游相关经营性资源，实现投入产出平衡。在推进区域投资开发和产业园区建设时，地方政府平台公司要准确识别区域经营性项目、公益性项目、准公益性项目，整合项目上下游经营性资源，测算区域整体收入和支出，实现区域基础设施投入产出平衡或微利，成为基础设施投资商和运营商的企业角色。

（3）积极参与地方政府棚户区改造等政府大宗服务采购项目，实现业务规模和稳定经营现金流。

（4）通过 PPP 业务模式转向公益性事业投资与实体运营。

（5）以服务美好生活为目标，全面提升民生需求供给能力。地方融资平台公司要积极介入教育、医疗、文化、生态环境、生活服务等民生实体领域，坚持市场主体，创新服务模式，改进提供公共服务的经营模式，综合利用政府购买服务、使用者付费等多种形式，确保投资者获得合理回报；在兼顾经济效益和社会效益，找准公益性服务和盈利性服务的平衡点上，与社会资本形成一种协同关系。

（6）通过兼并重组成为控股平台管理企业。

（7）通过股权投资转为政府产业孵化投资平台。地方政府融资平台转为地方政府投资平台，可以充分发挥政府资金的引导和放大效应，发挥市场在资源配置中的决定性作用，促进投资机构和社会资本进入地区产业投资领域，推动地区创业创新和产业升级，帮助小微企业快速成长。

四、结论

地方政府平台公司以受托代建的投资模式、以政府信用背书作为保证措施的融资模式，是一个特定历史时期的产物，其模式的产生、发展是中国国情的需要，其模式的消失也是国家投融资体制改革转型的必然结果。

本研究认为，唯有完善市场化经营机制，充分发挥地方政府平台公司比较优势和核心竞争力，紧跟城市发展战略，坚定其重大基础设施建设投资商和综合运营商的定位，企业才有可能顺利转型为国有资本投资公司、国有资本运营公司，保持企业可持续发展。

基本建设项目委托代建管理研究

庞建国　刘晓琴　夏国强

［摘要］基本建设项目委托代建从1993年开始试点，委托代建通过逐步推行、推进，使得项目建设管理水平不断提高和深化，政府职能得到很好的转变。但同时，在实际工作也发现委托代建管理在基本建设项目中也存在着一些问题。本文从基本建设项目委托代建管理的意义、现状和存在的问题出发，认真分析和研究产生这些问题的根本原因，找出解决这些问题的措施，解决项目委托代建管理在实际工作中遇到的一些具体问题，提升项目建设管理水平。

［关键词］基本建设　委托代建　项目管理

基本建设是促进国民经济发展，提高社会生产力和人民生活水平的重要手段。基本建设一般具有规模大、周期长、涉及专业技术面广和耗用生产资料较多，部分建设项目具有技术含量高、不确定因素较多的特点。基本建设项目管理是一项复杂的系统工程，随着国家经济的不断发展，基本建设投资呈现规模大、数量多的特点。基本建设项目的有序推进和顺利实施对稳就业、稳投资、稳预期和供给侧改革以及促进国家经济发展等方面将起到积极的作用。

一、项目委托代建研究的意义

我国基本建设项目在1993年以前主要是政府投资，每一个建设项目都有各自的投资和建设管理主体，项目建设的实施都是按照各项目自身建设程序进行。这种项目管理模式专业化程度较低、“超概算、超计划、超范围”现象严重，而且部分项目建设相互交叉，各自施工难度大，项目建设的协同效应难以发挥。随着国家经济的发展，基本建设项目规模和数量都不断增加，需要委托代建的工程也逐步增多，所以基本建设项目委托代建研究对国家、委托人和受托人都具有重要的意义。

一是国家通过基本建设项目委托代建实现了政府投资职能的转变，使项目投资决策、建设管理和使用单位的权力分离，也将资产的所有权和经营管理权进行了分离，有利防止腐败和便于资产集中统筹管理，发挥项目建成后的最大效益；二是通过专业化的项目管理机构来取代过去临时组建的项目建设指挥部，解决了管理分散、机构重复设置和专业化管理队伍人才缺乏等问题，提高了项目建设管理水平；三是让受托方承担实现项目建设管理目标的责任，利用专业化管理优势，通过优化施工组织，提高项目建设质量，减少安全事故风险，确保项目建设按时完工，节约投资成本；四是国家可以对不同投资主体、项目建设难度大以及相互交叉的建设项目进行统筹规划、同步建设，各自承担建设成本，减少重复建设带来的诸多问题，既能节约建设成本，又能保护环境；五是基本建设项目投资主体逐渐呈现多样化，由过去单一的国家投资变为国家、企业、个人或混合投资等模式需要专业化管理的委托代建单位。

二、项目委托代建管理现状和存在的问题

（一）项目委托代建管理现状

我国的委托代建从部分省（区、市）的试点到全国推广已经有二十多年了，各省（区、市）政府也出台了委托代建管理办法，在建设领域取得了较大的成绩。一是实现了投资决策、建设管理和投资控制以及使用权的分离，去掉了政府在项目建设管理中的行政职能；二是充分发挥项目建设专业化管理机构的技术和人员优势，避免了委托单位专业能力薄弱和管理人员不熟悉整个建设管理程序而形成建设管理的盲区，降低了建设管理风险；三是受托单位与使用单位不存在后期经营管理的经济利益问题，更有利于项目投资成本控制；四是委托单位对代建单位的监督实行合同管理，项目建设必须按照合同约定进行，有利于确保项目建设工期，也增加了项目建设管理的透明度；五是项目建设的投资主体也呈现多样化，基本建设规模和项目数量不断增加，尤其是项目建设难度大、相互交叉、相互渗透的工程，更需要委托代建同步实施，减少重复建设带来的诸多问题。委托代建虽然解决了我们在基本建设过程中遇到的许多具体问题，取得了一定的成绩，提高了项目建设管理水平，节约了项目投资成本，但也存在一些问题。

（二）委托代建管理存在的问题

1. 委托代建制度不健全，配套制度不完善

委托代建从试点到全国范围推广，还没形成全面指导基本建设项目委托代建管理的规范性文件，主要是各省（区、市）制定的一些地方性规章制度。随着国家经济的发展，基本建设规模和数量都在逐年增加，工程建设管理越来越复杂，但委托代建管理制度更新不及时，难以适应社会经济的发展。

2. 代建合同形式多样，标准不统一

基本建设项目委托代建管理实施以来，全国各地委托代建合同签订形式多种多样，标准也不统一。部分委托代建合同中对代建范围、投资控制、双方职责、财务管理、竣工验收、资产交付、监督管理和奖励及违约责任等没有明确进行界定，合同纠纷较多，而且委托代建合同签订质量的高低，直接影响到受托单位后期的财务、税务管理和资产移交等工作。

3. 委托代建财务管理方面的问题

随着社会经济的发展，委托代建规模大，数量多，投资主体也不断发生变化，委托代建财务管理也趋于复杂化，管理难度不断增加。由于投资主体发生变化，在资金拨付、财务管理和代建资产竣工验收及交付等都会发生较大的变化。项目委托代建后，受托方收到委托代建资金是全部作为收入处理，还是部分作为收入核算；是单独建立财务账套核算，还是直接纳入受托方财务账套核算；工程相关资金是作为收入处理，还是作为代收代付管理等；面对这些情况，缺乏指导性的委托代建财务管理制度，尤其是一些城市建设的大型枢纽工程等，涉及的单位多，产权关系复杂。

4. 委托代建税务方面的问题

一是委托方和受托方签订委托代建合同，受托方是按建筑安装工程承包合同3‰贴花，还是按项目管理合同不缴纳印花税，实务中各中标单位一般未对合同严格分析，未缴纳印花税，存在涉税税务风险问题；二是对受托方的委托代建在增值税科目上是属于建筑服务，还是现代服务—企业管理服务，在委托代建合同中未清晰区分，建筑服务税率为9%，企业管理服务税率为6%，税收成本差异较大，将影响项目利润；三是发票的开具问题，由于代建没有一个规范的界定，受托方的责任是提供项目管理服务还是建筑服务不清晰，受托方同施工、监理、物资设备供应商等单位签订合同，发票开具名称是开给委托方还是受托方，这涉及委托方或受托方的增值税和企业所得税的纳税问题，税务风险较大。

5. 部分代建资产的产权不清晰

基本建设项目委托代建管理中，一般金额较大的委托代建项目资产产权比较清晰，谁委托代建的资产，代建完成后资产的所有权就归谁，但是在项目建设过程中附带产生的委托代建资产产权较为复杂，主要是项目建设中一些附属工程和相互交叉工程共同使用部分的资产产权归属问题较多。一是委托方和受托方对共同出资建设和使用部分的资产产权都难以取舍，各自都为了自身资产的保值增值，谁也不愿意放弃；二是取得前期未对这部分资产进行未来现金流的评估，取得后才发现，这部分资产根本难以产生现金流，却还要支付日常管理费和后期维护成本；三是取得

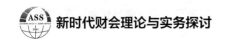

资产产权方还要发生税收的付现支出。

三、委托代建存在的问题分析

（一）投资主体多样化，制度更新滞后

随着国家经济的发展，国家不断加大基础设施建设的改革，委托代建的主体也不断发生变化，由单一的政府投资转变为政府、企业、个人和混合投资等模式，而委托代建管理制度变化相对滞后，配套制度建设尚不完善。

（二）代建合同未形成标准化

合同管理标准化、规范化尚未形成，合同中约定的委托代建范围、投资控制、双方职责、财务管理、竣工验收、资产交付、监督管理和奖励及违约责任等不清晰，合同纠纷时有发生。

（三）财务管理不够规范

项目委托代建资金中哪些属于收入，哪些属于代收代付，以及未严格执行财政部《基本建设财务规则》和《企业会计准则》相关规定核算。处理方式多而杂，也缺乏统一的、指导性的，专门针对委托代建的财务管理制度。

（四）项目投资控制不到位

委托代建项目建设前期管理工作（征地拆迁、设计）不到位，后期的投资控制、建设过程管理和协调工作难度大，项目建设环保要求高。征地拆迁难是制约建设项目顺利实施的瓶颈之一，也是导致项目建设工期延长、投资成本增加的主要原因之一。

（五）缺乏税务筹划

部分受托单位对税务判定为委托代建条件不清楚，对不属于委托代建的项目按照委托代建处理，合同未按照规定分类，加大了委托代建项目投资成本和税务风险。

（六）部分代建资产产权复杂

委托代建项目建设过程中附带产生的委托代建资产产权关系较为复杂，投资主体较多，工程建设又相互交叉、相互渗透，造成共用资产多头管理，最后成了无人管理，安全隐患较大。

四、解决委托代建管理存在问题的措施

（一）完善委托代建管理相关制度

一是国家要制定委托代建规范性政策文件，从项目立项、代建单位选择、招投标、项目实施、资金筹集、财务管理、资产移交进行规范，确保全国各地委托代建

管理有法可依、标准统一；二是建立委托代建管理配套制度，如委托代建考核奖励制度，代建保险制度；三是从制度上确定代建单位资格，如代建单位中标后二级公司不能继续参与后续工程投标等。

（二）规范委托代建合同管理

一是国家要规范委托代建合同示范文本，避免合同纠纷，推进委托代建合同管理工作标准化、规范化，合同范本中明确委托代建范围、投资控制、双方职责、财务管理、竣工验收、资产交付、监督管理和奖励及违约责任等；二是重视委托代建合同签订前的谈判工作，提高合同签订质量，切实维护公司的合法权益，合同的签订方式决定了受托方财务管理和税负情况；三是合同签订时要严格区分委托代建管理费和代建工程相关费用；四是严格遵守《合同法》的相关规定，规范合同管理，正确划分合同类别，降低税务风险。

（三）规范委托代建财务管理

1. 加强委托代建资金管理，确保资金专款专用

一是受托方对委托代建工程相关资金单独开立银行账户存储，确保委托代建资金专款专用，严禁挪用、调剂、串换使用委托代建资金；二是受托方根据委托代建合同相关约定和项目建设进度情况，编制委托代建资金预算，并及时向委托方申请资金；三是严格按照合同约定向设计、施工、监理和甲供物资设备供应商等单位拨付委托代建资金，防止超概算、超合同、超计划、超资金预算和超验工计价拨付资金；四是加强委托代建资金监督管理，提高资金使用效率，防范资金风险，受托方对建设资金流向进行监督管理，确保委托代建资金安全。

2. 规范委托代建资金会计核算，严格控制建设成本

受托方收到委托方拨付的委托代建管理费作为收入核算，发生的委托代建管理费支出列入其他业务支出。委托代建发生的收支全部纳入受托方会计报表反映。

受托方收到委托方拨付的委托代建工程相关资金应单独开立银行账户，单独建立财务账套，全部以委托方的名义按照国家《基本建设财务规则》和《企业会计准则》相关规定进行独立核算，单独向委托方编制委托代建会计报表。参与项目建设的设计、施工、监理和甲供物资设备供应商等单位向委托方开具发票。委托代建项目建设完成验收后，受托方向委托方办理代建资产移交，并及时编制项目竣工财务决算，确保竣工决算数字准确、内容完整。受托方应对委托代建项目财务管理做到工完账清，工程竣工清算后的结余代建资金，应及时交委托方按规定处理。

（四）加强委托代建的税务管理

委托代建项目管理涉及的税种主要有增值税、城建税、教育附加费和地方教育附加费以及印花税和企业所得税。一是严格遵守税务部门对委托代建工程的认定条

件；二是委托方与受托方直接签订委托代建合同，受托方应在招标文件中明确该项目为委托代建，招标后再同中标的设计、施工、监理、甲供物资设备供应商等签订相关合同，而且在委托代建合同中明确委托代建工程相关资金由受托方直接拨付至相关参建单位，这种方式可以降低委托代建项目的整体税负，节约建设成本；三是委托代建的工程及相关资金的纳税主体是委托方，委托代建管理费的纳税主体是受托方，因此，设计、施工、监理和甲供物资设备供应商等单位的发票应开具给委托方，受托方代建相关合同产生的印花税应该由委托方纳入工程概算承担；四是严格按照《合同法》规定对合同进行分类，降低委托代建税务风险。

（五）合理取舍委托代建资产产权

在签订委托代建合同时要加强委托代建项目资产产权谈判，合理取舍部分委托代建资产产权。合同谈判时一定要遵循谁委托、资产产权归谁的原则。尤其是在委托代建时产生的一些附属工程代建更应该重视，如铁路建设中地方政府投资建设的涵渠、上跨或下穿的公路以及地铁和机场建设等部分相互交叉的工程。这部分资产产权关系较为复杂，如果取得这部分资产产权后期又难以为委托方产生现金流，却还要支付日常管理费和后期维护成本以及对纳税产生较大的影响。因此，作为委托方应合理取舍委托代建资产产权。

国家需要进一步对基本建设项目中涉及的建设过程较为复杂、工程建设相互交叉的建设项目进行统筹规划，出台相关政策明确这部分资产产权。产权应尽量归属一方，避免多头管理，最后成了无人管理，造成安全隐患。项目建设前期明确了代建资产产权，拥有产权的单位可以对这部分共用资源进行适当增加出资，提前规划一些商业设施来创收，弥补这部分资产的后期管理费和维护成本，提高社会共用资源的服务质量。

五、结束语

总之，在基本建设项目管理中推行委托代建，这是我国基本建设领域改革的一种探索、一种创新，是工程项目管理的重大进步，其广阔的发展空间将促使大量的代建单位涌入项目代建市场。尽管在委托代建的推广和实施过程中会遇到一些问题，也会出现一些偏差，但只要在项目建设管理过程中不断地总结经验教训，不断地采取措施完善制度和规范代建管理，不断提升项目建设管理专业水平，适应市场的变化，促进我国建筑市场的健康发展，为国家经济发展做出贡献。

参考文献：

［1］国务院办公厅. 国务院关于投资体制改革的决定，（国发〔2004〕20 号）［Z］. 2004.

［2］财政部. 财政部关于切实加强政府投资项目代建制财政财务管理有关问题的指导意见（财建〔2004〕300 号）［Z］. 2004.

［3］财政部. 基本建设财务规则［M］. 上海：立信会计出版社，2016.

［4］崔应龙. 代建管理模式的项目投资控制探索与实践［J］. 低碳世界，2017（4）.

［5］李川. 基于委托代理理论的政府投资项目代建制研究［D］. 重庆：重庆大学，2013.

［6］徐丰利，李永军. 基本建设财务核算管理与审计［M］. 北京：石油工业出版社，2017.

［7］本书编写组. 中华人民共和国先行税收法规及优惠政策解读［M］. 上海：立信会计出版社，2018.

我国省级铁投运营效率及商业模式研究

谭德彬

［摘要］理论和实践证明，我国的铁路投资建设和运营为国民经济发展带来了巨大贡献。为适应我国铁路投资的需要，地方政府纷纷成立铁路投资公司，且这类地方铁路投资公司数量越来越多、规模越来越大、投资越来越多、作用日益凸显。然而，我们发现，理论界对于这类投资主体的研究很少。通过研究，我们发现：①我国地方铁路投资主体的总体运营效率不高，大多数公司的运营处于无效状态。②我国地方铁路投资主体的业务模式决定了其运营效率的高低，并且运营效率有效和无效公司有其各自独有的特征。③我国地方铁路投资主体应走多元化（相关多元化或复合多元化）业务发展模式，当前尤其要着力推进TOD开发业务。

［关键词］省级铁投　运营效率　商业模式

一、前言

根据吴卫平（2002）、王刚和龚六堂（2013）等人的研究表明，我国的铁路投资建设和运营给国家经济发展带来了巨大贡献。首先是拉动经济，铁路投资与相关产业最高有1∶10的拉动效应。其次是便利交通。最后是发展旅游。为此，“十二五”时期，我国高速铁路发展成效显著，高速铁路运输能力大幅提升、服务水平也显著提高，科技创新取得重大突破，高铁俨然成为我国对外出口的一张名片。我国《铁路“十三五”发展规划》中明确：高速铁路扩展成网，即在已形成的“四纵四横”主骨架的基础上，高速铁路建设有序推进“八纵八横”主通道建设，并且实施一批客流支撑、发展需要、条件成熟的高速铁路项目。构建便捷、高效的高速铁路网络，拓展服务覆盖范围，缩短区域间的时空距离，高速铁路服务范围进一步扩大，基本形成高速铁路网络①。

2008年前后，我国铁路投资模式发生了根本性的变化，即由此前单一主体发展到多元化的格局。2008—2015年，常见的合资铁路资本结构铁总出资50%、省政府出资50%。省上承担的部分由省本级（一般设立铁投集团作为代表）占50%、沿线市（县）政府占50%。

随着时间的推移，上述出资比例也发生了翻天覆地的变化。即铁路总公司的出资比例越来越小，有些铁路总公司甚至出资为0；而省属投资主体出资的比例越来越大，有的超过了90%，甚至达到100%；铁路沿线市（州）政府及县政府等，因为其财力导致其出资能力越来越弱，故铁路沿线政府出资的占比也越来越小，基本不超过10%，有些甚至不再出资。也就是说我国地方铁路投资主体在当前我国铁路投资环境中发挥着越来越重要的作用。

二、我国省级铁投现状

据统计，全国主要的省级铁路投资公司达到20家，但差异也非常明显。从总资产来看，近10年来我国地方铁路投资主体的资产保持快速增长，平均增长幅度超过10%。据统计我国省级铁投的总规模已突破1万亿元，达到10 405亿元。但个体差异也非常大，资产规模最大的已达到2 909亿元，而最小的仅有270亿元，前者是后者的10倍。

从负债情况来看，我国地方铁路投资主体的负债总额也在逐年上升，近10年来增长了近5倍。据统计，总额的负债规模已达到5 858亿元，行业负债率为56.3%，在基础设施领域内也并不算高，这主要得益于地方政府对于投资铁路行业的大力支持，通过不断注入资本金来推进铁路产业发展，因此全行业的资产负债率保持在合理的范围内。同样，我国地方铁路投资主体的债务规模其差异非常大，最高的四川铁投已达到2 105.5亿元，而负债规模最小的省级主体仅仅只有98.58亿元，前者是后者的21.36倍。

在净资产指标上，广东铁投集团处于遥遥领先的地位，净资产达到了1 019亿元。究其原因，一方面是广东省政府凭借其强大的财政实力，给该集团注入较多资金用于铁路投资；另一方面，为筹集铁路资金，该集团于2015年设立了400亿元的铁路发展基金，其中省财政出资100亿元引导资金，募集300亿元资金，目前已全部到位。据了解，募集的300亿元资金该集团记为少数股东权益，从而大幅提升了该集团的净资产规模。但从归属于母公司的权益指标来看，该集团只有202.7亿

① 资料来源：铁路“十三五”发展规划。

元，处于中游水平。有关数据显示，我国地方铁路投资主体归属于母公司的净资产都比较大，最小值为116亿元、最大值达到365亿元，行业平均值为213亿元。这充分说明地方政府非常支持铁路发展，同时也对公司提出了更高的要求，即铁路投资企业在政府的大力支持下，企业如何更好地完成投资计划？企业又如何发展？

有关数据显示，铁路行业的收入差异十分明显。收入规模最大的四川铁投2017年已达到740亿元，然而湖南铁投和广西沿海铁投的收入为0，天津铁投的收入也仅仅为0.04亿元，与收入最高者有着天壤之别。

有关数据显示，四川铁投、浙江铁投和广西铁投这3家公司的营业收入较高，主要是这3家公司的发展模式是复合多元化业务发展模式。由于他们的业务除铁路投资与运营之外，还有众多其他业务，比如四川铁投有施工业务、浙江铁投有化工业务、广西铁投有矿业业务，这些业务有力地支撑了公司获得较高的其他营业收入。而单一投资业务发展模式的铁投集团则营业收入相对较小。

有关数据显示，地方铁路投资主体的利润总额可以用惨不忍睹来形容了。近30%的公司处于持续亏损状态，其中亏损最严重的是广东铁投，每年亏损超过20亿元，2016年亏损达到35.5亿元。超过30%的公司即使盈利也处于微利状态。而浙江铁投的盈利能力则较强，从2010年起每年利润总额都是10亿元以上，平均值达到14亿元；而同类型的四川铁投、广西铁投的利润总额也相对较高。主要原因是这类企业通过其多元化投资与运营，通过多元渠道的利润弥补了铁路投资板块的亏损、承担了融资的财务费用等。

三、运营效率分析

（一）指标选择

合理选择投入指标与产出指标是运用DEA模型进行效率分析的关键。本文依据省级铁路投资主体的职能、定位等视角出发，即省级铁路投资主体属于功能性投资主体，其主要职能职责是完成地方的铁路项目投资，也就是说其在地方政府的支持下（如资金支持、政策支持等），完成铁路投资是第一要务，而至于公司是否盈利则放在其次。基于此，本文的投资指标选择了归属于母公司的净资产，此指标主要衡量其受到的支持程度。

而产出指标之一是资产总额，其理由正如前面所述，地方铁路投资主体在上级支持的前提下，通过政府出资、股权融资、债务融资等方式投资铁路，从而形成资产，故选用资产总额作为第一个投入指标。

尽管地方铁路投资主体的首要功能是完成投资任务，但作为企业而言，若既能完成铁路投资、又能实现盈利，那么这类公司从理论上来说应该是运作得最好的，因此本文选用的第二个产出指标是利润总额。那么，为什么选择利润总额而不是净利润指标呢？我们认为，企业实现的利润总额，在向国家缴纳所得税后，剩余的则是企业的净利润。也就是说利润总额由两个主体分享，一个是国家通过企业所得税分享，另一个是企业自身分享，不管哪个主体分享，都是为社会做出的贡献，因此本文选择了利润总额而不是净利润作为第二个产出指标。

（二）使用方法

DEA 模型是采用线性规划的方法，构建一个非参数逐段线性的包络面（或前沿面），将数据包络起来，根据包络面就可以计算出效率。DEA 方法最初是由 Charnes 和 Cooper 等学者于 1978 年在 Farell 的基础上，以相对效率概念为基础发展起来的。

Farell 在 1957 年利用 Debreu（1957）和 Koopmans（1957）的成果确立了一个能解释多种投入的公司效率的测度方式，并将公司效率分为两个部分：①生产效率（Priduction Efficiency，简称 PE），它反映了在给定投入的情况下，公司获得最大产出的能力；②配置效率（Allocative Efficiency，简称 AE），它反映了给定投入的各自的价格的情况下，公司利用最佳投入比例的能力。这两种测度的结合产生了成本效率（Farell 称其为经济效率或综合效率）的测度。

（三）实证结果

从实证可以看出，就运营效率的有效性来看，2010—2015 年浙江铁投一直处于有效状态；2012 年和 2013 年四川铁投则处于无效状态（运营效率分别为 0. 787 和 0. 833），其余年度都处于有效状态；广东铁投则处于不断变化中，其 2012—2013 年以及 2017 年处于有效状态，其余年度则处于无效状态，尤其是在 2014—2016 年处于无效状态并且效率值还较低。通过分析可发现，这几家公司的发展模式都是多元化发展，如浙江铁投除了 TOD 模式之外，还有化工行业、铁路运输等产业；四川铁投除 TOD 模式外，更主要的业务模式是建筑施工、资源开发和物流贸易等业务。

从实证可以看出，就运营效率的无效性来看，天津铁投、河南城投、河南铁投等公司，在研究期内的运营效率都处于行业的较低水平。这可以从他们的资产总额：归属于母公司净资产以及利润总额两个指标得到印证。首先 3 家公司财政资金撬动能力较弱，近 3 年内撬动系数只有 2 倍，远低于运营效率有效的公司的情况。究其原因，一方面，由于这类公司的业务类型属于单一投资型，也就是它的主要业务是投资铁路，既没有投资铁路相关产业，也没有从事其他多元化产业，因此其非铁路资金需求不足，因此其财政资金撬动不足。另一方面，这几家公司的盈利能力也不足。如河南城际近 3 年的利润总额分别是−5 亿元、−8. 7 亿元和−8. 6 亿元，是行业的最大的三家亏损大户之一；而其同省兄弟单位河南铁投也处于相同的境地，近3年的利润总额分别是-5亿元、-5.9亿元和-6.2亿元，是行业的第四大亏损大户。综上，这种既不能撬动财政资金，又无法有效运营，其运营效率必然低下，因而处于行业下游水平。

下面用实际财务数据进一步说明。河南铁投成立于2009年9月，是一家省属大型国有企业，河南省政府委托河南投资集团有限公司作为出资人，委托河南省国资委负责资产监管，委托河南省发改委负责行业管理、业务指导和人事管理。河南铁投自成立以来，河南省通过多次注资来支持铁路建设。截至2018年9月，该集团注册资本达到150亿元，归属于母公司的净资产达到319.84亿元，仅低于广西铁投（365亿元）和四川铁投（368.8亿元），在行业处于第3位。关于其财政资金撬动能力较弱，可以从两个指标来说明。一个是净资产的构成情况，另一个是有息债务情况。从河南铁投的净资产构成情况来看，其归属于母公司的资产一直处于较大的规模，表明财政资金支持或注入的资产规模较大。然而，从其少数股东权益来看，规模较小，仅占归属于母公司净资产的4.48%，股权撬动系数太低。从该公司的有息债务来看，该公司这些年只有长期借款和应付债券，截至2018年9月合计金额为155.49亿元，仅占归属于母公司净资产（319.84亿元）的48.6%，即不到归属于母公司净资产的一半，债务杠杆撬动率也非常低。综合该公司的权益杠杆撬动率和债务杠杆撬动率来看，就不难理解为什么该公司的运营效率低下了。

四、商业模式建议

根据前面的实证分析，可发现我国地方铁路投资公司的发展模式中多元化业务模式要优于单一投资的业务模式。但多元化模式中，短期内要达到浙江铁投、四川铁投以及广西铁投这种复合多元模式有较大的难度，需要有相应的时间。

为避免重蹈天津铁投的覆辙，建议各地方铁投公司可以借鉴国外如英国铁路产业、国内如广东铁投的经验，实施相关多元化业务模式，短期内以铁路沿线的TOD开发（以公共交通为导向的开发）为主。如在伦敦，铁路站场附近形成了比较完整的公共交通接驳和商业业态，同时充分利用《哈利·波特》等电影的宣传效应，通过在车站中增加主题景点聚集人流量，以此来带动站内广告、餐饮和零售业态发展。对四川铁投来说，集团投资的成绵乐、成渝客专等项目广告、站内经营至今仍未产生应有效益；沿线市（州）配套站场土地虽部分落地，但如何推进TOD综合开发顺利进行，从而促进集团效益是当前至关重要的。

（一）TOD的主要经验

（1）“政府引导+市场主导”双轮驱动。根据英国、日本、新加坡及中国香港等的成功经验，“政府引导+市场主导”双轮驱动是TOD综合开发的基本模式。政府引导，主要是从法律上支持整体连片开发、从规划上制定符合产业发展的规划、从审核上把关项目建设方案，从而促进TOD的协调性、相容性，实现业态、形态最优匹配。市场主导，即TOD开发是自下而上由市场主体推动实施的。项目初期谋划、开发定位、土地盘整、交通衔接、设施配套，以及建筑设计、建设方案、开发时序、各方利益协调、争取政府支持等，都由主导企业或多家企业结成的联合体发起和负责推进。市场主导可以是单个企业主导开发，也可以是多个企业共同开发。

（2）“整体策划+专业设计”双重支撑。整体策划，即立足TOD项目所在区域，综合考虑人流物流、空间资源、环境容量、城市形态，以及与周边区域的连通、对周边区域的带动等。重点是做好“三个策划”，一是通过空间策划塑造城市形态，二是通过业态策划确定开发定位，三是通过财务策划促进收支平衡。专业设计，即将TOD辐射区域视为有机生命体，通盘考虑建筑物理空间、区域公共空间，打造多功能复合、多渠道贯通的站城集合体。重点做好三个方面的设计：宏观层面，着力满足政府对于拉动区域发展、提升城市功能的需要；中观层面，着力解决建设投入合理化与产出效益最大化的难题；微观层面，重点针对市民出行和生活便捷的需要，提供便捷的交通接驳和多样的消费场景。

（3）“前期建设+后续运营”纵向统筹。TOD开发的本质，是将综合交通的外溢效应内部化，反哺开发建设及运营投入。前期建设环节，一般是由开发企业（联合体）筹建TOD开发专业化公司，各利益方按约定享受股比收益或获得等值房产。后续运营环节，也由开发企业（联合体）筹建或委托专业化公司实施运营管理，各利益方按股比或协议享受运营收益。从建设运营看，实行一体化开发、一盘棋运作，形成短期内依靠房地产收益支撑开发建设、中长期依靠商业价值维持项目运行并获得利润的资金回流模式。

（4）“商业价值+人本追求”良性循环。可持续的城市形态和高品质的公共空间，是一座城市的共同理想。只有积极参与城市公共空间营造，将自身开发利益融入城市整体价值，充分满足市民人性化需求，才能获得持续客流和“人留”，带动产业和商业发展。商业价值、公共空间、人本生活“三位一体”互促共进，这是TOD综合开发的重要价值导向。

（二）TOD的推进策略

（1）深刻认识当前的客观形势。即现实重要性、时间紧迫性、任务艰巨性、实践可行性。TOD综合开发可解决铁投集团盈利不足而对其注入新的活力，但目前交通建设与城市开发、城市功能的统筹和联动缺乏系统考虑，陷入“源头策划意识不强、中间设计能力不足、后续运营人才不够、工作推进机制不顺”的困境。

（2）制定 TOD 开发的关键政策。关键政策主要涉及土地、规划两个方面。一是制定 TOD 开发的土地供给政策，锁定 TOD 规划用地，按照“一个 TOD 项目就是一个公园城市社区”的原则，推进场站整体策划、连片规划、统筹实施。二是优化 TOD 开发的规划调控政策。

（3）全方位打造 TOD 专业力量。坚持“无策划不规划、无规划不设计、无设计不实施”，通过引进项目策划团队、提升规划设计能力，突出解决项目策划、规划设计和后续运营短板，夯实 TOD 综合开发的专业支撑。

大型集团企业产融结合战略实施问题及对策研究

——以 CH 集团为例

唐 斌

[摘要] 社会主义市场经济经过近 40 年的快速发展，我国大中型企业集团的经济实力越来越壮大，其所代表的产业资本在国民经济发展中所占的地位越来越重要，而现代市场经济中金融业的发展更加迅猛。在当前金融资本"脱实向虚"日益严峻的社会背景下，实体经济如何参与金融供给侧改革，对我国大中型集团企业实施产融结合进而促进产业发展的研究具有重要的现实意义。本文以 CH 集团为例，结合集团现阶段产融结合发展的基本情况，提出进一步实施产融结合战略的思考和建议。

[关键词] 大型集团　产融结合

一、产融结合战略实施的必然性

1. 国际经验展示优势

产融结合最成功的国际经验案例是美国通用电气公司（General Electric Company，简称"GE"）。GE 公司自 1878 年成立，经过上百年的发展后，成为一家多元化经营的跨国企业集团。1981—2001 年，杰克·韦尔奇担任 GE 的 CEO，他以"全球化、服务、质量"的发展理念，逐步扩人金融与实业的结合，运用多元化经营、跨国并购、金融杠杆等手段，使 GE 的市值从他上任时的 130 亿美元增加到 1998 年的 4 800 亿美元，一度成为美国市值最大的公司，同时拥有工业事业集团和金融事业集团。

GE 公司的产融结合始于 1905 年，随着金融业务扩展，GE 金融从服务于集团产品销售转变为提供专业金融服务。其服务对象也从GE集团内部扩展到集团外部，成为独立运作的GE金融资本公司（GE Capital Corporation，简称“GE资本”）。GE资本为GE产业链上下游的客户提供多元化的金融产品和服务，有效地发挥了金融与实业的协同优势。GE与GE资本产融结合的优势在于：GE帮助GE资本拓展客户群；GE资本为GE带来丰厚的收入和利润，助力GE获得AAA评级，GE资本因GE高信用评级从而降低融资成本；GE资本还为GE提供现金流，保证GE大规模收购，实现增长和回报。

2. 现代社会产融结合优势明显

现代社会企业的竞争是全方位的，不仅仅局限于产品本身的竞争能力，还包括营销渠道、品牌推广、竞争模式及金融策略等各方面的竞争。产融结合的优势主要体现在以下三个方面：

首先，实业与金融的协同，为产融结合提供了业务基础。企业实施产融结合通常以“捆绑销售”的模式，整合内部金融服务和外部业务发展内外部资源优势，利用金融配套服务强化制造业中的客户关系。通过产融结合的金融产品可以扩大产品销售规模，为客户提供更多的金融服务，既节省了拓展客户所耗费的巨大成本，又增强了客户黏性。

其次，实业与金融的财务协同，能有效提升企业集团的盈利能力，为产融结合提供巨大的动力。实体企业集团所参与的金融机构多通过母公司品牌和高信用评级，以低利率筹集资金，再从事贷款或投资。企业集团凭借其雄厚的制造业优势获得市场评级，其金融部门可以借助集团的高评级获得低成本资金，实现金融业务扩张和超额利润增长。

最后，有效的产融结合战略的实施是集团企业实现跨越式增长的核心竞争力。通过产融结合战略的实施，集团企业必将推动企业多元化经营、组织机构变革、灵活调整战略以实现持续增长。在现代企业集团发展中，金融业务越来越成为集团不可分割的组成部分，金融板块逐渐成为集团企业配置资源的枢纽，承担着整个集团筹融资、投资并购、资金司库管理等重要职责。

二、CH集团金融产业发展情况

目前CH集团的金融产业发展仍相对滞后，目前主要有3家类金融企业，分别是集团财务公司、融资租赁公司和香港贸易公司。

集团财务公司是唯一持有金融牌照的非银行金融机构，成立于2013年8月，截至2018年年底，公司注册资本为188 794.18万元，资产总额151.75亿元。主要业务包括为成员单位提供资金结算、信贷保证等业务，并可以为一头在外的上下游产业链客户提供金融服务，以及开展银行业间的同业业务。

融资租赁公司成立于 2014 年 10 月，截至 2018 年年底公司注册资本 5 亿元，主要从事融资租赁业务，向国内外购买租赁财产、租赁财产的残值处理及维修，租赁交易咨询和担保，与主营业务有关的商业保理业务，为客户提供融资项目咨询及方案设计的业务。

香港贸易公司成立于 2005 年 5 月，主要从事集团内成员单位进出口贸易业务，集团内成员单位的转口贸易业务，以及海外子公司资金集中管理，基于海外市场的贸易融资、债券发行等融资业务，从事海外投资兼并业务等，为集团的海外业务贸易平台、筹融资平台和投资平台，2017 年以来，销售规模持续超过 170 亿港元。

可以看出，CH 集团的金融组织机构相对较少，金融团队及业务能力也比较薄弱，对产业发展难以形成最有效的支撑作用。

三、产融结合战略实施的具体对策建议

（一）确定清晰的产融结合战略目标

首先，集团应从战略高度制定金融战略发展的整体目标。确定金融战略是企业发展战略的有机组成部分，金融战略应当有效地服务于集团的“三坐标”发展战略，要充分利用创新型的金融手段和工具，适应集团产业所面对的激烈竞争经营环境，为实体产业的长期持续健康发展保驾护航。

其次，明确金融战略要以产融结合为手段，支持产业发展为核心。产融结合战略下的金融战略的实施具有伴随产业共同发展的长远性特点，具有整合集团资金资源和金融创新能力的全面性特点，具有服务于集团实体产业发展的从属性特点，必须以服务集团产业为目标。积极打造“一懂二爱”产业链金融的经营理念，即懂集团产业，爱成员企业，爱供应链客群。通过产融互动让金融企业明确了解集团产业发展的战略，提供更好的金融服务。

再次，明确金融战略的发展要以防范风险为保障。金融具有较强的风险性特点，降低金融战略风险的有效途径是依托产业，以产业链为基础。同时，要打造一支懂产业，了解产业发展趋势的管理团队，不断健全风险管控水平，提升风险管理能力。

最后，要确定“以融促产”的战略内容。通过实施围绕产业链业务的金融创新活动，实现集团产业的持续、高速发展，带动并促进产业链客户的共同成长，形成稳定的产业链购销链条，最终实现集团资金、资产的保值增值。具体而言，“以融促产”的战略应当通过集团资金集中管控实现资金资源的安全和效益，实现通过特色的产业链金融服务促进供应商及客户经营的稳定发展。“以融促产”的战略

实施步骤大致可分为集团产业带领金融发展阶段、金融支持集团产业发展阶段、金融促进集团产业兼并扩张阶段。目前，CH 集团的金融战略发展阶段仍处在金融支持集团产业发展阶段的初级阶段。

（二）健全产融结合发展的组织架构

首先，组建产融金融控股集团。产融金融控股集团的职责是制定 CH 集团产融发展的战略目标，协调产业与金融之间的供需矛盾，统筹产融一体的营销、财务及资金政策，通过资本关系引导金融服务产业发展。金控集团既是产业金融创新的发起者，又是外部银行金融机构创新金融工具在产业集团中应用的桥梁。

其次，完善产融金融控股集团成员单位。产融金融控股集团是集团金融板块各法人子公司的母公司，是产融协调组织的决策机构。按照集团产融结合发展战略要求，应当不断完善相应的金融机构。除了现有的财务公司、融资租赁公司外，应当继续成立银行、保险、担保等持牌和非持牌金融机构，确保产业发展所需的相关金融业务能顺利开展。

最后，健全产融金融控股集团法人治理结构。产融金融控股集团及下属成员单位均属于金融企业，金融企业所面临的经营风险具有高度的相似性，建立完整有效的法人治理结构是防范金融风险的最大保障。强化各企业法人按照《公司法》相关要求，在董事会领导下开展相关业务。

（三）提高风险防控能力

首先，要自觉完善内部风险监管体系。要进一步健全风险管理法人治理结构，健全法人治理结构是企业风险防控体系建设的基础。各法人实体应当按照《公司法》的相关要求建立有效的风险管理组织。要确立董事会在企业风险管理整体框架构建中的核心地位。董事会应该组建风险管理专业委员会，专门负责企业全面风险管理工作。要积极发挥监事会的监督工作，监事会应组建审计稽核委员会，专门负责公司的风险监督工作。

其次，要进一步完善风险隔离机制。建立金融与产业的风险隔离机制，应当按照中国银行保险监督管理委员会对金融机构的监管要求，保持各下属金融机构的完全独立性，主动避免将新兴产业、风险较大的产业的信贷投放由其金融机构过度承担。同时，当下属金融机构存在流动性风险时，集团股东应当主动承担补充流动性责任，防范风险外溢。另外，集团内担保公司应当承担一定的风险隔离屏障，通过增加担保公司介入或者购买业务保险的方式，降低金融机构的风险，防范实体经济的风险传导。

最后，主动规避监管盲区。要主动接受金融监管，任何金融机构，无论规模大小，都会面临着各类风险，如流动性、信用风险、操作风险、道德风险等。因此，产融金融控股集团下属子公司的监管应当严格按照银行业的监管标准开展相关合规管理，否则将不利于这些成员企业的可持续发展。要主动建立独立的金融审计体系。独立审计是金融机构前、中、后台中最重要的后台监管部门，其目的是监督提高企业的运行效率并及时发现企业的合规性风险、督促健全内部控制体系。通过合理的独立审计控制，可以及时发现错误并予以纠正，防微杜渐，从而帮助企业持续健康运行。

（四）拓展金融板块功能

首先，要合理选择战略合作金融机构，缔结金融战略合作伙伴。CH 集团要实现产融结合，仅仅依赖其下属金融板块公司将难以实现其战略目标，必须与银行建立战略合作关系。一方面，银行可以借助集团产业链快速准确地获取企业的金融需求，从而降低整体运营成本，降低授信风险。以供应链为依托，其贸易背景真实可靠，相对于一般贷款具有风险低且易于批量开展业务等特征，可以改善银行信贷结构，降低不良资产。另一方面，利用金融机构的物理网点，有助于帮助集团企业全球供应链上下游的中小企业解决融资难的问题，进而保证供应链的稳定和整体成本可控。因此，CH 集团应当与以工商银行为代表的国有银行以及以平安银行为代表的股份制银行建立产融结合的战略合作关系。

其次，打造集团金融与银行的新型同业紧密合作关系。未来 CH 集团下属财务公司将成为集团成员单位的资金结算、资金计划控制、收付款中心。财务公司应当与金融同业合作，建立更加紧密的新型同业紧密合作关系，除依托银行结算系统外，要充分利用银行信息化优势，如利用多级联动资金池模式实现集团资金的归集与下拨，满足其集团成员单位的结算需求。同时，财务公司可以在银行扩大授信额度，广泛开展同业拆借、票据转贴现、转开保函等业务。除集团财务公司外，要有目的地参股控股保险公司、商业银行等持牌金融机构，扩大同业合作范围。

（五）全面推进产融结合举措落地

首先，要落实产融金融控股集团服务 CH 集团产业目标，围绕集团产业提供金融服务。产融金融控股下属所有金融机构的主要目标是为 CH 集团产业提供金融服务，即为 CH 集团产业发展、并购重组提供专业的金融支持。要创新金融服务水平，不断提升传统金融服务水平，以信息化为手段提高资金使用效率和资金安全。要创新金融产品满足产业需求，利用“互联网+”，大数据技术等解决中小供应商融资难、融资慢、融资贵等问题，推动普惠金融等。

其次，深化产业链金融服务能力。要不断完善产业链金融服务理念，通过产融结合战略的全面实现“一懂二爱”的产业链金融服务理念。只有用爱的情怀，才能真心地去解决客户的融资需求，从心里去做好客户贷前、贷中及贷后的管理工作。

要充分借助“互联网+核心企业”，以及票据信息化平台的优势，促进产业链客群的良性发展，促进产业公司的销售增长。

（六）提高人员素质

首先，要培养金融专业人才。要制定与产融结合战略相匹配的人力资源发展规划，更加注重选拔和培养产融结合下的风险管理的人才团队。要制定科学规范的人才选聘标准来引导整个人才引进工作，做好岗位匹配性、团队文化磨合等各方面的评估。通过结构性面试、心理素质测评、专业知识考试等科学方法来评价候选人才的综合素质。同时，要拓宽人才的引进渠道和途径，要利用媒体、网络、人才交流中心以及猎头公司等多种渠道进行招聘，广纳贤才，提升集团的金融专业服务能力。

其次，要畅通集团优秀人才输送渠道。虽然集团内部金融人才相对较少，但财务、会计、资金等专业的财经类优秀人才相对较多。通过集团内部推荐、竞聘上岗、直接调动等方式对优秀员工进行岗位调整，不断充实集团金融团队的经营能力。要持续做好后备人才的梯队建设工作。

最后，要加强金融团队文化建设。要通过文化建设将来自不同行业、不同公司及部门的员工统一达成“敬业担当，同创共享”的团队文化。要加强企业理念的持续宣传，逐步让金融板块团队形成坚忍、担当的文化氛围。要主动开展合规文化建设工作，让产融金融控股集团下的各类金融机构应当认真学习并实践合规文化，确保企业的长远发展。

旅游景区盈利模式转型及财务可行性探讨

——以LD景区为例

韩　丹

[摘要] 目前，旅游产业在高速发展的同时，也存在着一些迫切需要解决的短板。特别是老旧景区还是以传统旅游为主，生存空间不断被挤压，产业升级迫在眉睫，需要在业态、空间、产品、服务、市场等结构方面进行优化。本文以LD景区为例，利用旅游产品供给与需求理论、生命周期理论、全产业链盈利模式理论对景区旅游产业转型及盈利模式进行探讨，为旅游景区优化盈利模式提出合理化建议。

[关键词] 盈利模式　财务　可行性

近年来，旅游产业在高速发展的同时，存在众多资源开发“多而不精”、产业布局“一地独大”、旅游消费“结构不优”、投资主体“实力不强”等迫切需要解决的短板问题。旅游短板问题直接反映了旅游产业发展存在的矛盾：旅游消费需求多元化、个性化、品质化与旅游产品传统单一及旅游服务低水平供给的矛盾，旅游资源丰富、消费能力强与旅游市场区域结构不均衡、市场消费“一地独大”的矛盾，旅游热度高、出行需求大与基础配套设施相对薄弱、综合交通体系不完善的矛盾。

如何化解旅游产业的主要矛盾，从大的方面来说，旅游应紧扣国家主体功能区规划，深刻把握“一带一路”和长江经济带战略的历史机遇，深入推动旅游业供给侧结构改革，让旅游更好地服务于人民美好生活需要。从细的方面来说，要优化旅游产品结构，提升旅游服务水平，让旅游产业由粗放型向集约型发展转变，由价值链低端向价值链高端发展，特别是让现有的旅游产业可持续性、创新性地发展。

基于此，本文以LD景区为例，尝试利用旅游产品供给与需求理论、生命周期理论、全产业链盈利模式理论对景区旅游产业转型及盈利模式进行探讨，针对LD景区的局限性从重点发展基础服务类业务、优化发展核心业务、兼顾开展增值业务等几方面为景区优化盈利模式提出合理化建议。实现景区经济效益、社会效益、生态效益“三效”共同发展。

一、LD景区概况

LD景区地处成都市龙泉驿山脉，属亚热带季风气候，年平均气温16~17℃，冬无严寒、夏无酷暑、气候宜人，水质、空气均达国家标准，全年均适宜旅游。地处成都市“二圈层”经济圈，是四川省打造“两湖一山”旅游区的重点景区，是四川客家聚集区的典型代表。景区主要由LD古镇和LD长城景区组成。

（一）LD景区的旅游资源供给

LD景区的旅游资源供给按照属性和成因分为自然旅游资源供给和人文旅游资源供给两类。

1. LD景区自然旅游资源

LD景区自然旅游资源有：水域风光、地文景观、生物景观等。

2. LD景区人文旅游资源

LD景区人文旅游资源有：

（1）遗址遗迹——史前人类活动场所；

（2）遗址遗迹——社会经济文化活动遗迹遗址；

（3）建筑与设施——综合人文旅游地；

（4）建筑与设施——单体活动场馆；

（5）旅游商品——地方旅游商品；

（6）人文活动——民间习俗；

（7）人文活动——现代节庆。

（二）LD景区目前的生命周期

旅游产品同其他产品一样也有从进入市场到最后撤出市场的全部过程，旅游产品的推出期、成长期、成熟期、衰退期就是其生命周期。旅游产品生命周期通常是以客流量、销售额或利润额的变化来衡量。

LD古镇在评为AAAA旅游景区后的十几年间，一直致力于“以文化为魂、以空间为体、以商业为心”的高品质文化休闲旅游目的地建设，且古镇核心景区对公众是免费开放的，因此迅速让古镇景区拥有了较稳定的游客量，但近年的游客量逐渐趋于饱和。

LD长城景区游客的旅游体验以爬长城和金龙寺烧香拜佛为主，旅游产品结构比较单一，缺乏特色高端旅游产品，现有的旅游产品开发层次较低，不能满足互动性、个性化消费需求，游客量也呈下降的趋势。

结合对LD景区旅游产品生命周期的特点分析，目前LD景区处于成熟期结束、衰退期开始的阶段。

（三）LD景区旅游需求

LD景区游客类型以本地游客和一日游游客居多，游客的主要目的为休闲度假和观光游览，游览方式以“自由行”为主。消费主要集中在交通、住宿、购物和餐饮等方面，购物、娱乐等方面的非基本花费占比仍然较低。

二、LD景区旅游市场SWOT分析

（一）优势

1. 区位优势

LD景区位于成都市东郊成都平原与龙泉山脉的交接处，交通区位优势突出；同时，景区地处“三湖一山”休闲度假旅游区的重要组成区域，旅游区位优势明显。

2. 资源优势

LD景区区旅游资源特色鲜明、优势突出，其中LD古镇作为客家文化观光、休闲地的主题形象突出，具有区域性和文化特色，是一般旅游风景区所难以比拟的，在区域内具有不可替代性，具有极高的人文旅游价值，年客流量已超800万人次。

LD长城景区是西南地区首座仿真长城，且规模最大，在西南地区具有唯一性，是运动健身、攀爬探险的绝好去处，年客流量100万人次左右。

3. 环境优势

LD景区属于龙泉山山地丘陵区，自然生态环境独特优良，境内绿化覆盖率达90%以上，空气质量达国家一级标准。

4. 市场优势

LD景区地处特大都市成都市近郊，成都人民热爱生活、崇尚文化、追逐时尚、追求健康、休闲度假需求旺盛，使LD景区拥有极大的市场优势。

5. 政策优势

随着国家“一带一路”、区域一体化合作加深，一个更加开放的全球旅游市场和产业格局正在形成，为旅游产业发展提供了良好的环境和重大发展机遇。

（二）劣势

1. 旅游产品内容单一，季节性矛盾突出

目前景区内主要旅游产品仅为古镇参观、长城攀爬和金龙寺烧香拜佛等，旅游产品内容较为单一，目前可直接带来收入的旅游项目较少，发展动力不足。

2. 文化内涵挖掘不深，区域旅游产品开发层次较低

如果景区只停留在现有水平上，会让游客感觉审美疲劳，并且景区旅游产品以古镇观光、长城攀爬为主，没有其他更具特色的旅游产品。

3. 管理体制不顺，专业人才短缺

景区尚未建立健全统一的的旅游管理和经营体制，缺乏专业旅游技术人才，旅游从业人员的素质也有待提升。

（三）机遇

LD 景区的开发受到政府的高度关注，被纳入四川省“三湖一山”休闲度假旅游区的重要旅游区。成都市也在加快形成以旅游休闲为主导的特色产业和现代农业发展布局，这为 LD 景区旅游发展提供了前所未有的机遇。

（四）挑战

LD 景区具有良好的区位和交通优势，让游客来得了，也走得方便，但也带来了挑战，那就是留不住游客，当然也就丧失了旅游增值的机会。

（五）LD 景区盈利模式选择

根据 LD 景区旅游产业转型布局目标描述（构建一流的成都区域性旅游目的地，旅游功能向观光、休闲、体验、度假并重转变，初步建设成为成都世界旅游目的地的重要区域支撑），LD 景区盈利模式选择应满足以下要求：

（1）LD 景区要以古镇、古街、古寺等自然和人文景观为载体，整合资源，构建满足旅游者多元化需求和消费的复合式、综合型旅游区，把文化价值、经济价值、生态价值和社会价值科学合理地加以提升，最终体现到高端消费层级上来，将传统单一式旅游经济向复合式、综合型区域旅游转型。

（2）同时还要结合 LD 景区地形及资源，创造性地植入多种旅游项目，改变原有效益低下的业态，实现旅游产品多元化、旅游业态复合化。

（3）改变景区单一门票收入的状况，如果以景区门票作为最主要经济来源，会造成景区盈利模式单一，并受竞争、季节、消费人群需求的变动影响。

（4）坚持旅游业所倡导的原则并沿景区各功能组团布置体验、观光、健身、休闲娱乐、艺术生活及智慧旅游相关的业态。

因此，LD 景区要大力引入创新创意类旅游项目，为旅游区注入新鲜血液，形成区域充足的吸引力和发展动力。在景区核心经营业务的基础上，横向和纵向拓展

景区旅游产业链。

对比旅游产业三类盈利模式（全产业链盈利模式、内部潜力提升盈利模式、外部潜力提升盈利模式），其中的内部潜力提升盈利模式和外部潜力提升盈利模式都不适应 LD 景区布局目标的发展要求，而全产业链盈利模式则符合以上规划要求。

三、LD 景区盈利模式经济效益测算

由于 LD 景区中古镇与长城不但具有不同的区位优势，也具有产业布局上的差异，因此仅选取 LD 长城景区的旅游产业转型进行盈利模式的经济效益测算

（一）提升项目基本情况

目前景区的核心经营业务是长城游览，依据全产业链盈利模式理论，根据《LD 长城总体规划》，以及长城景区目前的运营情况和未来发展预测，长城景区旅游产业转型提升整改的具体项目包括：横向拓展的有管轨式滑道建设项目、跑马场（示范区）项目；纵向拓展的有金龙景区广场、烽火台及金龙寺广场的景观提升项目（含集中摊区），环湖路整体打造及景区停车场的改扩建项目共六个子项目。本项目总投资为 7 556.6 万元。资金来源包括项目资本金和银行借款。其中：本项目资本金 2 000 万元，占总投资的 26.46%；银行贷款 5 223.6 万元，占总投资的 73.54%，贷款期限 10 年，贷款利率为 6.75%。

（二）预测假设和基础数据确定

（1）项目运行期间所适用的法律法规基本保持稳定，内外环境均无质的变化。

（2）项目中的骑马体验收入、停车场收入及摊位的租赁收入，是以现有景区的同类项目收入为基础进行估算。

（3）项目建设资金能够如期按需筹集，项目能够及时投入规模运行，项目能顺利实施，不存在因建设停滞，或实施中其他特殊原因造成的重大损失。

（4）人力资源成本、固定资产价格和产品推广费用与计划无太大的变化，并且这种计划在预测期间没有实质性的改变和调整。

（5）税收预测按正常旅游企业纳税标准计算，暂不考虑可能的税收优惠。

（6）不存在大量欠费等情况。

（7）项目客流量、运营收入和业绩符合预期要求，项目规划设计方案不发生重大变化，投资额不发生重大超概算的情况，国家宏观经济平稳，不发生重大经济下滑等。

（8）项目所需的贷款包含固定资产建设借款可以景区长期贷款利率 4.75%加 2%的担保利率获得；流动资金需求可以按照 4.25%+2%的利率获得。

（9）无其他不可抗拒及不可预见因素所造成重大不利影响。

（10）项目预测期为 15 年。

相关测算数据详见“营业收入及税金表”和“总成本费用估算表”（此文略）。

（三）盈亏平衡分析

经计算，当营业收入达到 1 467. 51 万元时，即在营业负荷达到经营期年均营业能力的 53. 99%时，项目即可盈亏平衡。项目盈亏平衡点低，具有很强的静态抗风险能力。

（四）敏感性分析

经过分析，本项目的敏感性因素主要是营业收入、客单价、经营成本和建设投资。由上述四种不同因素的敏感性分析结果表明，游客量为最敏感因素，其在 10%以内的变化将对项目经营产生较大影响，总投资次之，客单价变动再次之，经营成本变动对项目内部收益率的影响相对较小。当四种不确定因素变化幅度为 10%时（向不利于经济效益方向变化），项目财务内部收益率指标仍然高于 8%，优于基准值要求，说明该项目具有较强的抗风险能力。

经过敏感性分析，我们了解到如经济下行，首先受影响的是游客量下降，也将导致项目收益下降。如何防范经济下行风险，我们认为应采取以下措施：

（1）应构建丰富的后端产品体系，改善盈利模式；

（2）逐渐完善多轴网络结构，实现区域资源联动发展；

（3）优化产品组合和布局，有效提高产品质量和产品吸引力；

（4）提升服务品质，加大硬软件智慧化水平，提供便捷的旅途服务；

（5）加大市场宣传和推广，有效提高市场知名度和市场占有率。

为此，LD 景区制订了三个阶段的发展计划：

第一阶段：2020—2022 年，丰富旅游功能，完善基础设施。

以 LD 现有旅游资源条件为基础，不断进行充实和完善，一方面推进 LD 长城沿线和金龙寺的建设，另一方面完善相关旅游基础设施，达到国家 AAAA 景区的规范要求。

第二阶段：2022—2027 年，完善业态布局，拓展旅游空间。

按照景区旅游的业态规划，逐步充实和完善产业链和商业形态。借助小火车等项目的建设，有效拉近 LD 古镇与 LD 长城景区的距离，为景区带来更多的游客增量，达到收益倍增的效果。

第三阶段：2027 年以后，提升旅游业态，增加景区效益。

借鉴国内先进景区的经营理念和管理方式，引进适合大众旅游的参与型、体验型的项目和业态，同时强化度假型旅游产品的开发，加大景区营销推广的力度，从而提升景区的经营效益。

（五）财务评价结论

项目经营期内年均可实现营业收入 2 718. 2 万元，年均净利润 569. 3 万元，投资回收期为税后 8. 40 年，财务净现值为税后 1 497. 5 万元，财务内部收益率为税后 12. 80%，项目资本金财务内部收益率为 13. 62%。

对比中国旅游行业 2017 年的统计数据，2016 年主要景区净资产收益率（ROE）为 7. 9%。而根据本测算，长城景区旅游产业转型提升整改项目 15 年的平均净资产收益率为 8. 45%，高于行业平均水平。

因此从本项目的各项财务指标来看，采用全产业链的盈利模式进行的旅游产业转型布局从经济上来看是可行的。

四、结束语

在经济新形势下，人们消费需求升级，游客的需求不再是单一的景点景区观光，而是综合研学、康养等综合要素的深度体验，现有传统旅游产业的转型是必然的，也是必需的，选择合适的景区盈利模式才可以更好地服务于旅游产业的发展，最终让旅游产业更好地服务于游客，让游客获得更大的满足感和舒适度，切实践行旅游人的初心和使命。

参考文献：

[1] 朱伟. 旅游经济学［M］. 武汉：华中科技大学出版社，2015.

[2] 雷万里. 大型旅游项目策划［M］. 北京：化学工业出版社，2016.

[3]《四川旅游年鉴》编辑委员会. 四川旅游年鉴［M］. 成都：四川科学技术出版社，2017.

[4] 王雪. 浅谈 LD 古镇的旅游发展现状与发展潜力［J］. 中外企业家，2013（2）.

[5] 周柯宇. 四川省旅游业发展新思路研究［J］. 度假旅游，2018（4）.

[6] 张奇. 旅游文化资源融资模式研究［M］. 北京：经济科学出版社，2014.

大数据时代智慧旅游发展的探讨

——以GY市智慧旅游发展为例

何跃琼　李事傧　李宗远　戚　锐　李金欣

[摘要]“旅游促发展”的观念是世界大多数国家都已达成的共识，旅游业够促进消费和区域经济发展，具有一定的综合性，在越来越多的国家和城市中掀起了智慧旅游的热潮。随着大数据在各个领域的广泛应用，在旅游发展领域也出现了大数据的身影。以GY市建立智慧旅游项目为例，对大数据时代下的智慧旅游发展加以研究，并提出相应的解决办法，以促进在大数据时代下的智慧旅游更好地发展。

[关键词] 大数据　智慧旅游

当今我们正处在数据化、信息化快速发展的时代，国家旅游局2015年1月10日印发的《关于促进智慧旅游发展的指导意见》(以下简称《意见》) 指出，智慧旅游建设要坚持政府引导与市场主体相结合;《意见》指出通过成熟的技术手段，从最迫切最紧要问题入手，做深做透，循序渐进;《意见》指出，智慧旅游建设的任务包括夯实智慧旅游发展信息化基础、建立完善的旅游信息基础数据平台、建立游客信息服务体系、建立智慧旅游管理体系、构建智慧旅游营销体系、推动智慧旅游产业发展、加强示范标准建设、加快创新融合发展、建立景区门票预约制度、推进数据开放共享等。《意见》指出，到2020年，我国智慧旅游服务能力明显提升，智慧管理能力持续增强，大数据挖掘和智慧营销能力明显提高，移动电子商务、旅游大数据系统分析、人工智能技术等在旅游业应用更加广泛，培育若干实力雄厚的以智慧旅游为主营业务的企业，形成系统化的智慧旅游价值链网络。目前，全国各地主导建设智慧旅游城市，以提升旅游发展的现代化水平，在智慧旅游城市发展的大趋势下，大数据的生成和运用已成为当今信息时代的基本属性。

一、智慧旅游的相关理论

（一）智慧旅游的概念

智慧旅游是智慧地球以及智慧城市两个概念的延伸。智慧地球也称智能地球，2008 年首次由 IBM 提出。按照 IBM 的定义，智慧地球是以一种更智慧的方法通过利用新一代信息技术来改变政府、公司和人们相互交互的方式，以便提高交互的明确性、效率、灵活性和响应速度。智慧旅游作为智慧地球和智慧城市的延伸，其相关信息技术已得到广泛应用。然而目前国内外旅游方面的研究还没有统一科学的关于“智慧旅游”的定义，有的认为智慧旅游就是用云计算，互联网技术，利用一些智能化的终端，以及用互联网、移动互联网能够非常便捷地去了解游客旅游的活动以及信息，并且把信息发送出去，全线指导游人的旅游行为和旅游计划，从而实现对各类旅游信息的智能感知和利用。有的学者指出，智慧旅游是基于用新一代信息通信技术满足游客的个性化需求，提高旅游管理水平，实现旅游资源的共享和有效利用等，并提出了智慧旅游的 CAA 框架体系。然而上述关于智慧旅游的定义都是基于信息技术层面上的，偏向于旅游产业经营服务，而智慧旅游建设也侧重于旅游项目管理的信息化建设。我们认为智慧旅游的本质是传统旅游的升级，还是一种服务，它不但服务于旅游项目的建设也服务于项目经营管理。所有的旅游管理的信息化、旅游资源的信息化、旅游经济的优化运作等最终都是为旅游消费者和各利益团体服务，是为了给游客订制更好的个性化服务、提升各营利团体的利益、提高管理决策水平、维护社会和经济的有序发展（见图 1）。

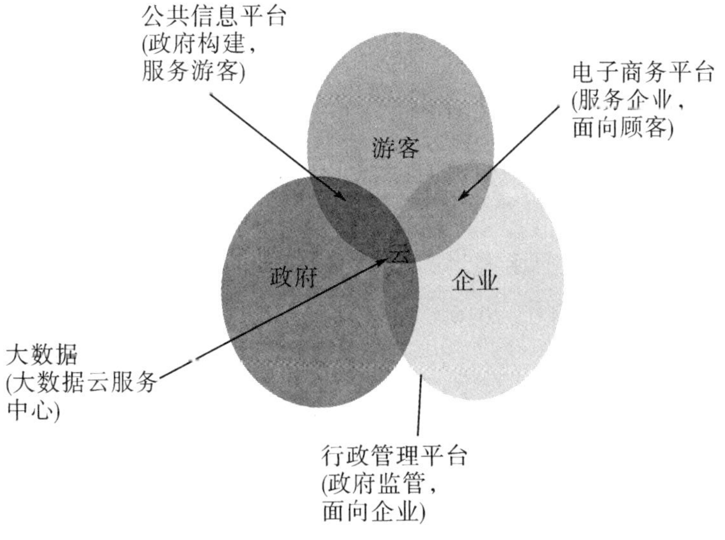

图 1　智慧旅游的“参与方”

（二）智慧旅游的特征

智慧旅游体现了现代人类社会的实时化、人性化、低碳化、多元化、时尚化、生活化、互动化及国际化的发展趋势，主要具有如下几个特征：首先，充分整合。在智能化产品飞速发展的今天，信息流通速度不断加快，从而使社会产生了大量的数据资源。数据是“智慧旅游”建设中的核心内容，数据的开发和利用对智慧旅游的发展起着至关重要的作用。其次，对于旅游者来说，他们可以通过大数据化信息获取各种旅游资源；而对于旅游企业来说，则可以利用互联网、电子商务等信息平台进行服务性的经营管理，如旅游信息的查询、咨询、订购等在线旅游业务等。最后，对于旅游业管理者来说，他们也可以通过丰富的数据资料，对旅游资源进行深入的挖掘、分享、利用，从而实现对景区旅游活动的引导和管理，进一步促进智慧旅游的发展。

二、GY 市智慧旅游发展的现状分析

（一）GY 市智慧旅游发展背景

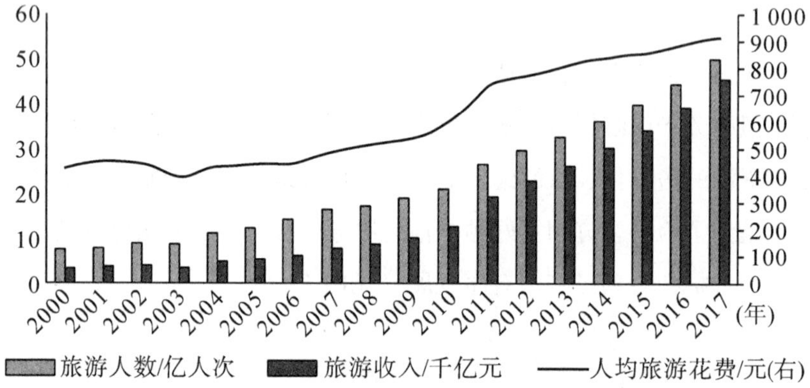

图 2　2000—2017 年我国旅游人数和收入持续快速增长

GY 市旅游资源丰富，拥有 AAAA 级以上旅游景区 25 个，其中 AAAAA 级以上景区 1 个，A 级以上景区 40 个，位居四川省的第二位；拥有 6 处全国重点文物保护单位、2 处国家重点风景名胜区、2 处国家森林公园、2 处国家级自然保护区、2 处全国红色旅游精品景点；2016 年地区内接待游客 3 792.07 万人次，同比增长 16.6%，旅游产业总收入 264.22 亿元，同比增长 27.5%。2017 年接待游客 4 514.47 万人次，同比增长 19.1%。旅游收入 334.56 亿元，同比增长 26.6%。2018 年接待游客 5 028.86 万人次，同比增长 11.39%，旅游收入 419.53 亿元，同比增长 25.4%。近两年来，GY 市坚持全域旅游发展思路，抢抓大蜀道世界旅游文化品牌机遇，建设中国生态康养旅游名市；为推动旅游转型升级发展，推动由景区

为核心、观光为主体的“门票经济”向观光为基础、过夜为核心、休闲体验为主体的“融合经济”转变，满足多样化、多层次旅游消费需求。

（二）GY 市智慧旅游建设现状分析

在 GY 市 2016 年编制的《“十三五”文化旅游发展规划》中再次指出以建设全国智慧旅游示范城市为目标，推进物联网技术在旅游行业的广泛应用，积极落实“互联网+旅游”行动，加快全市智慧旅游的发展，提升全市旅游信息化水平。推动 GY 市旅游目的地综合运营项目的建设，实现 GY 旅游大数据的集成、大数据价值挖掘和开发、线上整合营销、交易结算与线下地接服务有机结合，构建 GY 旅游智能发展生态链。到 2020 年，成功创建国家智慧旅游示范城市，形成一批国家智慧旅游示范景区。4A 级旅游景区全部达到智慧旅游景区标准。实现机场、车站、码头、宾馆饭店、景区景点、旅游购物店、主要乡村旅游点等旅游区域及重点旅游线路的无线 WIFI 全覆盖，全市旅游智慧管理、智慧服务、智慧体验体系基本形成。

三、GY 市智慧旅游中存在的问题及解决对策

（一）提升体系建设和架构认知

智慧旅游是一项新兴事物，有力地促进了我国旅游业的发展，政府和企业共同关注建设智慧旅游，加强责任感与使命感，鼓励广大人民群众积极参与。此外顶层设计是坚持旅游投资系统化大数据平台建设成功与否的关键。从架构体系上，包括 3 个层面：①汇集各种原始“数据源”，能够罗列出来的就有几百种。比如仅与游客数量类有关的数据源有：机场、酒店、景区、旅行社、手机、App、GPS、公交卡、游船、邮轮等。②对各个数据源的数据处理和识别，形成有旅游价值的“源数据”。例如每位客人的位置信息就是一种“数据源”，通过对位置信息的处理和识别，抓取出游客的人数和分布及在各个地理位置的停留时间，从而组合成为对智慧旅游发展有使用价值的“源数据”。③搭建“源数据”的技术处理分析框架体系。

（二）整合旅游目的地数据资源

旅游的发展离不开旅游资源，旅游资源要紧密地围绕旅游中的“吃、住、行、游、购、娱”的几大要素进行配置。在智慧旅游发展下，上述要素需要转化为旅游数据资源，旅游数据的整合要以龙头重点景区为依托，突出品位，提升吃、住、行、游、购、娱的数字化特色。GY 是武则天的出生地，千年古蜀道的核心区，至今已有 2 300 多年的历史，蜀道文化、三国文化、女皇文化、红色文化交相辉映。以龙头景区为重点，串联周边小景区，实现全域旅游的旅游目的地数据资源整合，真正形成吸引力强、接待量大、带动力强的区域精品旅游目的地数据，进而发挥精

品旅游品牌效应。同时依托红色文化资源优势，积极打造精品红色旅游线路，“老区红军情、米仓红叶美”等旅游资源的发掘，在深入推介红色文化和旅游资源的同时，充分展现本地区深厚的红色文化底蕴，并全面展示革命老区加快发展、追赶跨越的新风貌。川东北作为革命老区，应充分发挥片区红色旅游资源整体性优势，联合打造红色旅游精品线路和红叶观赏旅游线路，共同做大“川陕苏区、幸福老区”红色旅游品牌，构建“长征丰碑”精品红色旅游线路，推进区域旅游数据资源的一体化和可持续发展，以旅游供给侧结构性改革和全域旅游为重点，做强川东北红色旅游数据基础和产业发展、做精新型业态、做优服务质量，促进川东北片区红色旅游产业转型升级，实现旅游目的地数据资源的整合。

（三）建立数据共享平台

目前数据信息封闭、孤岛现象严重制约了旅游大数据的应用，一方面，我们有大量的旅游网站，由于分属于不同的主体，各自利益归属不一；另一方面，有关服务于旅游的数据信息分属于不同部门，各自独立。这些因素导致相关数据在取得的时候的侧重点不一致，也就是我们所说的缺乏统一的标准和关联，难以大面积地共享和应用。另外，因数据信息标准不一，导致数据利用效率低下，大量的数据无法二次利用，形成了信息资源大量冗余。要解决数据封闭和孤岛问题，一方面要大范围构建信息数据交换平台，制定统一的数据采集标准，建立有效数据的关联关系。研究制定服务于旅游行业发展的数据库，制定旅游行业数据分级规范和旅游数据分类规范，实现旅游数据分类归档、授权应用。

（四）加强网络安全管理

GY 市智慧旅游项目以物联网为基础使得信息资源高度集中，资源集中后便使得安全事件发生的概率和相关的安全损失风险也较单一网络高出不少，因此 GY 市在智慧旅游项目建设中其安全系统建设是一项重要工作。网络安全系统建设应包括以下两方面：一方面是保证安全的网络结构。安全的网络结构需充分考虑业务高峰期各项通道的满足，网络的搭建主要服务于经营业务，但是业务量有大小，致使网络应用量有差异，因此网络搭建时必须使得主要的网络设备在进行业务处理时有足够的应用空间，来满足业务处理高峰时期的需求。另一方面，按照业务需求的重要性进行优先级排序来指定或者分配带宽级次；根据不同部门之间的工作职能和是否涉及相关重要信息等因素，来划分不同的子网和网段。

（五）完善技术标准建设

智慧旅游在我国属于新生事物，其发展时间并不长，从行业管理来讲缺乏标准和规范，导致智慧旅游的建设还存在不少问题。智慧旅游项目开发地域性差异性较强，虽部分景区标榜为“智慧景区”，但当游客亲身体验后，都会感觉与预想中的或是宣传中的差异巨大。出现这些问题，主要是现行的智慧旅游板块缺乏统一的标准规范。因此，我们需要建立一套有效的智慧旅游综合标准体系，协助智慧旅游健康发展。

（六）优化实施主体

项目的实施需要大量的资金支持。①充分利用国家对相关项目的支持政策，选择较优的投资、建设、运营模式（比如 PPP 模式）。②加大各级政府对智慧旅游项目平台建设的资金投入，优先保障公益性服务项目的资金支出，加大对智慧旅游建设重点领域、重点项目的支持力度，加强引导资金使用的统筹管理与监督审核。③调动激发社会资本、人力物力等方面的积极性，引导鼓励各部门、各企业和有能力的个人参与到智慧旅游项目建设，采取政府导向投入和市场机制运行方式筹措所需资金。④建立多渠道多元化的资本投入和保障机制，形成政府以少量投资，吸引大量外资和民间资本投入的资本结构，另从体制上保障外资和民间资本的安全性，以及其合法的收益，即按照“政府主导、企业运作”的基本原则，高效、有序地推进智慧旅游建设。

（七）创新运营体制

智慧旅游因其本身的特殊性，其经营发展需以现代化的服务为基础，与传统的服务业差异很大，其管理方式更需以现代管理理论作为支撑，其市场营运模式应更加智慧化和人性化。要达到这一营运需求，需要充分利用大量的“源数据”，在旅游大数据的分析挖掘基础之上，经营管理团队需要拥有及时的市场应变决策权。

（八）加强专业人才培养

建设智慧旅游需要配备两类人才，一类人才需要精通信息技术；二类人才需要既熟练运用信息技术，又掌握了丰富的旅游专业知识。各类学校作为人才培养的基地，在智慧旅游市场发展需要的环境下，更应推行多元化的人才培养机制，结合市场需要积极探索人才定向培养模式，为智慧旅游各级体系系统输送高层次人才；按照业务需求培养出即具备专业素养、又具备信息素养和人文素养的高层次复合型旅游专业人才。各级地方政府应根据当地发展需要出台各类相关吸引人才的政策，有了政府的政策支持，有利于提高高校与智慧旅游企业合作的积极性，保证高校培养的智慧旅游人才能适应行业用人需求。

四、大数据背景下智慧旅游对旅游产业发展的影响

智慧旅游是面向自动化、智能化为旅游产业服务创新提供的技术平台，该平台服务将更加广泛：①政府及相关单位（含企业）发布公告、政策及旅游相关图片、视频等信息。②帮助旅游企业与游客实现旅游路线的设计、实现消费和支付及投诉

建议等个性化服务。③实现相关部门及单位游客数据的统计、游客流量的控制、旅游交通的疏导及安全事故的防范。

从整体来看，目前旅游投资在中国已经进入了一个趋热的阶段。国家旅游局的最新数据显示，年旅游投资额已超过 1.2 万亿元，大量增加的投资应在旅游业里发挥重要作用。大数据背景下，企业的信息中心实现由“成本中心”转变成“利润中心”，谁拥有规模数据及运用数据的能力，就会成为该企业的核心竞争力。掌控了这些数据就可以洞察市场，运用这些数据分析从而可以做出各种正确的决策，并将这些数据信息转化为企业的核心资产。

参考文献：

[1] 张建涛，王洋，刘力钢. 大数据背景下智慧旅游应用模型体系构建 [J]. 企业经济，2017 (5)：116-123.

[2] 张红梅，梁昌勇，徐健. “旅游+互联网” 背景下的智慧旅游云服务体系创新 [J]. 旅游学刊，2016 (6)：12-15.

[3] 张红梅，梁昌勇，徐健. 智慧旅游云服务概念模型及服务体系研究 [J]. 北方民族大学学报 (哲学社会科学版)，2016 (1)：138-141.

基于业务流程的营运资金管理研究

——以 A 公司为例

刘应梅　郑　玲　杨　茜

[摘要] 制造业的营运资金贯穿业务的全流程，通过流程优化可以降低营运资金占用，提高营运资金的管理效益。本文以 A 公司为例，分析营运资金的管理现状及存在的问题，揭示业务流程对营运资金管理的影响，提出基于业务流程的营运资金的管理方法。

[关键词] 营运资金　业务流程

近几年，随着宏观经济增速放缓，部分行业供需矛盾日益突出，部分企业产销衔接不畅、销售回款放慢，应收账款、存货占用不断增加，加剧了资金周转的压力，严重影响了企业的营运质量和盈利能力。在制造业的发展中，营运资金的管理尤为重要，从采购付款、生产，到销售收款，营运资金的周转周期较长。而在企业生产规模扩张的过程中，需要垫付的资金压力就会更大。因此营运资金的使用效率直接影响着企业的经营效益，也是企业可持续发展的关键。继续依靠传统粗放的营运资金管理方式已不能适应企业的发展需要，企业必须不断进行管埋创新，提高营运资金管理效益。本文将对 A 公司营运资金管理现状及存在的问题进行分析，揭示业务流程与营运资金管理的关系，从而提出基于业务流程的营运资金管理方法。

一、业务流程与营运资金管理的关系

业务流程是一个投入产出的价值增值过程，经营活动是由采购、生产和营销三个核心流程组成，财务管理、服务等辅助流程都围绕采购、生产和营销流程展开。营运资金从企业经营活动的起点，即采购流程投入，经过生产流程，在营销流程收回，其占用和周转伴随着业务流程运作的全过程。在企业的实际工作中，企业的经营活动以业务流程为中心开展，业务流程侧重于工作流、商品流和信息流，营运资金的管理则侧重于资金流，而资金流又是工作流与实物流的基础，因此把业务流程优化与营运资金管理结合起来，建立基于业务流程的营运资金管理机制具有重要的意义。

A公司是具有典型代表意义的制造业公司，业务流程与营运资金的管理具有紧密的联系，本文以A公司为例分析业务流程与营运资金管理现状以及存在的问题，从而总结提出制造业基于业务流程的营运资金管理办法。

二、基于业务流程的营运资金管理现状

A公司营运资金贯穿采购、生产、销售的各个环节，业务流程设计的合理性会直接影响营运资金的周转速度，为了解A公司营运资金管理各个环节业务流程的管理情况，以及对营运资金管理的影响，对A公司各级管理人员下发了问卷调查。问卷调查对象涵盖了存货管理各个环节的管理人员，收回有效回复问卷共117份。问卷的内容设计，从业务流程的设计缺陷、执行缺陷，以及对营运资金产生的影响均有所涉及。A公司基于业务流程的营运资金管理现状主要表现在：

一是制度流程分散，相互不衔接。A公司没有专门的营运资金管理制度，各个部门仅制定本部门管控范围的流程与制度，采购、生产、销售各环节流程与制度不衔接，存在着管控断点，导致各环节营运资金信息沟通不畅，造成营运资金占用，周转率下降。

二是存在不严格按流程与制度执行的情况。A公司与营运资金管理相关的流程与制度共计40余项，在关键控制环节存在不严格执行流程与制度导致营运资金占用，如：放大计划投入导致生产环节资金积压，提前采购导致采购环节资金积压，放宽信用政策导致销售环节资金占用。

三是业务流程与营运资金管控脱节。采购、生产、销售各环节以完成自己的任务为导向，不关注各环节营运资金占用对公司运转产生的重要影响，认为营运资金的管控是财务的事情，业务流程与营运资金管控脱节，不利于提高营运资金周转率。

三、营运资金管理问题与原因分析

为研究A公司现有的业务流程对营运资金占用及周转的影响，对A公司的业务流程的设计及执行情况，采用问卷调查、穿行测试等方法，对A公司基于业务流程的营运资金管理的问题与原因进行了分析。

（一）未有效使用预算手段将营运资金管控融入业务流程

一是A公司每年组织编制年度财务预算与业务预算，但未将预算细分到各个

业务环节与具体执行人员，各业务环节预算执行脱节，预算不能很好地规划统筹营运资金的管理。

二是预算考核指标设置较为粗放且不完整。预算考核指标的设置中，涉及营运资金的考核指标多以存货、应收账款等绝对额进行考核，未对各环节营运资金占用的合理性进行分析，指标设置较为粗放，且未把营运资金有关的所有要素纳入考核，不能有效管控各业务环节资金的占用。

（二）业务流程顶层设计存在不足，影响营运资金的管控效率

营运资金贯穿企业生产经营的全业务流程，A公司在营运资金管控流程的设计上存在不足，导致营运资金的整体管控流程不畅，影响营运资金的管控效率。首先，在采购、生产、销售各业务环节上各业务部门各自为政，均从自身的角度去理解管理存货等营运资金，对各自管控的环节均出台了相应的管理制度，各部门出台的制度及业务流程存在重复，对同一事项的规定标准不统一，各环节的业务流程存在相互不衔接的情况。其次，流程与制度粗放，很多制度对要求的概念很模糊，标准不清晰，流程与制度不具有可操作性，导致实际执行时不同的人理解不同，执行就不同。最后，对某些领域的业务管控流程存在缺失。

（三）过程管控措施及力度不够，加大了营运资金的占用

A公司对营运资金的管理主要是对现有的数据进行汇总分析，下达考核指标，没有从投入、采购、销售等形成系统性的管控措施，没有从源头控制营运资金。A公司目前设计的制度流程主要从任务完成的角度出发，对营运资金管控方面的内容较少，即使有要求但也没有具体的考核管理措施，如：对物料需求计划、采购计划、生产计划的合理性缺乏监督审核及考核机制，会导致各业务部门为完成任务，不考虑成本及资金占用，放大采购计划、生产计划，提前采购、集中到货采购、提前投入等加大了对营运资金的占用。

（四）流程与制度执行不到位，加大营运资金的占用

在调查中发现，各环节的业务人员对流程与制度存在重视程度不够、理解不到位的情况。流程与制度执行不到位，导致营运资金的占用及周转效率低下。在调查中还发现，采购部门不严格执行制度要求超计划采购、生产部门不严格执行制度超计划投入等导致存货积压。

（五）缺乏有效的信息沟通系统，严重影响了营运资金的管理效率

A公司正在推行ERP信息系统，财务核算、合同审批、生产环节等部分领域实现了信息化，但在采购、生产投入、销售、财务等各环节的管理还未实现信息一体化。目前业务流程的执行还多处于线下状态，管理方式比较落后，从承揽订单，采购计划、生产计划的制订与实施，生产资源的调配等，大量依靠人工协调，信息传递不及时，信息传递效率不高；采购、生产不能随着市场的变化及时做出调整，从而加大了营运资金的管控难度，导致采购、生产等环节营运资金占用不合理。

四、营运资金管理方案与实施策略

A公司营运资金的管理方案与实施策略是基于营运资金管理现状中存在的问题而提出的解决方案。A公司作为制造业，营运资金贯穿采购、生产、销售的全过程，不仅投入大、生产周期长。对A公司提出的基于业务流程的营运资金管理解决方案，对制造行业也具有一定的借鉴意义。

（一）以全面预算管理作为抓手，对营运资金进行统筹规划

利用好全面预算管理这个工具，将营运资金管理渗透到日常经营活动中，通过年度预算目标的制定、月度滚动目标的确定和完成情况来统筹营运资金的流向和监管。从资金的具体安排上，对企业具有战略性的业务要进行支持和加强，对一些非经营性的业务在预算上体现出适当的控制和限制，这样可体现出利用全面预算管理进行营运资金规划与企业战略的协同关系。同时对各业务环节的资金占用金额及比例进行分析，设置合理的预算考核指标，将指标分解到具体的环节和责任人，将完成度作为业绩考核的标准，这样进一步强化预算的刚性，从而达到对营运资金管理的目的。

（二）加强业务流程的顶层设计，贯穿营运资金管理过程

科学合理的业务流程直接影响营运资金的运转效率，应加强相关业务流程与制度的顶层设计，流程与制度应贯穿采购、生产、销售等各环节，流程与制度描述应简明清晰、标准统一、相互衔接，易于理解与操作执行。流程与制度应覆盖各个领域，防止流程与制度的缺失，导致管理出现空白。

（三）增加业务流程的关键控制措施，加强营运资金的过程管控

业务流程如果只有要求，缺少对关键环节的控制措施，则只能是一个简单的操作流程。对操作流程中存在的风险点增加管控措施，才能确保执行者按要求执行，防止管理出现问题。营运资金以业务流程为载体分布在各个环节，要减少营运资金的占用，提高营运资金的周转效率，就需要减少营运资金在各业务环节的占用及停留时间。因此，对营运资金的管控就是对各业务流程的管控，过程控制住了，营运资金的管理效率就自然提高了。因此应将营运资金管控关口前移，从事后汇总分析相关数据再采取措施，提前到在各环节业务流程前端设置管控措施，加强营运资金的全过程管控。

（四）加强制度流程的宣贯考核，强化执行力度

科学合理的流程与制度必须要有强有力的执行力。首先，企业应加强制度流程

的宣贯，确保相关人员对流程与制度的正确理解。其次，加强检查考核，确保每位员工能严格执行流程与制度。企业制定了流程与制度，就应要求每一位员工严格执行，并建立检查考核机制，定期或不定期检查制度流程的执行情况，对不执行流程与制度的行为严加惩处，强化执行力度，防止不执行流程与制度导致的营运资金占用增加。

（五）推进信息化建设，提高营运资金管理效率

落后的信息系统将加大沟通成本，导致业务流程效率运行低下，执行出现偏差，各业务环节营运资金滞留时间长、资金占用加大。因此要提高业务流程的运行效率，提高执行效果，减少人为的执行偏差，需要推进信息化系统建设，将流程及表单信息化，实现各业务环节信息的有效衔接、沟通与交流。流程信息化可以实现各业务环节的信息共享，加快信息传递的速度及准确性，如：销售订单信息及变化情况，通过信息化平台，立即传递给采购部门、生产部门使其立即对采购及生产计划做出合理的安排与调整，减少各业务环节资金的积压、占用及滞留时间，提高各业务环节营运资金的运行效率。

参考文献：

[1] 陈立弘. 国内外营运资金研究述评及启示 [J]. 财会通讯，2012（6）：36-38.

[2] 程博. 企业营运资金管理研究 [J]. 财会通讯，2009（12）：72-73.

[3] 张志勇. 基于业务流程管理的日日顺（集团）营运资金研究 [D]. 成都：西南交通大学，2012.

[4] 刘文静. 业务流程管理影响营运资金管理的机制研究 [D]. 青岛：中国海洋大学，2010.

怎样破解 PCB 中小微企业融资难题

——以 SB 公司为例

夏国强

[摘要] 中小微企业是我国市场经济结构中非常重要的组成部分，数量之庞大，分布之广泛，是国民经济的重要支撑，是经济组织的基本元素。而当前中小微企业融资难的问题是其发展创新过程中很难跨越的屏障，尤其是 PCB 行业的中小微企业更为突出。本文通过对 SB 公司实例分析提出了 PCB 行业中小微企业破解融资难题的措施和方法。

[关键词] PCB 中小微企业　融资困局　措施和方法

一、PCB 中小微企业的生存现状

我国 PCB（印制电路板）行业发展已有 63 年的历史，产量占到全球 PCB 产量的 60%左右。随着国家经济体制改革的深化，PCB 产业慢慢向中西部地区转移，在不同地区形成了 PCB 产业集群，成为当地的经济支柱。SB 公司就是在这样一个大背景下于 2009 年从深圳迁至遂宁市经开区 PCB 园区，在遂宁市政府大力支持下 SB 公司很快完成产能建设，并投入正常运营。据调查，西移内迁的 PCB 中小微企业绝大部分是民营私人企业，资产资金实力属中等偏下，自有资金有限；其品种结构单一，同质化严重，绝大部分都是定制化产品，受上游市场波动影响特别大；其应收账款额度大，周转时间长，市场竞争白热化，毛利率已经低至市场平均水平 25%左右；PCB 中小微企业信誉等级不高，没有强大的资金支持，很难实现企业的创新发展。企业性质和行业决定了 PCB 中小微企业融资渠道不断变窄，融资量不断减少，融资困难程度不断增加，这就是目前 PCB 中小微企业面临的现实。PCB 中小微企业要生存发展，要创新进步，就只能在融资渠道上另辟蹊径寻求出路。

二、PCB 中小微企业融资难的主要问题

在我国，PCB 中小微企业一般都集中在高新技术开发区，虽然能够享受到一些金融创新政策的支持，但是与其资金需要量相比仍有较大的缺口，所有企业都必须依靠自身和外界的力量来筹集维持企业运转的资金，其融资难主要体现在以下方面：

（一）自身筹融资能力不足

目前，遂宁市经开区园区有 PCB 中小微企业几十家，经过十年左右的发展，处于微利或亏损边缘的公司特别多，自身的筹融资能力都不强。PCB 中小微企业发展创新的资金主要靠自身的积累，内部筹融资是 PCB 中小微企业筹融资的首选，由于众多公司存在诸多历史问题，受市场利润率和股东积累期限的限制，导致其内部积累匮乏，故多数 PCB 中小微企业内部筹融资的能力十分有限，不能满足企业不断扩大产能的资金需求。

（二）外部筹融资难上加难

PCB 中小微企业资产资金实力比较薄弱、经营竞争激烈，效益较差，负债率一般都达 75%以上。如 SB 公司注册资本 3 200 万元，总资产 3.5 亿元左右，固定资产及无形资产比重接近 60%，应收款项占比为 20%，年销售 3 亿元左右，因没有国资背景，银行融资也有难度。况且多数的 PCB 中小微企业都是董事长兼总经理管理体制，家族企业较多，财务管理不规范、信用等级不高，很难受到银行等金融机构的青睐。特别是企业项目发展后期基本上得不到银行等金融机构的贷款支持。在国家收紧银根的时候，PCB 中小微企业是被金融机构首当其冲压缩的对象。

三、PCB 中小微企业融资困局的成因

（一）信贷资金责任终身制风险

一方面，虽然受国家宏观调控信贷资金的影响，信贷资金总额仍紧张，实际上银行信贷资金非常充裕；再加上社会资本游离多，资金供给应该不存在问题。由于银行信贷资金实行了责任终身制，导致信贷办理人员风险急剧增加，借贷心理加重，放贷欲望呈直线下降，俗话说“宁愿一身碌碌无为，也不愿涉险半步”。

（二）企业经营风险不可控

PCB 行业企业规模较小、科技含量不高、核心竞争力不强，抗风险能力较弱；绝大部分 PCB 中小微企业都是定制化产品，受客户变化影响很大，没有自己的拳头产品，一旦遇到经营环境变化其风险就立即显现出来，严重影响到 PCB 中小微企业的内部积累和信贷融资资源。PCB 中小微企业融资贷款的主要目的是满足企

业经营流动资金的需要，资金需求性质是“急、短、频、少”，其融资的复杂性和成本不可控性让其信贷资金望而却步。

（三）可供抵押的物资严重缺乏

PCB 中小微企业一般实物资产少、单品价值低、设备折旧贬值速度快，金融机构对 PCB 中小微企业的厂房、办公楼、研发楼等固定资产折价率一般为 50%，土地更不能单独抵押，设备基本不能抵押，即使有银行愿意做设备抵押折价率也只有 20%~30%，这样企业的资产就大幅度缩水了，其可融得的资金就大幅度减少了。据调查，经营期限超过 5 年的 PCB 中小微企业其 70%以上可供抵押的物资不足或根本没有抵押物资。

（四）道德风险成本急剧上升

信贷银行及其他投资者与 PCB 中小微企业间存在严重的信息不畅通，导致道德风险成本不断上升，信贷人员逆向选择概率增大。在我国 PCB 中小微企业绝大多数财务状况的透明度欠缺，令人质疑，内部基本上没有监督制衡机制，财务制度执行不到位，做两本账甚至多本账的企业也不在少数。一般都是一本内部账、一本税务账、一本银行账。这三本账的销售数据都是不等的，其规律一般是税务账<内部账<银行账。因为信息不透明信贷机构无法取得真实数据，这使得信贷机构在尽职调查时很难获得真实信息，导致信贷违约事件率大幅上升。

（五）PCB 中小微企业死亡破产率呈逐年上升趋势

PCB 中小微企业生命周期较短，企业的破产率非常高，信贷资金风险就更大。研究结果显示，PCB 中小微企业一般在 10 年内破产死亡的比例达到 60%，平均寿命 5 年左右。因此，很多银行等金融机构对 PCB 中小微企业不敢投放信贷资金。

四、破解 PCB 中小微企业融资难题的具体措施和办法

目前，制约 PCB 中小微企业生存、发展、创新的主要瓶颈仍然是资金问题，要想破解融资难题，首先要兼顾 PCB 中小微企业的社会功能和经济功能，还要依靠全社会各阶层的共同努力，从破解 PCB 中小微企业融资难题入手，积极调动社会经济资源，采用各种金融创新办法，深挖企业潜在的融资能力，从而有效破解 PCB 中小微企业融资难题。

（一）加强公司自身的建设管理，增强公司自身内部融资能力

资金是企业正常运行的血液，没有了血液就没有了运行的基础，企业要发展壮大就不可能。维持基础资金是企业运行最基本的条件，充裕的资金才是企业发展创新的动力。

（1）建立现代企业管理制度，规范 PCB 中小微企业经营管理。改变家族式、

家长式的管理模式，将家族人员合理地安排到所需岗位，视同一般员工，没有特权，以任人唯贤为唯一标准，给足聘用管理人员的职权职责，杜绝“又要马儿跑又不给马儿吃草”的局面出现。随着 PCB 中小微企业的发展，要增加管理人员、技术人员、财务人员的培训投入，不断提高管理者和员工的文化素质与业务能力，坚持谨慎经营，稳步发展的方针，将降低生产成本作为 PCB 中小微企业的首要任务；建立生产核算中心和管理中心，积极引进先进的管理经营模式，如“阿米巴”经营管理模式等；不断地加大科技投入力度，加快新产品研发步伐，形成自己的核心竞争力，优化调整产品结构，提高产品质量，将科技创新作为最终实现目标来抓，以提高产品的市场竞争力、扩大市场占有率为目的。只有这样，才能首先从自身内部改善融资基础，增强造血功能。一些 SB 公司目前已经认识到这个危机，正在积极着手从公司基层开始进行改革，包括生产成本标准化制定、工序考核办法出台以及各种规章制度的补充完善，加强执行力的落实。

（2）建立透明的可信任的财务核算体制，严格按照国家会计准则、会计制度和税收政策设立账本、账册、账簿。要建立规范的财务管理体制，最大的障碍在于股东和公司管理层。他们多年来对财务与税务的关系都是认识不清概念模糊，规范的财务核算体系是抵御和规避各种风险的最佳手段，可以消除很多潜在风险特别是税务风险。只有从根本上改变多套账的财务核算体系，才能杜绝公司的风险和降低财务人员自身的风险，对稳定财务队伍具有决定性作用，也能为企业融资打开信任之门。目前，SB 公司在现有财务总监的带领下，坚持透明的财务核算体系，将税务风险列为首选，不断规范公司财务行为，做到业务系统和财务系统规范统一，资料来源可追溯。

（二）国家和园区必须制定相应的财政税收政策，积极支持信贷机构放款给 PCB 中小微企业

现阶段，财政税收政策都倾向把各种补贴资金拨付给行业中经营效益较好的规模企业，而真正需要资金的中小微企业不在补贴之列。这样就形成了少数好的更好，多数差的更差局面，没有起到应有的支持作用。应该尽快建立切实可行的专门针对 PCB 中小微企业的财政专项补助基金以及由政府出面和信贷机构共同合作的 PCB 中小微企业融资支持方案。这些方案一定要具有普惠性，不能只做表面文章，实际上无法操作，设置暗箱条件，将绝大部分 PCB 中小微企业排除在外。如 2019 年 11 月 7 日四川省某厅与中国银行股份有限公司四川省分行联合发布了《关于开展实施专精特新中小企业融资服务方案的通知》，SB 公司知道后积极与当地银行联系，结果却让人失望，几乎没有操作的可能。希望像这种只是为了给领导看或者只是做表面文章的文件最好不要再发布，会浪费各方面的人力物力。

（1）出台财政贴息政策，对于符合条件的 PCB 中小微企业信贷资金给予一定的财政贴息，从而降低 PCB 中小微企业的融资成本。如 SB 公司园区的主管财政部门就出台了利用公司专利权质押，园区财政给予公司 50%的贴息支持。

（2）对发放信贷资金的金融机构，在税收方面给予不同程度的优惠，以此促进信贷金融机构对 PCB 中小微企业的信贷资金支持。

（三）拓宽民间融资渠道，适度发展规范的民间借贷市场

PCB 中小微企业需要的资金量比较大，除了正常的信贷融资外，肯定还需要其他融资，特别是其发展规模不断扩大，资金需求会急剧增加，以及续贷转贷等情况会更多。民间融资虽然成本较高，但是方便快捷，没有正规金融机构的那些烦琐的审批手续，立竿见影。这样也无形之中增加了企业财务成本，吞噬了企业的利润。政府要正确引导民间借贷机构比如典当行、中介公司转化为正规的小额贷款公司和财务公司，从而让民间借贷专业化和规范化程度不断提升，大力支持 PCB 中小微企业的发展壮大。

（四）鼓励 PCB 中小微企业上市直接融资

将 PCB 中小微企业的资产折成股权发行股票直接上市融资，企业的融资成本会直线下降，所以对符合条件的 PCB 中小微企业应积极改制规范上市，从而增加 PCB 中小微企业融资渠道。尤其是那些高科技的 PCB 中小微企业，应积极争取上市直接融资，突破资金瓶颈，扭转 PCB 中小微企业融资困局。

（五）PCB 中小微企业现阶段最适用的融资方式

（1）固定资产抵押贷款。这种贷款以厂房、办公楼、研发楼、职工宿舍等房屋资产抵押贷款，贷款额度一般是房屋评估价的 5.5~7.0 折，年利率为 5%~8%。这种类型的贷款的财务成本和融资成本相对较低，也是 PCB 中小微企业普遍采用的融资方式。

（2）机器设备抵押贷款。很多金融机构不做这类型贷款，即使有银行要做其要求也严格，资产打折率一般是评估价的 3 折，还需要提供反担保或要求担保公司担保，年利率为 4%~6%。

（3）公司的无形资产质押贷款。这种贷款以商标权、专利权做质押贷款。这种类型贷款，一般银行金融机构不做，园区政府会出台特殊政策要求有关银行做，政府指定相应担保公司进行担保，还可以贴息，年利率为 5%左右。如：根据《四川省民营经济 20 条意见》第九条“加强融资创新服务”的规定，可以采用“贷款+保险保证+财政风险补偿”的知识产权质押形式，向银行融资。SB 公司就在遂宁市科知局支持下在市农商行做了一笔 500 万元的贴息专利权质押贷款，年利率 5.66%。

（4）纯信用贷款。这种贷款一般是园区企业都可以做，由政府的担保公司担保，年利率6%~7%，前提是这种公司的业务生产是符合园区政府扶持方向的。

（5）账期贷。这种贷款是企业本身处于强势地位，企业自己有谈判优势，充分利用上游供应商的应付账款账期贷，延迟付款的期限，增加公司流动资金供给。如果公司采购和财务配合得当，这个是无财务融资成本的贷款，可以大力推进和实施。

（6）票据贷。这种贷款充分利用银行承兑汇票和商业承兑汇票，延期付款，包括公司从客户处收到的票据、公司自己开具的票据以及公司从与无关业务客户处流转的票据，都可以用来支付货款，缓解公司支付压力。特别是半年期或一年期银行承兑汇票最受欢迎，可以充分利用银行给的敞口时段，为企业争取更多的融资额度。SB公司每个月基本上都会做全额或5∶5银行承兑汇票500万元左右，延期付款至少3个月以上，节省了3个月以上的财务费用，只支付0.5‰的手续费，还有3个月的定期保证金存款收益，最重要的是公司能及时支付货款的信誉度大大提高了。

（7）税票贷（税贷通）。这种贷款只有少部分金融机构在做，一般是以上年纳税额为基础，公司经营正常，按期纳税，提供当地税务部门的纳税证明（税务局领导签字并盖鲜章）。可以申请300万元左右的贷款（也可以叫纯信用贷款），年利率为5%~8%。

（8）出口贷（又称跨境贷）。只有出口型企业才能有机会获得这种贷款，有实际的出口订单和出口退税的事实，SB公司就是出口型企业，就可以在中国工商银行《中国国际贸易单一窗口标准版》上面申请200万元的“跨境贷”贷款。

（9）供应链金融贷款。这种贷款有两种类型，一种是自己的上游供应商资金充足，公司的长期合作信用良好，供应商按公司年采购量评估后给客户增加欠款金额或直接放款的形式，用款公司需要支付约定财务成本，这种类型很多公司都在用；另外一种是与公司无关的企业，资金非常充裕，专门以供应链为基础的借款业务型贷款，这类贷款对借款公司要求比较高，申请类公司年销售额在2亿元以上，上下游核心客户关系稳定，交易额决定授信额，先息后本两年期，可以续贷三年，年成本为6%~9%。目前众多PCB中小微企业也在充分使用这种方式融资，SB公司就已成功获得2 000万元此类的流动资金。

（10）金融租赁贷款。这种贷款是金融公司为需要购买大型设备而提供的长期性融资，需要设备的公司向金融公司提出申请，由金融公司或需要设备的公司寻找设备供应商，完成三方协议，设备供应商把设备发票开给金融租赁公司，金融租赁公司再把设备发票开给公司，公司再和金融租赁公司签订租赁合同，年费用率一般为6%~8%，实行等额本息，合作良好的半年后可以改为先息后本，一般2~3年后设备所有权归承租方，如深圳的Cat（卡特）融资模式。

（11）应收账款保理。PCB中小微企业可以单独把这部资产列出来质押给个别银行、金融租赁公司或金融公司融得企业所需流动资金，公司所有应收账款可以整体打包也可以挑选核心客户的应收账款出来做质押，签订三方协议完成应收账款保理业务，融资成本年利率在12%以上。如SB公司就与四川金石租赁股份有限公司、上海云颢租赁有限公司等公司接触沟通商谈此类贷款。

（12）存货抵押贷款。这种贷款做的银行机构也不多，主要视公司存货价值以及流动状态决定，比固定资产贷款的难度大。目前SB公司就在遂宁市农商行做了700万元存货抵押贷款。

（13）资产证券化融资。公司在金融机构或金融公司不能取得所需资金，可以将公司的应收账款、应收票据、债券等基础资产打包发行ABS债券融通资金。这种贷款是以项目资产为基础，以项目收益作为保证的一种证券化融资方式，也是PCB中小微企业目前最流行的一种融资方式，如SB公司就着手和四川某一家增信公司合作完成这种融资。

（14）发行产业投资基金。利用产业集群园区优势，在政府的引导参与下，在集群内全部中小微企业或部分龙头企业引领下，与外部大型投资基金共同出资成立相关产业投资基金，共同发展潜力型产业公司，做大做强，比如四川遂宁市PCB园区就可以发行PCB产业投资基金，将募集资金投向园区重点PCB中小微公司，扶持它们发展壮大。

（15）股权融资。这种融资方式主要是未上市公司主动出让自己的股权，引入投资者或战略投资者，降低自己在公司的持股比例，以股权换资金。如SB公司就和上海某家投资基金以出让12%的股权融得了5 000万元流动资金。

（16）债券融资。发行中小微企业公司债或企业债。有条件的PCB中小微企业可以委托基金或其他机构协助发行公司债或企业债，主要是私募债。如："定向债务融资""信托业务"等，充分利用《四川省民营经济20条意见》第八条规定完成企业融资。

（17）债转股的融资办法。这种融资的难度非常大，需要多方配合才能完成。充分利用《四川省民营经济20条意见》中的第七、八、九条关于进一步缓解民营经济融资难融资贵的问题，将公司所有债权按照一定办法进行债转股，创造"民营企业债转股"的先河，探索出一条公司债务化解的创新之路，盘活民营公司。这也是破解众多PCB中小微企业融资难题的最好办法，也是一个一劳永逸的化解债务的办法，既治标又治本。

（18）其他的融资贷款办法。“园保贷”是通过四川工创企业管理服务有限公司的融资平台在四川省范围内的园区企业可以申请的融资品种；“支小贷”是人民银行、银保监会等金融机构为了支持中小微企业发展而推出·种利率低、额度高、期限长、费用免、资料简、流程畅的经营性贷款产品；四川省成都市创立的“盈创动力科技金融服务模式”等创新融资基金融资模式。

目前，PCB 中小微企业融资难的问题相当突出，特别是已经成立经营五年以上的 PCB 中小微企业的这个矛盾尤为突出，一方面要靠政府和社会各界高度关注和重视，实质性出台一些支持政策或金融创新办法。另一方面 PCB 中小微企业自己也要苦练内功，不断地规范自身，壮大自己，恢复和增加自己的造血功能，还要依靠内部财务管理人员创新思维，深挖公司内部潜力，积极寻找外部合适的融资渠道和方法，从而缓解公司资金压力，化解融资难题，更进一步地促进 PCB 中小微企业健康、稳步、持续地发展。

浅析地方国有企业在全面预算管理应用中的问题及对策

——以 W 集团公司为例

叶伟政

[摘要] 实施全面预算管理不仅可以提高管理效率，优化资源配置，还有助于明确各公司之间的职责和权利，并帮助集团实现战略目标，进而加强对子公司的管控。但是，中国国有企业，特别是地方国有企业实施全面预算管理还面临诸多问题，如何促使全面预算管理与企业更好地结合，还有很多工作要做。

[关键词] 国有企业　全面预算　优化整合

近年来，全面预算管理在国有企业中的应用越来越普遍。尤其是近 20 年来，在国资委的推动下，或者主动为之，也可能是被动为之。总之，根据要求，国有企业都陆续开始尝试进行全面预算管理。但是，从近年来国有企业特别是地方国有企业实施全面预算管理的效果来看，笔者认为效果不尽如人意，远未达到整体预算的效果。有些企业甚至是走形式，为应付上级主管部门而做的“门面装饰”。下面以宜宾市 W 集团公司为例进行剖析：

四川省宜宾 W 集团公司是属于四川省宜宾市国资委控制下的地方大型国有企业，W 集团公司作为世界著名白酒企业，近 20 年来飞速发展，目前，W 集团公司已经发展成为一家以酒业为主，多元产业并举的大型集团公司。除了 W 集团公司的酒业外，公司还涉及机械、包装、医药、物流、金融等行业板块。拥有 50 余家二级或三级子公司。2019 年，公司实现销售收入 1 034 亿元，实现利税 422 亿元，资产 1 124 亿元。按 W 集团公司“十四五战略规划”，公司将努力争取早日跨进世界五百强行列。近年来，随着白酒行业市场竞争日益激烈，W 集团公司酒业板块面临着发展瓶颈压力。因此，W 集团公司若要实现既定战略目标，除了做优主业板块外，还需做大其他板块的平台，如其近年来深耕的大机械板块、大物流板块、大包装板块、大医药板块和大金融板块。

一、W 集团公司在全面预算管理过程中存在的主要问题

通过分析 W 集团公司近两年实施全面预算管理的情况，尽管 W 集团公司取得了一些成效，但笔者认为公司的预算仍然处于初步发展阶段，并没有促使全面预算管理在资源配置和风险控制方面发挥更大的作用。尤其是在提高资产使用效率上还有很大的上升空间，在战略支撑和预算考核上，还需要进一步完善。经过对 W 集团公司的认真分析，我们认为该公司还存在以下的问题：

（一）全面预算管理与企业战略联系不强

全面预算对公司战略支撑力度较弱。尽管高层对全面预算管理很重视，但广大员工对此项工作还没有引起足够的重视。各级管理人员的思想还没有真正转变，计划经济下的经营理念或者说旧的管理思维仍然起着主要作用。W 集团公司属于地方国有企业，在宜宾市当地经济发展中起着举足轻重的作用，乃至对四川省的整体经济都有一定的影响，各级政府部门也非常关注 W 集团公司，这就不可避免地加大了对公司的市场干预度，或者对其有强大的管理思想意识。W 集团公司作为一个完全市场竞争下的独立主体，尤其是集团旗下涉及众多子公司，涉及行业跨度较大，在这种情况下，如何更高效地发挥自我决策能力，不断优化资产结构，提高经营效率仍然是 W 集团公司发展面临的重要课题。其表现主要在以下方面：

①在确定预算目标时，预测依据还不够充分，预算目标带有一定的随意性，可能相关部门市场调研程度还不够。有些子公司的预算目标可能与实际相差甚远，一些附属子公司可能还没有实现全面的预算管理。这些情况都可能导致预算编制不合理，或预算编制与实际执行之间存在“两张皮”。②为完成上级主管部门下达的经营目标，过去，曾在投资兼并和新项目上马方面进行快速扩张，其导致投资效果不理想，并造成了一定量的闲置资产，有些投资项目一直处于亏损状态，有些项目跟当初的投资预算相差很大。更有甚者，有些投资项目建成了一半，发现产品市场已经发生了变化，不能再按当初的投资预算进行继续投资。这些问题均反映了公司的战略计划或者预算设计存在一定的缺陷。③资金的使用上还需要进一步提高利用效率。有的子公司得不到资金支持，转而向银行借贷高成本的资金；而有的子公司账面资金非常富余，躺在账上睡大觉。从公司整体上来看，资金的使用效率并不高。

（二）对全面预算管理的宣传贯彻不到位，执行上还存在较大提升空间

由于 W 集团公司对全面预算管理的理解还不够全面到位，有许多子公司负责

人尚未系统理解全面预算管理的含义，在此项工作推进过程中，有些单位可能就是敷衍了事，没有严格按照预算管理制度进行科学部署，有些在执行中还可能会有一些阻力。全面预算管理虽然在国际上已经是一个比较成熟的管理工具，但在我国仍然还处于摸索阶段。特别是对于地方国有企业来说，对预算管理还比较陌生，管理的基础还比较薄弱。此外，该公司的整体预算推广尚未到位，薪酬体系还没有与全面预算体系有机结合，大家感觉预算用或不用与大家并没有太大的关系，预算做与不做也没有太大的影响。殊不知，全面预算有一个很大的特点，这是所有员工的参与，全业务覆盖，每个员工和每个部门都应该在预算管理中发挥不可替代的作用。目前，公司对预算管理还未真正做到转变观念，还停留在"为预算而预算"，或者说只是为了满足国资委的要求，没有对预算管理的重要性进行深入宣传和贯彻。

（三）在预算的考核过程中，还不具备足够的刚性，不能有效地激发员工的活力

在预算的考核过程中，还不具备足够的刚性，不能有效地激发员工的活力，其主要表现在以下方面：

（1）预算考核指标的设计过于简单，没有起到激励员工的作用。未能有效地链接到公司的长期战略目标并最大限度地发挥资源配置的作用。在 W 集团公司确定了战略目标以后，相应的管理措施是否能及时跟上，能否保证有效地提高公司经营质量，促使各个部门和每一名员工都能明确自己的努力方向，这些都要靠预算管理这个工具。那么如何才能保证执行好既定的预算方案呢？答案是加强考核。因为，管理学强调，公司想要员工做好什么，那就考核什么。

（2）由于存在母公司对子公司的预算管理缺乏科学的评价方案，导致子公司的实际效率无法真正实现，从而也无法保证集团总预算的真正实现。由于母公司和子公司是平等的法人，当母公司评估子公司的预算执行时，结果很少与子公司经理的薪资和职位晋升挂钩。母公司相关预算考核部门对子公司的经营和行业情况缺乏了解，也很难实现对子公司的有效预算控制。在确定子公司预算目标的过程中，往往都是在种博弈的过程中完成，大家对这种结果都是"心领神会"，由于预算评估不严格，因此不具备刚性的约束力。

（3）预算考核刚性不强，还表现在考核过程草草了事，导致预算管理成了"虎头蛇尾"，从而导致各子公司对预算管理的重视度不够。①各子公司领导的薪酬待遇、职务升迁并没有与预算的考核严格挂钩。对于没有完成预算目标的子公司也没有逗硬，对有的子公司也是"睁一只眼闭一只眼"，或任由子公司自然发展。②对有的子公司没有进行预算考核，预算从头到尾成了一种"摆设"，只是为了应付集团公司对预算编制的要求做的，大家都可以视而不见。③为了达到预算考核激励的作用，就必须考虑如何在设定预算考核指标方面进行改进。

二、对W集团公司实施全面预算管理过程中的问题的应对措施

针对W集团公司实施全面预算管理中的问题，为进一步完善全面预算管理机制，笔者认为，应从以下几个方面进行改进：

（一）以集团公司战略导向为出发点制定集团预算目标

要以集团公司战略为导向，一切预算出发点和落脚点，都应以是否有利于集团公司战略发展为原则，制定符合集团公司战略发展的全面预算。集团预算目标当然要符合上级政府部门的主观要求，但更重要的是要符合集团战略长期科学发展的目标。为了保证集团公司的战略目标能够如期实现，就离不开科学的预算计划。我们认为把全面预算管理与平衡计分卡紧密地结合起来，应该是一个好的方法。在制定预算时不能只为预算而预算，为了使集团公司的战略得以实现，除了考虑收入、利润这些财务指标外，还要重点考量公司的客户满意度指标、内部运行和学习与成长等几个维度因素。当然，在编制过程中要本着实事求是的态度，本着公司长远发展的主人翁精神，投身到预算管理中去。上下同心，相互信任，在保证集团公司的政治责任和战略能得以实现的基础上，最终形成代表公司战略意图的集团公司预算。

集团下属各子公司的预算目标的确定也很关键。对全面预算管理来说，预算目标的制定是一个非常重要的环节。一个科学合理的预算目标，能够帮助公司合理调配公司有限的资源，最大限度地发挥好资源效率，从而推动公司战略计划的落地。相反，一个不够科学合理的预算目标，可能会降低公司的经营效率，甚至浪费或闲置公司的有限资源，从而导致公司战略的失效。

（二）加大宣传贯彻力度，提高全员参与意识，加强预算管理人员的专项培训

不断更新预算理论概念，并真正将综合预算用作企业管理工具。预算作为一种在实践中有效应用的业务管理工具，已得到了国内外的充分肯定。尤其是在资源配置、企业运营控制和绩效评估等方面发挥了重要作用。应加强对预算管理人员的培训，让集团公司从上到下都要有一个客观的认识，切不可认为编预算是应付上级部门的需要，而要认识到预算管理是现代企业管理自身的发展需要，是保证企业长期战略规划得以实施的重要保障。预算的编制是企业战略落地的过程，有其必然的科学性，在预算管理应用中，也必然遵循其客观规律。

（三）建立健全全面考核机制

（1）建立和完善预算管理的激励机制。根据集团公司各子公司所处行业的特殊性，逐渐建立相应的预算激励机制，激励经营者的经营活力。逐步完善业绩考核评价体系，在体系中增加对非财务指标的评价，重视对未来规划的评价，重视企业

外部活动的评价，加强企业知识产权、专有技术的保护，重视企业创新能力的评价。

（2）通过全面预算投入，对集团公司人力资本进行激励。充分发挥人力资源潜力，最大限度地发挥工作效率，让子公司经营者从公司利益最大化出发真正参与到预算管理中，进而增强预算执行的刚性。适当调整高管层激励方式，通过股票期权、年终分红等方式将个人收益和企业经营风险挂钩，增强高管层的责任心，形成一个提高企业短期、长期绩效的激励机制。给予普通员工激励，通过员工持股计划、利润分配、超额奖励等方式让优秀的员工也能参与长、短期激励计划，将个人收益与企业命运紧密联系在一起，增强员工的主人翁意识。

（3）建立公正的业绩考评体系，完善集团公司的激励约束机制。若要实现此策略，应将公司各层级的责权利关系以制度的形式加以明确，使每一个预算管理者的责权利都得到明确的界定。同时，建立内部经理人竞争上岗机制，建立健全企业集团内部经理人的竞争机制，最大限度实现集团公司的人力资本价值。如果经营者业绩突出，则应当给予相应的回报；如果没有完成预算管理目标，则应当给予相应的处罚，也可以让更优秀的经营者上位。

全面预算管理是现代企业管理中不可或缺的重要工具，在资源优化配置，降低企业成本费用，提升企业管理效率和保障公司战略目标方面将发挥重要的作用。在实施全面预算管理过程中，应不断优化和改进，从而发挥其应有的效果。

参考文献：

［1］马洪文. 国有企业全面预算管理困境与应对措施探讨［J］. 中外企业家，2020（16）：52.

［2］刘洪红. 推进国有企业全面预算的思考［J］. 商讯，2020（15）：99-101.

铁路企业业财融合问题探讨

李 悦

［摘要］管理会计是从传统会计中分离出来与财务会计并列的一个企业会计分支，旨在为企业改善经营管理、提高经济效益服务。铁路改革后经济转型升级需要企业有效运用管理会计提升价值创造力，促进业务和财务的融合是管理会计的着力点和关键所在。本文通过对铁路企业业财融合面临的难题和相应措施的探讨，实现业务和财务部门的无缝对接，以达到提高企业管理效率和水平，降低生产成本的目的。

［关键词］业财融合　会计思维　全面预算　责任中心

在企业的经营过程中，业务、财务、人力资源并称为企业良性发展的“三驾马车”，其重要性不言而喻。在这三个要素当中，业务永远是先锋，财务是后勤，而人力资源的优化配置是根本保障，三者相辅相成，缺一不可。

在铁路企业公司制改革开启的关键时期，如何统筹规划财务资源、努力构建适应市场化经营要求的管理体系，在保证安全生产的前提下通过基于价值链的成本管理实现经营质量和效益的稳步提升，是全体财务人员面临的重要课题。只有业务、财务、人力资源这“三驾马车”处于相互补充、相互促进、相互支持的状态，企业才可能进入良性运转。因此，探讨业务和财务的融合问题是非常有必要的。

一、铁路企业业财融合的可能性

目前，集团公司的企业治理结构、经营机制、管理体制都正在发生重大变革，而对于铁路企业而言，客、货运形势面临巨大挑战，保安全、保畅通、保设备运用维护的投入，为做好运输经营的财务保障，提升安全生产和经营质量，实现企业既定的战略目标是业务和财务部门的共同任务，这就为二者的有效融合提供了可能性。

（一）铁路企业业务的发展离不开财务的支持

企业管理的核心是要把所有部门和人员拧成一股绳，围绕创造价值目标奋斗，而财务是企业创造价值的货币反映，企业经营结果最终都是通过财务报告予以体现。高质量的财务数据，个性化、多维度的报表信息可以为企业提供战略支持，助力业务发展，推进企业价值创造，防范经营风险。铁路公司改制以后，管理理念、模式、工具和方法都发生了重大改变。创新成本规划思维，实现全过程的成本管理是保证安全生产、提高服务质量、获取客户满意度的前提，而这些成本规划分析和管控需求都离不开财务的支持。

（二）财务的规范必须建立在业务规范的基础上

企业加强财务管理，严格财务审核和监督，绝不仅仅是财务部门一家的事。虽然企业全部的收入和支出都是经财务部门之手，但大部分的钱其实是从业务部门花出去或挣进来的。从这个意义上来说，财务的规范必须建立在业务规范的基础上，财务管理也绝不只是管好财务部门，更要管好业务部门。财务要发挥作用，一定要融入企业各项业务。业务和财务融合过程中，可靠的财务数据是原点，而数据背后的业务逻辑才是支点，打通财务和业务管理的壁垒实现融合，在信息化高速发展的今天是完全有可能实现的。

（三）业务发展离不开内部控制和风险管理

任何一个企业要改善经营管理、提高经济效益、控制成本支出、防范经营风险，都离不开企业内部控制的规范。完善内部控制和风险管理，才能促进企业可持续发展。业务部门在利润核算、预算管理和风险管控方面不如财务人员专业，财务可以帮助业务部门做好项目的全面预算管理，运用财务思维对成本进行规划，还可以帮助业务部门做好经营过程中可能出现的风险识别，并根据企业的风险承受能力决定如何规避风险和解决风险。

二、业财融合面临的难题

（一）思想意识与专业鸿沟阻碍了业务和财务的融合

在思想意识上，业务部门思维更活跃，更容易创新，而财务人员相对保守。大部分财务人员在业务核算和数据分析方面做得较好，但习惯了在既定的框架下做事，显得谨慎有余而创新不足。一方面，业务人员不理解财务部门，认为财务是后勤部门，财务人员业务知识有限，对一线生产情况了解不透彻，不能提供可靠的决策支持；而另一方面，财务人员认为一切经济活动都应该按规矩办事，不存在特殊的情况，认知上的差异使双方之间有一条较难以跨越的鸿沟。

（二）业务和财务之间信息不对称的矛盾

企业的生产管理是一个持续的经营过程，业务部门处于前端、面向未来，对经营情况变化很清楚，能够在第一时间作出相应决策，而传统的财务往往着眼于过去，其会计核算和财务报告提供的都是阶段性的“过期信息”。财务信息系统与其他管理信息系统没有集成，很多业务部门的信息无法及时传达到财务部门，财务很难做到对经营活动的实时控制，无法满足当前经营时效性的要求，信息的不对称造成两者之间存在一些不必要的矛盾。

（三）业务灵活性与财务规范性要求之间的矛盾

企业各项业务开展讲究个性化，强调因地制宜，对时效性要求较高；但从财务规范性的要求来说，一切都要依规按程序办事，财务会计指标也千篇一律，不能提供个性化需求。有时由于各种原因导致财务流程执行中的延迟情况发生，如物资采购、工程招投标询价等程序，导致财务服务的时效性跟不上业务需求，这也为业财融合造成了阻碍。

三、促进业务和财务进一步融合的措施

（一）打开行业边界——财务人员应当懂业务

目前，人们普遍认为会计是一门“过程的管理和事后的总结”的学科，财务部门存在的问题就是跟业务部门的分隔和界限太明显。财务是财务，业务是业务，两者之间的交流有时就是“鸡同鸭讲”。随着企业发展，业务会倒逼财务转型升级，要求财务不仅仅是记账型、控制型，而更应该是价值创造型，由财务和业务部门一起来制定业务制度和业务流程，既考虑业务执行的可行性，又考虑财务控制的必要性，通过发挥会计的管理功能在控制和效率之间取得平衡。业务、财务一体化，让业务和财务使用同一种语言说话，有助于财务部门实现蜕变和升华，主动从记账型转变为记账、控制、价值创造三者兼备型。

（二）打开思想边界——全企业会计思维普及

财务和业务之间的矛盾，有些是财务部门的原因，但有些也是业务部门的原因，而业务的不规范最终都会体现在财务结果上。要实现业财融合，就必须创新财务管理理念，整合财务业务系统，优化财务人员结构。财务部门有责任为企业各部门和人员普及基本的财务知识，让大家掌握必要的财务制度和流程，建立“财务部门是包括规划、决策、控制、评价等管理职能为一体的中枢部门”的认知，引导各级管理人员逐步形成管理会计思维。通过沟通和协调，业务和财务才能换位思考，用对方理解的语言表达自己的意见，这有利于业财融合，推进业务增值，提高企业运营效率。

（三）打开管理边界——推行全面预算管理

全面预算管理是企业在生产经营过程中，通过预算的编制、分解下达、执行、控制调整、分析考核，实现对企业生产组织、经营控制、资金调度等的有效管理，配置财务、物资、人力等资源，确保企业经营目标实现。全面预算一般包括财务预算、生产预算、固定资产投资预算、人力资源和劳动工资预算等，它实现了对企业业务流、资金流、信息流的整合。伴随着铁路企业管理的加强和服务质量的提升，成本还可能不断攀升。在这种情况下，更需要将财务预算和业务预算有机融合，科学合理地确定定额标准，配置各项财务和非财务资源，规范预算管理流程，使预算管理嵌入生产经营管理的各领域、各层次和各环节，达到“三流”一致。反过来，业务部门也应积极主动与财务部门沟通，使财务人员充分了解业务流程和环节，让财务为业务提供更大的支持，将生产组织、成本费用与经营目标有机地结合在一起，达到财务与业务真正对接、提高工作效率、提高经营效益的目的。

（四）打开作业边界——财务流程嵌入业务

业财一体化的前提必须是业务的标准化，即通过“管理制度化、制度流程化、流程表单化、表单信息化”的高效管控体系，让财务管理信息系统与业务流程高度集成，通过全流程成本数据挖掘和精细化管理，将有限的资源转化为更好的生产模式，加速增值活动流动，减少浪费。划分责任中心是将财务流程嵌入企业成本管理的方法之一，它将直接发生成本的各作业单元根据其可控制的责任范围编制成责任成本预算，然后逐层分解，是实现全员参与、全过程成本控制的一种有效管理方式。责任中心成本控制强调责任体系，在标准成本的基础上实施作业成本法对每个流程进行成本管控。以一货运站为例，就需要以货装业务为基础，运用作业成本法管理工具，对货运站业务流程、成本动因、作业效率质量等进行全作业链分析，逐一认定各项作业，真实揭示资源、作业和成本之间的关系，对其中不必要、不正常、不增加价值的作业进行逐项分析剔除，对货装业务流程重新设计优化，使增加价值的部分流动起来，建立完善定额管理制度和责任成本制度，以期达到最优标准成本，提高成本管理效率。

（五）打开控制边界——强化内部控制和风险管理

内部控制是企业决策层、经营层和全体员工实施的旨在实现控制目标的过程，它的高级目标是贯彻企业的战略目标、提高企业的运行效率和效果。完善企业内部治理机制，改变企业内部不合理的管理结构，形成相互制约的机制是实施内部控制的根本所在。风险管理本质上是针对各种风险的管理活动总称，包括风险识别、风险评估、风险应对和风险控制。随着企业竞争的逐步加强，经营风险也会逐步加大，建立以风险为导向的内部控制体系，选择合适的指标建立风险预警系统，对经营过程可能存在的风险进行预判，才能实现内部控制价值最大化。从这个意义上来说，财务的内部控制与风险管理不仅不是业务拓展的绊脚石，反而是业务良性发展的助推器，全流程的风险管理能确保企业在风险承受范围内决策，能为企业带来隐性的经济效益，避免出现道德风险，降低管理成本，促进企业管理效益的提高。

在铁路企业转型发展的关键时期，业务和财务部门的无缝对接至关重要。业务部门是制度的执行者，财务部门是制定决策的参谋者和制度执行的监督者，只有业财有机融合，双方紧密配合，以经济效益为中心，以企业经济效益最大化为主线，做好自我定位，扮演好各自在企业发展过程中的角色，铁路企业才会稳步向前发展。

基于内模市场环境下的电网营销业务成本分析与评价

——以T市级供电公司为例

张　潇

[摘要] 按照中央和国家电网公司提质增效的总体思路，加快适应国资国企改革和电力体制改革，转变全员观念，破解经营困局、引入内部模拟市场理论，在企业内部建立可能的市场，使内部支撑关系由无偿变有偿，有效控制企业成本，实现效益最大化。本文选择以资源—能力—价值（R-C-V）模型为理论指导，着重分析内模环境下电网企业营销业务资源投入与成本效益，旨在形成营销业务资源配置优化意见，实现业务成本投入最小和整体价值最大，为业内人士在内部业务方面实现“建设一个市场、搭建一个体系”的目标提供有益的参考意见。

[关键词] 内模市场　营销业务　效益评价

一、内模市场的内涵及构成要素

内部模拟市场的概念被首次提出是1937年，其主要是根据市场经济原则，充分利用价值规律、经济杠杆和竞争机制的作用，在企业内部建立各种可能的市场，它使企业内部各单位之间形成一种市场经济关系，从而借鉴市场经济的自动调控方式，更加有效地进行企业内部管理，使企业内部管理彻底摆脱传统的行政管理模式，转为自我约束管理。其原理是将内模市场引入企业内部，以效益为核心，使内部支撑关系由无偿变有偿，有效控制企业成本，实现效益最大化。内部模拟市场构成要素包括内模市场的市场主体、市场客体、市场交易价格和市场交易规则四个方面。并且市场交易主体必须具备四项重要特征：独立经营能力、独立完成一项业务、独立核算和独立考评。T市级供电公司内模市场建设主要包括引入市场交易要素、建立全业务价值链量化运行体系和完善激励约束三个步骤，其机理是以要素为核心设计业务，以预算引领市场运行，以考核实现激励约束，激发基层单位经营活力，促进效益提升（见图1）。

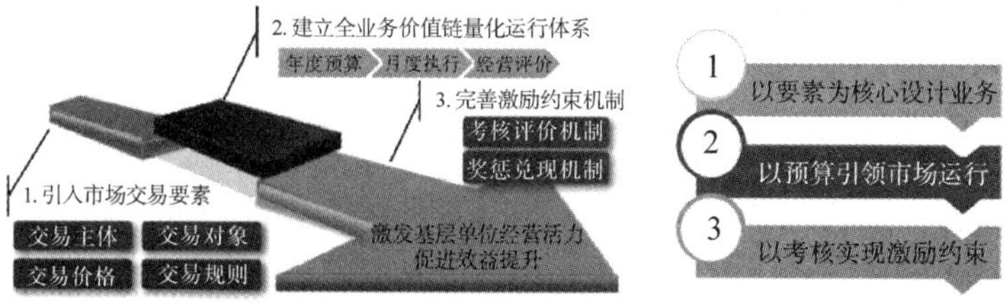

①以要素为核心设计业务

√ 市场交易要素包括：交易主体、交易对象、交易价格和交易规则。

②以预算引领市场运行

√ 应用市场要素，量化电网全业务价值链，将价值管理纵向延伸到经营末端。

√ 优化预算管理模式，支持市场运行全过程(年度预算编制、月度执行、经营评价)

③以考核实现激励约束

√ 创新内部模拟市场激励约束管理机制(考核评价机制、总现激励机制)。

图1　T市级供电公司内模市场

其关注的重点在于共同费用的摊销和内部市场交易（见图2）：

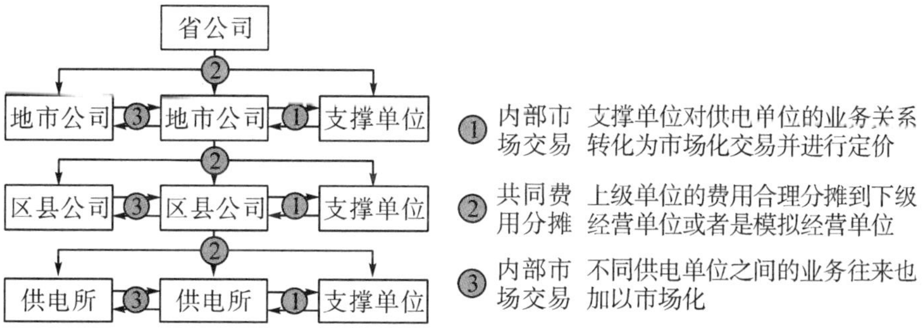

图2　公司的内部市场交易

二、T市级公司营销业务内模市场建设

T市级供电公司内模市场建设的关键在于承接T省级公司内模市场考核指标，结合自身管理实际，将经营压力传导至县公司，强化县公司成本效益意识。因此，T市级供电公司要从各项业务自身成本效益分析入手，认真组织开展不同业务的投入产出效率分析。基于此，首先确立以营销业务内模市场建设分析为试点，T市级供电公司营销部内部模拟市场试点研究的总体思路是以专业为纵向，以组织层级为横向，以营销部职能为边界，以营销部内部专业为测算单元，以客户服务中心、县公司为实施主体，纵向评价实施主体同比投入效率，横向评价不同实施主体成本投

入效率，形成资源配置优化意见，实现成本投入最小，整体价值最大，形成了“建设一个市场、搭建一个体系”的总体思路。

三、T 市级供电公司营销专业成本测算设计

（一）选择评价理论，构建评价模型

分析比较各评价视角的适用范围、目标、出发点、评价方法等方面，结合 T 市级供电公司内模市场建设内涵，选择以资源—能力—价值（R-C-V）模型为理论指导，通过分析资源获取效率、资源配置效率和能力创收效率，评价投入产出效率（见图 3）。

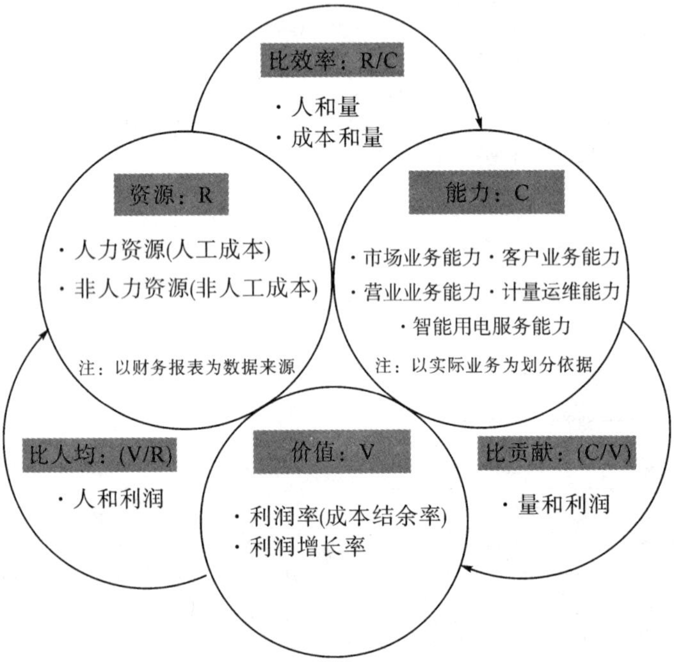

图 3　T 市级供电公司评价模型

（二）划分业务能力，明确评价对象

在业务活动架构明确的基础上，进一步从业务能力角度，以“业务核心输出”为衡量指标，确定该业务活动的关键产出，以“营业业务能力”为例，在该能力下有“业扩报装”、营销项目、用电检查和用电保障四类主要业务，在此基础上，以基本活动架构为载体，对 T 市级供电公司营销部客户服务中心、县公司营销部进行梳理，明确业务输出衡量指标（见表 1）。

表 1　T 市级供电公司业务评估量表

专业/能力	业务	输出衡量指标
市场业务能力	市场开拓	大宗用户新增签约量
	自备电厂管理	自备电厂管理数
	电能替代	电能替代负荷
	资产移交	接受移交资产数量
营业业务能力	“业扩报装”	“业扩报装”户数
	营销项目	营销项目开展数
	用电检查	用电检查次数
	用电保障	保电活动天数
计量业务能力	装表接电	装表接电户数
	计量检定	计量检定表计数
	计量采集设备及系统运维	计量及采集运维户数
客户业务能力	投诉处理	投诉处理数量
	非抢工单处理	非抢工单处理数量
	业务受理	业务受理数量
	停电信息管理	停电信息发布次数
智能用电业务能力	抄表	抄表户数
	电费核算	电费核算笔数
	电费回收	电费缴纳笔数

（三）制定分摊规则，划分业务成本

以 T 市级供电公司营销业务成本归集为基础，将成本分摊到最末级主体，即按照“地（市）级供电公司本部总成本—营销部总成本—营销部成本分摊到县公司”的两次分摊原则实施。第一次公司分摊到部门：制定“按部门实际使用分摊、按人数平均分摊和按资产所属部门分摊”三种分摊办法。如材料及修理费、业务费、广告宣传费、中介费等科目按照部门实际发生分摊；燃料费、水费、低值易耗品摊销等按照人数平均分摊；折旧费按资产所属分摊。第二次地（市）到县公司：按照业务发生实际数量分摊（见表 2）。

表 2　T 市级供电公司业务成本分摊办法

成本项目	成本分摊方法	成本项目	成本分摊方法
折旧费	按资产所属部门分摊	电力设施保护费	按部门实际使用分摊
燃料费	按人数平均分摊	取暖费	
水费	按人数平均分摊	中介费	按部门实际使用分摊

表2(续)

成本项目	成本分摊方法	成本项目	成本分摊方法
材料及修理费	按部门实际使用分摊	广告宣传费	按部门实际使用分摊
其中：自营材料费	按部门实际使用分摊	租赁费	按人数平均分摊
外包材料费	按部门实际使用分摊	出国人员经费	
外包检修费	按部门实际使用分摊	国际业务支出	
委托运维费	营销部不分摊	客服及商务费用	
低值易耗品摊销	按人数平均分摊	工资附加	按人数平均分摊
财产保险费	按人数平均分摊	信息系统运维费	营销部不分摊
研究开发费	按部门实际使用分摊	安全费	营销部不分摊
办公费	按人数平均分摊	团体会费	
差旅费	按部门实际使用分摊	税费	按人数平均分摊
会议费	按人数平均分摊	地方政府收费	按人数平均分摊
职工福利费	按人数平均分摊	长期待摊费用摊销	
业务招待费	按人数平均分摊	无产阶级摊销	按人数平均分摊
公务用车车辆使用费	按人数平均分摊	存货盘亏和毁损	
生产用车车辆使用费	按人数平均分摊	辞退福利	按人数平均分摊
劳动保护费	按人数平均分摊	技术使用费	按人数平均分摊
劳务派遣费	按部门实际使用分摊	设备检测费	
临时用工薪酬	按部门实际使用分摊	党团活动经费	按党员人数平均
物业管理费	按人数平均分摊	清洁卫生费	按人数平均分摊
水电费	按人数平均分摊	环评费	
绿化费	按人数平均分摊	管理用房屋维修费	按人数平均分摊
业务费	按部门实际使用分摊	其他	按部门实际使用分摊

（四）细化评价指标，明确数据需求

贯彻比贡献、比效率、比人均的评价思路，营销内模市场评价主要包括地市公司营销部和县公司营销部两个层面，地（市）公司营销部评价对象是各县公司营销部，县公司营销部评价对象是各专业。按照“比贡献、比人均、比效率”设置评价指标（见图4）：

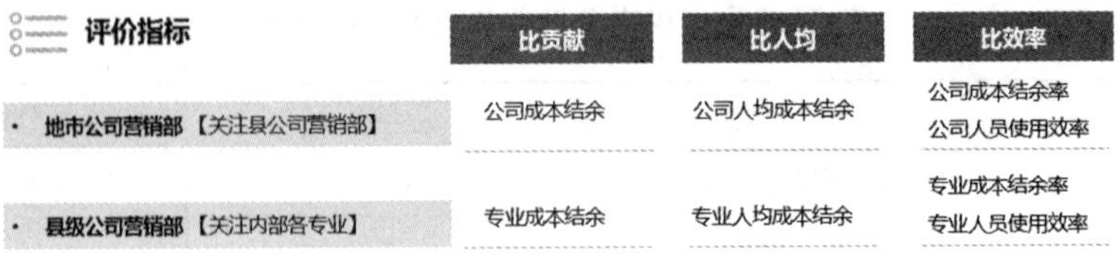

图4　T市级供电公司细化评价指标

（五）设计计算规则，形成测算工具

基于总成本按计划结余资金、人均成本按计划结余资金、人员使用效率及成本使用效率的评价指标，对T市级供电公司及其下属县公司营销各项业务的支出情况进行测算。每个公司形成一套基础分析测算表，每套表共包括6个子表，分别为综述表、人员信息统计表、营销部成本费用分摊表、业务人工成本测算表、业务非人工成本测算表以及业务量统计表。

四、T市级供电公司营销业务分析结果

基于对市级营销业务进行分析，在分析测算成本部分时，扣除了农网维护费、委托运维费等涉及T公司所辖供电所的费用，因此在业务量方面只包括各县公司城区部分，未将供电所范围内业务纳入本次测算；同时，由于不能准确合理地将折旧费用分摊到各专业，而其金额对结果影响较大，故也未将折旧费用纳入本次测算，待后期进一步进行优化分摊。

测算结果分析坚持总体分析与横向比较相结合。总体分析是将营销各业务板块各自消耗费用所占比重情况进行切块比较分析；横向分析是对相同指标在各单位之间进行比较，评价各单位水平的高低情况。

总体分析情况描述：

T市级供电公司及下属五家县公司全年营销业务包括5大专业及18项业务，以下分别从营销专业层面和营销业务层面分析T市级供电公司营销业务成本的总体情况：

从营销专业来看，智能用电业务成本最高，占T市级供电公司营销总成本的35%，计量业务、营业业务和客户业务成本水平接近，占比均在20%左右，市场业务成本最低，仅占T市级供电公司营销总成本的2%。

从营销业务来看：抄核收、计量运维、高压业扩、业务受理、优质服务①、用电检查、装表接电等业务所占成本比例较高，其中收费业务成本最高，占T市级供电公司营销业务总成本的19%，其次为计量运维业务，占总成本的16%；停电信息管理、计量检定、资产移交、投诉处理、市场拓展及电能替代等业务成本占比较低，均不到1%。

五、T市级供电公司营销业务分析成效及建议

根据上述分析，T市级供电公司需要对部分营销业务的资源投入进行一定调

① 考虑到计量检定业务在县公司未开展，而优质服务业务无法明确输出业务量，因此这两项业务只测算成本，但不纳入指标评价。

整，以适应环境的变化和业务的需求：一是智能用电业务方面，随着营销转型工作的深入，智能表使用实现“全覆盖”，用电信息实现“全采集”，客户用电实现“全费控”，智能用电业务的工作压力逐渐减少。但县公司的组织机构和人员并未及时调整，在抄表、核算、收费业务上仍投入了较多的人力，造成资源投入的冗余，需根据业务需求调整资源投入，降低成本。二是市场业务方面，随着电力体制改革的深入推进和市场竞争的日益激烈，T市级供电公司需要树立竞争意识，加大对市场业务的投入，拓展服务范围，提升服务品质，增加市场份额，持续为公司创造价值。

通过分析T市级供电公司及所属县公司近三年营销部业务数据、财务数据和人力资源数据，完成了对T市级供电公司下属5家县级供电公司（包括客户服务中心）营销部门经营效益评价；完成对抄表业务、核算业务、收费业务、高压业扩、低压业扩、计量运维等18项营销主营业务的经营效益评价，提出包括将抄表人员向采集运维人员分流；部分县公司应重点关注优质服务，加强用电检查业务投入资源。

同时指出，开展专业成本测算应具备财务基础和业务基础。在财务基础方面，当前省、市、县三级供电公司财务报表已实现统一编制，但由于各单位内部成本中心划分不统一，导致内部成本核算明细度不一致，影响核算体系数据的统一性和可比性，需统一设定成本中心；在业务基础上，“三集五大”已基本实现了“业务—岗位—职责”的有机统一，但仍然存在着各单位之间业务划分、实施不统一，需进一步统一规范。

参考文献：

［1］罗军刚. 企业内部模拟市场化管理浅议［J］. 新西部，2017（9）.

［2］王侠. H公司内部市场化体系构建研究［D］. 上海：华东理工大学，2013.

［3］毛尊平. 建立企业内部控制规范的思考［C］. 中航工业会计学会，2010：91-99.

［4］董春梅，刘勤. 企业内部市场化浅析［J］. 企业活力，2005（4）：54-55.

［5］张彦义. 试述企业内部市场化［J］. 科技情报开发与经济，2004（2）：206-207.

企业成本控制初探

——以D公司为例

文思羽

［摘要］在市场经济大环境中，成本在企业的生存和发展中占有重要的地位，企业要发展必须增强企业的市场竞争力，就必须在保证产品质量的情况下，加强企业的成本管理，加强企业生产过程控制具有重要意义。本文主要对成本控制进行了阐述，然后对D公司生产成本及管理现状进行了分析，并对D公司存在的成本问题提出了控制措施建议。

［关键词］成本控制　措施

一、成本控制概述

（一）成本控制的含义

成本控制是企业根据一定时期预先建立的成本管理目标，由成本控制主体在其职权范围内，在生产耗费发生以前和成本控制过程中，对各种影响成本的因素和条件采取的一系列预防和调节措施，以保证成本管理目标实现的管理行为。

（二）企业成本控制的意义

成本控制的实施能有效地保证企业完成制定的成本管理目标。在生产过程中时刻关注成本指标的动向，如果发现成本与计划存在较大的偏差，要及时发现问题采取措施来减少这种偏差。

成本控制的实施促进了企业生产的降本增效，通过有效地降低产品成本进而降低价格，也就增加了企业的盈利。

在日常生产经营中，企业若要加强成本控制，就要加强对生产、材料、人工等各个方面的管理，从而提高企业的管理水平。

二、D 公司成本现状

（一）D 公司基本情况

D 公司是一家矿产品加工企业，成立于 2008 年，注册资本为 6 000 万元，主要加工处理低品位、难磨难选表外矿及风化矿。D 公司 50 万吨/年铁精矿选厂项目于 2010 年投产（公辅系统按 100 万吨/年实施），总投资 1.96 亿元。该项目包括老破碎线、新建 160 万吨/年破碎线及 4 条磨选线。主要通过破碎抛尾、球磨分级、强磁磁选、浓缩分离得到精矿和尾矿。由于各种原因，D 公司建立以来一直采用外包模式进行生产，为回归工厂，做好实体，D 公司于 2020 年收回开始自行组织生产。

（二）D 公司成本现状

企业的成本主要分为生产成本和期间费用两部分，在生产成本中又可分为直接材料、直接人工、制造费用。结合 D 公司的实际情况，公司产品成本分为：直接材料、燃料动力、直接人工、直接费用、制造费用五个部分。监测 2020 年 3 月和 4 月的情况，从图 1 和图 2 可以看出，在铁精矿生产过程中，两月平均，直接材料所占的比重最大，占比约为 45%；其次是燃料动力，所占比例约为 27%；再次是制造费用，所占比例约为 15%，最低的为人工工资及其他直接费用。

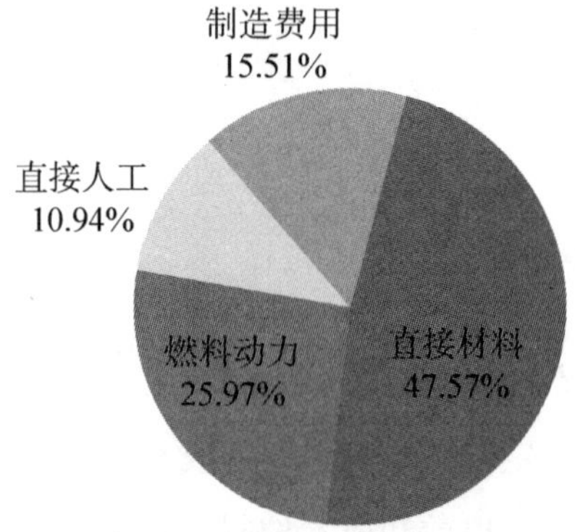

图 1　2020 年 3 月 D 公司生产成本构成

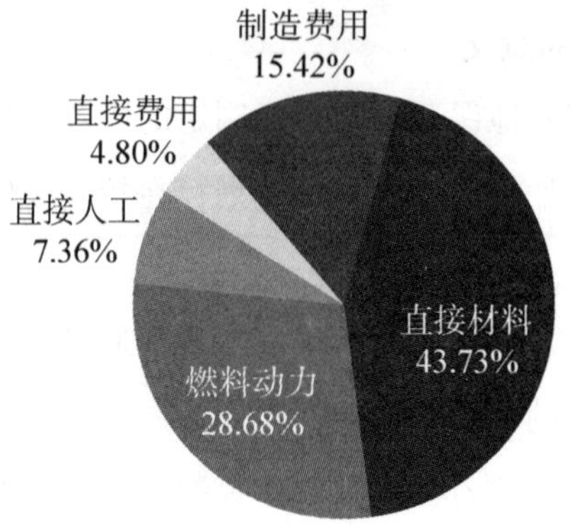

图 2　2020 年 4 月 D 公司生产成本构成

由表1可知，直接材料中耗用最大的是原矿运费，其次是钢球、衬板、油脂；燃料动力中所占比重最大的是电能；制造费用中所占比重最大的是折旧费。

表1　2020年1~4月D公司铁精矿单位成本明细

项　目	平均		参考标准	
	单耗	单位成本	单耗	单位成本
一、直接材料		101.25		94.64
（一）原主材料	5.3600	76.82		75.64
原矿	5.3600	76.82		75.64
（二）辅助材料		23.95		17.00
辅料小计		0.35		
衬板	0.0002	1.97		
钢球	0.0035	18.90		10.00
金属制品		0.09		
工具类		0.02		
油脂		2.59		
化工辅料		0.01		
橡胶类		0.02		
五金材料				
其他				
（三）备品备件		0.48		2.00
二、燃料动力		60.83		47.00
电	106.5492	53.68		41.24
柴油	0.0011	7.15		
三、直接人工		20.17		10.60
四、直接费用		5.55		12.13
五、制造费用		34.36		24.62
1. 变动制造费用		2.77		2.12
2. 固定制造费用		31.59		22.50
合　计		222.15		

三、D公司成本管理存在的问题及原因分析

（一）直接材料问题及成因分析

作为一个工业企业其日常生产需要消耗大量的原材料，D公司消化的原矿主要

是低品位矿和风化矿。D公司主要为P公司代加工生产铁精矿，原矿由P公司提供，我们主要承担原矿运输费用。针对D公司，对精矿成本有影响的就是原矿运费。原矿运费按11.08元/吨预估，加上装载机运费按3.55元/吨预估，原矿运费高是因为运输距离远，实行标吨运输。原矿的品位会直接影响铁精矿的出粉率和质量，会导致生产成本增加；原矿的品位低会增加对机器的磨损和能源的消耗，间接导致电能等燃料动力费用的增加，铁精矿的产量也就低；原矿的品位越高，产出的铁精矿越多，同时会减少对钢球、衬板等辅助材料的消耗，提高产量，从而降低了原材料的生产成本。因此，品位的高低是影响精矿成本的重要因素（见表2~表4）。

表2　2020年3~4月D公司钢球、衬板消耗情况　　单位：千克

项目	月份消耗	
	3月	4月
衬板	5 070	5 070
钢球	62 000	81 500

表3　2020年3~4月D公司钢球、衬板单耗

项目	月份单耗	
	3月	4月
衬板	0.23	0.26
钢球	2.76	4.29

表4　2020年3~4月D公司产量情况　　单位：吨

项目	月份产量	
	3月	4月
产量（吨）	22 500	19 000

除了原矿之外，成本的变化主要反映在日常物料消耗上，主要表现为钢球、衬板等辅助材料。通常钢球的硬度高，耐磨性也高，则钢球损耗低；当然钢球的硬度要在一个合理范围内，因为高硬度的钢球往往价格高，当钢球硬度过高会使球磨机生产效率下降。钢球的消耗不仅与钢球质量有关还与球磨机衬板与原矿石的硬度有关。原矿石的品位和硬度对辅助材料的配比会产生直接影响。如表2和表3所示，观察3月和4月情况，可以看出D公司钢球和衬板的消耗总量和单耗量在逐渐上升。通过了解发现，4月钢球量大有一个特别的原因是该月对球磨机里面的钢球进行了清理，所以耗用量出现大幅增加。单耗量的增加说明了对辅助原材料的配比和

对材料磨合度的考虑不足，导致单位成本增加。通过表 3 和表 4 可以看出，钢球和衬板的单耗与产量呈负相关性，即产量相对高时，单耗相对下降，产量相对低时，单耗相对上升。

（二）燃料动力问题及成因分析

由前文收集的数据可以看出，燃料动力成本占总成本的比重仅次于原材料，在 D 公司的生产成本中占到 25%以上，其中主要为电能和柴油，其中电能消耗偏大。表 5 是 D 公司 2020 年 3~4 月的电力消耗情况。

表 5　2020 年 3~4 月 D 公司铁精矿电力消耗情况

消耗项目	月份电力消耗	
	3 月	4 月
用电量/千瓦/小时	2 026 620	2 395 170
电费金额/元	1 000 314. 62	1 227 279. 29
单位用电量/度/吨	90. 07	126. 06
单位成本/元	44. 46	64. 59

数据来源：D 公司生产成本表。

由表 5 可以看出，D 公司单位用电成本和单位用电量都是逐渐升高的，这直接导致生产成本增加。结合表 4 和表 5 可以发现，电能和产量也有一定的关系，产量越高，单耗越低；产量越低，单耗越高。这是因为生产所需的大型设备功率大，工作时间长，耗电量高，除了遇到设备故障，需要停机检修外，大部分生产设备都是 24 小时无间断运转的，设备运转相同时间，处理量越多，产量越大，每吨精矿分摊的电耗就越少。

球磨车间的运行离不开用水，主要用于调节球磨机矿浆浓度，分级机返砂，磁选机反冲水。但是因为缺水严重制约了产量。该车间用水主要来源于三个方面，分别是青山来水、浮船取水和厂前回水。由于 3~4 月处于农忙季节，青山来水量较小，影响了生产。

（三）人工成本问题及成因分析

随着经济的发展，企业的员工工资也随之提高，使得企业的直接人工成本增加。目前 D 公司生产工人主要采取劳务用工方式，公司除了工资还为员工购买了社会保险，并且向第三方公司支付管理费。然而人工成本的增加并没有为企业带来相应的产量和利润，职工的能力与职工工资水平存在脱节现象。首先，部分岗位工人的操作能力有待提高，洗选厂许多职工是在当地农民工中聘请的，对工艺、设备等都不熟悉，工作效率低，工作难以上手，易出差错。其次，生产线员工的成本管理意识淡薄，认为保持正常生产就算完成了工作，要求其记录钢球等辅助材料的耗用工人们不认真执行，工作积极性不高，这对生产信息的准确性造成了一定影响，这些都有可能造成企业资源浪费

（四）制造费用及期间费用问题及成因分析

制造费用中主要是折旧费高，因为D公司建设期间投资大，固定资产的总额高同时还有大部分闲置资产。

在日常生产中，由于生产设备的磨损较大，因此设备出现问题和故障的可能性较大，所以生产设备的维修费用也是一笔较大的支出。D公司生产车间大部分生产设备使用时间较长，而且缺乏专人管理，平时这些机器设备缺少有效的维护及保养，导致故障维修频繁。当设备出现问题，就会停工检修，严重影响生产任务的完成，同时还会增加维修费用。而产量下降，设备的折旧费用在单位产品成本中的比例会增加，导致产品成本增加。另外，生产设备重新启动时的耗能要高于正常工作时候的消耗水平，这部分成本耗费也会导致生产成本增加。

期间费用中主要是财务费用，用于支付集团公司的长期借款利息和活期利息。

四、D公司成本控制措施

成本控制并不是一味地压缩成本，它是在保证产品质量的同时采用合理的方式对生产过程中实际发生的成本和费用进行控制，杜绝浪费，减少支出，将成本控制在一个合理的水平。通过前面的分析发现，D公司的生产成本还有很大的降低空间。

（一）提高原矿品位

针对D公司这类主要依靠原材料的企业来说，原材料的质量对于生产来说至关重要，原矿的品位越高，质量越好，出粉率越高，单位成本就越低。这就需要我们相关人员要尽量选择品位较高的原矿，这对产量的提高和成本的降低都有重大的意义。而目前公司主要处理的是低品位矿，矿石品位普遍偏低，因此应通过加大对原矿石的检测力度，根据矿石品位合理配矿，提高资源利用率，以提高精矿的产量和效益。

（二）定期维护设备

生产设备的正常运行对我们完成目标产量具有重大影响，设备出现故障不仅会增加维修费用，还需要停机检修，严重影响正常的生产。由于车间许多设备使用年限较长，磨损也较为严重，故障率较高。因此，我们需要设置专人对设备进行维护和检修，定期对设备工作情况进行检查，完善生产设备维修制度，做到实时监控，及时排查问题，养成设备日常维护的好习惯。

（三）减少辅助材料损耗

应通过选矿实验，确定合理的装球量和生产工艺。当球磨机转速达到一定程度的时候，填充率高，钢球对物料的打击次数就越多，磨损也就越快；填充率过高，会改变球磨机钢球的运动状态，减少对大颗粒物料的打击效果；若填充率太小，磨矿效果不佳。球磨机内钢球和物料是点接触，在钢球充填率相同的情况下，如果球径过大，钢球量就会少，破碎概率低，过粉碎现象加剧，产品粒度不均匀；钢球过小，对矿石的破碎作用力小，磨矿效率低。因此，合理的钢球尺寸配比不仅会降低球磨机消耗，还能有效提高磨矿效率。所以必须对磨矿浓度进行可行的测量，可通过控制给矿量、补给水量或调整分级作用等来控制磨矿浓度，从而提高磨矿效率。

（四）合理降低能源消耗

电能在生产成本中占有很大的比例，主要是因为生产设备的运转都离不开电能，电能贯穿于整个生产流程。由此可见，电能的消耗是我们成本控制的重点。根据供电局的规定，工业用电的高峰期电价为 0. 88 元/(千瓦・小时)，中谷期电价为 0. 59 元/(千瓦・小时)，低谷期电价为 0. 29 元/(千瓦・小时)。由此可见，应合理安排生产用电时间，减少高峰期用电，增加低谷期生产强度，利用峰谷的差价节省电费支出。如利用高峰期进行检修，低谷期增加生产时间，加大生产力度。合理规划生产时间，利用工作间隙和空挡完成不同设备的检修，尽量减少停工检修的情况。合理启动设备台数，提高设备作业率、负荷率。

（五）加强团队建设

一方面，企业应当强化全体员工的成本管理意识，营造一种全员参与成本管理的氛围，定期对员工开展成本观念教育学习，增强员工的成本观念。另一方面，要加强对员工的培训与教育，不断提高员工的工作能力。企业不仅要对新入职的员工进行培训，还有对其他员工进行定期培训，学习先进的技术和经验，提高员工的操作技能。

（六）合理利用固定资产

有效的固定资产管理，不仅能够发挥出固定资产的效益，还能降低企业成本，应对 D 公司的所有固定资产进行全面清理，合理利用固定资产，剥离无效资产和闲置资产，对能够重新利用的资产，应积极利用，发挥其价值。

参考文献：

[1] 陈新华. 对当前钢企实施低成本经济运行策略的思考 [J]. 冶金经济与管理，2016 (2).

[2] 刘亚民. 选矿企业生产成本过程控制管理研究 [J]. 财会学习，2018 (13).

[3] 叶景丽. 浅议铁矿企业成本鼓励的创新与思考 [J]. 会计师，2016 (6).

[4] 黎杰虹. 对工业制造业企业成本费用内部控制探讨 [J]. 纳税，2019 (10).

[5] 郭宏群. 工业制造业企业成本费用内部控制 [J]. 财会学习，2019 (7).

[6] 王静. 企业成本控制的若干思考：以工业企业为例 [J]. 中国商论，2019 (13).

[7] 穆希莹. 企业成本控制研究 [J]. 合作经济与科技，2015 (1).

[8] 何洁. 论现代企业成本管控的有效路径 [J]. 企业导报，2015 (1).

[9] 徐丹. 工业企业成本管理存在的问题及对策探析 [J]. 现代商业，2013 (18).

[10] 郝福锦. 新经济下的工业企业成本管理的策略研究 [J]. 科技和产业，2009 (4).

浅析成本控制相关问题及对策探讨

江雨柔

[摘要] 对于现代企业，成本控制是财务管理的重要内容，也是决定企业发展成败的关键因素。本文通过对某工业企业的成本控制分析，阐述了成本控制的重要性，并提出了加强成本控制的相关途径及对策。

[关键词] 成本控制　分析　对策

一、成本控制的定义及重要性

（一）成本控制的概念

成本控制是指企业在一定时期内确定经济成本的管理目标，通过采取有效的措施，在产品的生产过程发生以前，对关于影响企业内部经济成本的要素进行深入研究，并制定相应的调整与控制措施，其主要作用是保障经济成本的管理目标能够推动经济成本管理行为的实现。

（二）成本控制的重要性

就目前的市场经济形势而言，大多数市场都是买方市场，而在每一市场中若干竞争企业生产的又是同质产品。这时企业的成本控制就是企业在竞争中需要重点抓的最关键的因素。

1. 有效的成本控制是提高企业竞争力的必要条件

在保证产品质量的前提下，进行有效的成本控制，可以让企业在同业市场竞争中做到游刃有余，可以控制和主导本行业产品的价格，获得产品价格优势，进而增强企业的竞争力。也就是说如果企业的成本比竞争对手更具有优势，那么企业就可以运用低价竞争手段，扩大市场占有率，进而增加生产量，取得规模效应，占领市场，获得更多的经济效益。

2. 有效的成本控制是企业适应现代经济发展的需要

在市场经济的大环境下，企业要获得持续发展，就需要通过多途径寻求合作，解决资金、技术、人力资源等问题，企业的财务管理工作也要严格按照规范标准开展。而成本控制管理作为财务管理工作的重要环节，按照规范控制各种成本的支出，控制相关成本，可使工业企业在市场竞争中获得优势，促进企业良性发展。

3. 有效的成本控制，是改进企业经营管理，完善经济责任的重要途径

成本控制的一个重要的方面就是需要建立成本控制中心，严格划分经济责任，也就是将成本控制目标细化到每一个部门、车间、班组甚至个人，明确每一责任人应该承担的成本控制责任。这样通过对各个成本控制目标的责任考核与评价，促使企业提高经营管理水平，完善企业的成本控制制度。

二、成本控制与企业内部之间的关系

（一）成本控制的对象

工业企业成本控制的核算对象大致可以分为以下几类：

（1）综合部门。综合部门主要负责企业行政事务费、办公事务费、业务招待费等，以及编制职工工资及福利费发放等日常开支的控制管理工作。

（2）生产管理部门。生产管理部门处于企业经营管理过程的最基层，负责生产、修理固定资产购置预算、办理固定资产形固；负责运输费用、能源消耗与日常开支的控制管理；负责安措（环措）费用、劳动保护费预算及日常开支的控制管理等等与生产相关的基础管理工作。

（3）销售管理部门。销售管理部门负责企业销售预算、物资采购预算、存货预算；负责货款支付计划填报；负责物资采购挂账管理；物资盘点管理；负责清欠管理等工作。

（4）财务部。财务部负责公司整体预算，同时根据下达的预算细化分解目标，对各部门执行情况进行收集、分析；根据公司的生产经营情况对成本费用进行科学的核算和管理；对费用开支进行正确的计算和账务处理；负责财务预测、经济活动分析和财务监督等一系列财务管理工作。

（5）各下属部门。负责对企业下达的成本费用指标进行细化分解到班组和岗位，并进行日常控制、分析；负责对部门的费用进行审核，保证真实性；对所管物资“收、发、存”安全性及真实性负责。因此，在企业运行的过程中，成本具有普遍性，无处不发生，无时不发生，成本控制需要全员共同努力。

（二）成本控制与各部门的关系

企业的决策层决定和影响着企业成本形成的基础条件；供应、销售部门人员的活动影响着材料物资的采购成本和产品销售费用水平；工程技术研究人员和生产工人影响着产品的设计和生产成本的耗费水平。也就是说，成本控制贯穿整个企业运

行的每一环节，成本控制与企业各部门相辅相成，密不可分。相关的职能部门都需要树立成本控制意识，明确本职工作与成本之间的内在联系，保证每一部分成本控制目标的实现。

三、某工业企业成本控制内容的现状分析

通过以上对成本控制的介绍，不难看出成本控制的内容非常广泛，但是，这并不意味着事无巨细地平均地使用力量，有效的成本控制应该有计划有重点地区别对待，而各行各业又有着不同的控制重点。成本控制一般可从成本费用分类出发。

按成本费用的构成分析。成本费用泛指企业在生产经营过程中所发生的各种资金耗费。某工业企业成本费用的构成可大致分为原材料成本、制造费用、期间费用等各项管理费用。

（一）原材料成本

某工业企业是典型的制造型工业企业，在这样的企业中，原材料费用占了总成本的很大比重，一般为60%以上，高的可达90%，是成本控制的主要对象。某工业企业原材料成本占了企业总成本的大部分，2016—2018年原材料成本依次约占总成本的82.41%、80.72%、79.16%。由此可见原材料成本是制造型工业企业中一个极为重要的部分，要降低生产产品的总成本，很大程度上是取决于对材料成本的控制。

（1）从原主材料分析。某工业企业下设有三个分厂，每个分厂产品对于原主材料的消耗和控制都是不一样的。①A厂产品主要是利用二次资源进行加料生产，同时A厂产品相对于其他分厂来说，产量比较大，原材料的消耗则相对更多，这样则需要通过优化生产配方，合理的生产工艺配比添加资源，达到节约原主材料消耗的目的；②B厂产品品种较多，所需原材料品种较多，但实际原材料的损耗数量较小，只是各个原材料的价格不一，那么则需要在不影响产品质量的前提下，通过科技创新，合理地利用资源或者利用价格低的原材料去替代价格高的原材料从而减少原材料成本；③C厂产品主要在于控制其产品成材率，成材率一是要控制原材料的采购质量，原材料的杂质较少，那么损耗则小；二是决定于现场员工的操作及对生产设备的维护，员工操作水平高，保证设备的正常维护，则能在一定程度上节约原材料，成材率高。

（2）从辅料配件分析。某工业企业作为典型的生产型企业，每月辅料配件的消耗相对比较大，且比较稳定，只能从细节上去把控，比如定期对大型生产设备进行维护和保养，严格控制辅料配件的领耗、定额消耗等，及时的回收可利用的资源，如及时回收包装袋、包装箱等，积少成多，减少辅料浪费。

（3）从能源消耗分析。某工业企业的能耗主要有水、电、煤气几种能耗。其每月能耗中电耗是相对比较固定的，从中可找到节约的渠道，比如 B 厂主要能耗为电，而电的价格存在价差，白天价格高，晚上价格较低，B 厂就采取了错峰生产的措施，以此达到降低能耗的目的。

（二）制造费用

制造费用是用来归集和分配企业为生产产品和提供劳务而发生的各项间接费用，一般由变动制造费用和固定制造费用组成。

2018 年某工业企业制造费用总额 1 767.87 万元，其中固定制造费用约占制造费用总额的 34.8%，变动制造费用约占制造费用总额的 65.2%。固定制造费用主要为工人工资及福利费、折旧费等，相对固定，由此可以从控制变动制造费用入手来控制制造费用。比如运费，该企业目前需要租用车辆，那么在现有车辆能满足生产的需要的情况下，尽量去减少外租车辆；委托加工费，应观察客户方与企业方的结算加工价格的变动，及时调整加工费、租赁费，及时清退不需用的租赁项目。

（三）期间费用

企业的期间费用包括工资费用、管理费用、销售费用、财务费用。一家企业在管理运行的过程中，所涉及的开支项目是非常多的，这也是企业成本控制中不可忽视的内容。

某工业企业期间费用中所涉及的固定费用主要包括员工的工资福利费、折旧等费用，2018 年较 2017 年上升了 5.16%，上升幅度并不大，主要原因有员工工资增加、新增入固的固定资产等原因。其他变动费用中上升幅度较大的是修理费、办公费、水电气费、业务招待费等费用。修理费的增长主要是由于机械修理费增长较大，办公费增长是因为加强管理而增加了管理费用，而这几项费用的增长与市场环境、物价等因素也有极大的关系。综上所述，企业的固定费用在一定时期内是比较固定的，不易发生改变，而变动费用则灵活性较大，所以应重点在变动费用上加强管控，则能节约企业的费用支出。

四、完善企业成本控制管理工作的对策

（一）全员参与

企业的成本管理贯穿企业经营的始终，贯穿企业各业务环节，从企业负责人到每一个普通的员工对企业的成本管理都负有相应的责任，因此各部门、全体员工都应该积极主动地参与企业的成本控制。

（1）根据经营目标，将成本目标落实到各个层面。根据企业确定的经营目标，并结合各业务板块的实际情况，倒推分解，下达各部门、车间的具体目标。各部

门、各工作人员应相互配合，相互作用，共同完成各自的成本控制目标。

（2）充分调动员工积极性，确保成本控制有效进行。企业可以建立“人人节约，人人有奖”的激励机制。首先，结合成本控制目标的量化目标和要求，完善绩效评估制度；其次，完善收入分配制度，加强组织激励，确保成本控制有效开展；最后，可以建立“成本控制”奖励基金，加强对团队、个人的激励，调动全体员工的积极性。

（3）提高员工的整体素质，培养全员的成本意识。树立职工的成本意识、企业主人翁地位意识，增强员工的工作态度和责任感等。人们的主观能动性具有巨大的潜力，对其加以重视和发掘，可以有效地降低成本。让企业的每个员工都关心成本，形成一种良好的降低成本的全员机制。

（二）降低采购成本

如何降低采购成本？这是每个企业采购时都必须思考的问题。那么该如何降低采购成本呢?

（1）采取询价、议价、招投标方式采购。采购价格较低、较常见的原料时，可以采取询价议价方式，可选择采购价格最低者；而采购价格偏高的原料时，则可以采用招投标的方式采购，“公开、公平、公正”地让众多投标人进行公平竞争，以最低或较低的价格获得最优的货物，同时还可以对采购过程起到监督作用。

（2）选择与信任的供应商建立长期有效的渠道合作。判断一个好的供应商主要从其质量、价格、服务等多方面考虑，然后可以建立一个供应商评分制度，增加透明度，节约采购费用，严格遵循先款后货的原则，选择适合自己的供应商，为企业长期采购奠定基础。

（3）有效控制采购库存。库存不会产生任何的附加价值，它不仅占用了空间、占用资金，同时库存的物资还会腐蚀、变质，会造成浪费并增加生产成本。因此采购人员在采购的过程中，要考虑到生产线“停产、转产”的风险及积压物资的风险，这样无形中就控制了企业的采购费用。

（三）加强生产过程管理

大部分的成本控制目标能否实现和生产过程阶段的成本控制活动紧密相关，这对成本控制效果将起着决定性作用，对该阶段的成本必须严格控制，避免不必要的损耗。

（1）制定合理的成本目标。结合企业的实际情况，稳健地进行目标成本管理。在产品的制造过程中，按照事先制定的标准严格加以监督，发现问题及时地找出原因并加以解决。

（2）加强车间工作人员的管理。车间的工作人员要严格按照生产工艺要求进行操作，实行首批产品检查制度，防止批量产品报废，从而减少损失；生产的调度人员要控制生产批量，合理投料，监督产品质量标准的执行。

（3）加强材料员的监督工作。车间材料员要按规定的品种、规格等实行限额发料，监督领料、补料等制度的执行，对车间材料等费用进行实时控制，严格完成台账登记制度，追踪物资材料消耗，发现问题及时找出原因，并向有关部门反映或提出改进措施。

（四）控制费用开支

一般企业中的费用开支标准指的是计划或预算中有关的费用开支标准，但是不仅仅是指从数字上控制费用，在不得突破预算指标标准的同时，还需要严格把控各项费用支出，如：

（1）加强对产品生产设备的检修管理。设备的维修费属于生产型企业必不可少的费用支出，要想将维修的费用保持在一个合理的水平，就要企业和维修人员严格遵循设备运行的客观规律，有规律地进行设备检修维护，包括对不使用的设备也要进行有规律性地抽检，掌握最佳的修理时间，严格设备管理，提高设备的综合使用效率，从而进一步降低设备维修费用。

（2）严格控制办公费用的开支。对办公费，按定员定额控制，超支不再增发。办公用品由办公室统一采购发放，购买时应货比三家，选择质优低价者；严格控制业务印刷等费用，尽量按节约的精神办理。这样积少成多，也可为企业也节约一笔费用。

综上所述，可以肯定的是，对某工业企业成本管理控制的加强，无疑是使企业以相对较少的耗费来取得收益的有效方法。对该企业的成本进行管理控制，一方面可以让企业的利润乃至该企业内部员工的利益得到保证；另一方面还可以全面提高该公司的市场竞争力，实现企业利益和市场竞争力的双赢。

参考文献：

[1] 张惠林. 会计内部控制的理论发展 [J]. 山西财经大学学报. 2002 (S1).

[2] 罗绍德，张珊. 成本会计 [M]. 广州：暨南大学出版社，2006.

[3] 乐艳芬. 试谈现代企业成本管理的变革 [J]. 上海会计，1999 (10).

[4] 焦跃华，袁 天. 论成本控制目标 [J]. 财务与会计，2000 (5).

[5] 戈飞平. 成本管理观念的更新与成本控制新思路 [J]. 上海会计，1999 (7).

政府会计制度下高校科研项目间接费用会计核算的分析与探讨

胥明琼

[摘要] 2019 年 1 月 1 日起，财政部规定全国所有行政事业单位开始全面施行新的政府会计制度。政府会计制度涉及面广，技术性强、政策性强，目前很多具体实施细则和业务处理还在完善中。对所有行政事业单位而言，这是一项重大的改革和挑战。高校作为我国科技创新和科研成果转化的重要基地，对国家科技事业发展有着巨大的贡献。2018 年《高等学校科技经费统计汇编》调查结果显示，全国有 256 所高校科研经费超过 1 亿元，若按 5%的计提比例粗略估算，1 亿元科研经费可提取 500 万元的科研间接费用，这对高校科研事业发展来说是一笔不小的资金。因此，科学、规范地对高校科研项目间接费用进行会计核算，加强该项资金的财务管理，提高资金使用效率和透明度有着重要的现实意义。笔者根据自身多年的高校科研经费会计核算工作经验，结合国家科研经费管理政策和政府会计制度下的高校科研项目间接费用管理现状，对该项费用财务管理和会计核算进行思考和探讨，希望为完善政府会计制度和优化科研项目间接费用管理提供参考。

[关键词] 政府会计　高校科研项目　间接费用　会计核算

一、高校科研项目间接费用管理现状

（一）科研项目间接费用

根据资金来源不同，高校科研项目一般分为纵向项目、横向项目、校资助项目三类。纵向项目是指学校经各级政府部门批准立项，由中央财政或地方财政拨款的科研资助经费和科研项目经费。横向项目是指高校在校教职工作为项目负责人，学校作为法人单位与各企（事）业单位以市场委托方式签订的技术开发、服务、咨询、转让等科研项目。校资助项目是指由学校拨付经费支持各类科学研究的科研项目以及上级部门文件要求配套的项目。

科研项目资金按照开支范围分为直接费用和间接费用。直接费用是指在项目研究过程中发生的与之直接相关的费用；间接费用是指责任单位在组织实施项目过程中发生的无法在直接费用中列支的相关费用。《国家自然科学基金资助项目资金管理办法》《国家社会科学基金项目资金管理办法》对科研项目间接费用的概念做了明确说明，文件中对间接费用的界定基本一致。科研项目间接费用主要用于补偿责任单位为项目研究提供的现有仪器设备及房屋、水、电、气、暖消耗等间接成本，有关管理费用，以及激励科研人员的绩效支出等。

科研项目间接费用不得重复提取，根据学科特点，实行总额控制。纵向科研项目间接经费的管理和使用执行国家和立项部门的相关规定；横向科研项目间接经费的管理和使用在不违反国家相关规定的前提下，按照项目合同或协议执行。校资助项目一般只有直接费用，不设间接费用。

（二）政府会计制度下高校科研项目间接费用会计处理完善过程

2019 年 1 月 1 日实行的《政府会计制度——行政事业单位会计科目和报表》（以下简称《政府会计科目和报表》）中指出，“事业单位按规定从科研项目收入中提取项目间接费用或管理费”，通过“预提费用”科目进行核算，在该科目下设置“间接费用或管理费”明细科目，进行明细核算，借记“单位管理费科目”；预算会计通过“非财政拨款结转”科目进行科研项目支出预算控制，贷记“非财政拨款结余”进行资金归集。

财政部在《关于高等学校执行〈政府会计制度——行政事业单位会计科目和报表〉的补充规定》提出，高等学校按规定从科研项目收入中计提项目间接费用或管理费时，除按新制度规定借记“单位管理费用”科目外，也可以根据实际情况借记“业务活动费”等科目，并增加了高校使用计提的项目间接费用或管理费购买固定资产、无形资产的会计核算。这样，科研项目间接费用的财务核算就更加规范、严谨和完善。

2020 年 1 月 1 日执行的《政府会计准则制度解释第 2 号》补充了“关于从财政科研项目中计提项目间接费用或管理费的账务处理”。因此，高校科研间接费用根据项目资金性质不同，会计核算也存在不同：自有资金科研项目间接费用会计核算按照《关于高等学校执行〈政府会计制度——行政事业单位会计科目和报表〉的补充规定》进行处理；财政平台资金科研项目按照《政府会计准则制度解释第 2 号》（财会〔2019〕24 号）进行处理，具体会计处理如表 1 所示。

表 1　政府会计制度下科研项目间接费用会计核算完善过程

序号	政策依据	施行时间	业务阶段	账务处理	
				财务会计	预算会计
1	《政府会计制度——行政事业单位会计科目和报表》	2019 年 1 月 1 日	按规定计提项目间接费用或管理费时	借：单位管理费用 贷：预提费用——项目间接费用或管理费	借：非财政拨款结转——项目间接费用或管理费 贷：非财政拨款结余——项目间接费用或管理费
			实际使用计提的项目间接费用或管理费时	借：预提费用——项目间接费用或管理费 贷：银行存款等	借：事业支出等 贷：资金结存
2	《关于高等学校执行〈政府会计制度——行政事业单位会计科目和报表〉的补充规定》	2019 年 1 月 1 日	按规定计提项目间接费用或管理费时	借：单位管理费用/业务活动费 贷：预提费用——项目间接费用或管理费	借：非财政拨款结转——项目间接费用或管理费 贷：非财政拨款结余——项目间接费用或管理费
			实际使用计提的项目间接费用或管理费时	（1）支付费用 借：预提费用——项目间接费用或管理费 贷：银行存款等 （2）购买资产 借：固定资产/无形资产 贷：银行存款等 同时： 借：预提费用——项目间接费用或管理费 贷：累积盈余	借：事业支出等 贷：资金结存
3	《政府会计准则制度解释第 2 号》（财会〔2019〕24 号）——关于从财政科研项目中计提项目间接费用或管理费的账务处理	2020 年 1 月 1 日	按规定计提项目间接费用或管理费时	借：单位管理费用/业务活动费 贷：预提费用——项目间接费用或管理费	不做处理
			按规定将计提的项目间接费用或管理费从本单位零余额账户划转到实有资金账户时	借：银行存款 贷：零余额账户用款额度	借：资金结存——货币资金 贷：资金结存——零余额账户用款额度
			实际使用计提的项目间接费用或管理费时	（1）支付费用 借：预提费用——项目间接费用或管理费 贷：银行存款/零余额账户用款额度/财政拨款收入等 （2）购买资产 借：固定资产/无形资产 贷：银行存款/零余额账户用款额度/财政拨款收入等 同时： 借：预提费用——项目间接费用或管理费 贷：累积盈余	借：事业支出等 贷：资金结存/财政拨款预算收入

二、对政府会计制度下科研项目间接费用会计核算的认识和思考

（一）财政科研项目间接费用计提时未作预算会计无法进行预算控制

由于科研管理费和仪器设备及房屋，水、电、气、暖消耗一般用于补偿学校科研条件建设和有关的管理支出，以及弥补为项目研究提供的房屋、设备磨损折旧，项目研究过程中水电燃料等消耗，很多费用不能从项目中以货币资金的方式支出，无法在实际执行中形成一一对应的货币支付，因此，科研间接费用计提时很难在预算会计中确认预算支出。《政府会计准则制度解释第 2 号》中规定，财政科研项目在计提科研间接费用时，预算会计未作处理，造成科研预算项目中显示该项资金未相应减少，财务人员无法区分该项费用是否计提，容易导致漏提或重提，不利于科研项目经费收支管理与统计。

（二）制度中“项目间接费用或管理费”语言表述与科研经费管理文件描述存在差别

从前面关于科研项目间接费用的定义及内容可以得出，目前间接费用主要包括“绩效支出”“仪器设备及房屋，水、电、气、暖消耗”“管理费”三项，表明科研间接费用开支范围中可列支单位提供科研管理相关支出，也就是说科研管理费是科研间接费用的组成部分。而《政府会计科目和报表》中提出，应当在“预提费用”下设置“项目间接费用或管理费”明细科目核算单位提取的项目间接费用或管理费。按照字面理解，“项目间接费用或管理费”说明二者是并列关系而非隶属关系，与上文提到的国家关于科研经费管理的文件中对科研项目间接费用和管理费的关系描述存在出入，实务操作时容易产生误解。

（三）科研项目间接费用通过“预提费用”科目进行会计核算存在不妥

国家自然和社会科学项目资金管理办法中均提出：间接费用是对责任单位的一种补偿，按照到校科研收入的一定比例核定，由单位统筹管理和使用。因此，科研项目间接费用是科研收入的一部分，该部分资金计提后由单位统一管理，并运用于“绩效支出”“仪器设备及房屋，水、电、气、暖消耗”“管理费”等方面。其实质是这部分科研收入转化为单位的专项收入。

根据政府会计制度相关规定，“预提费用核算单位预先提取的已经发生但尚未支付的费用，如预提租金费用等”，其预提租金费用核算的金额和依据都非常明确，按照合同或协议支付后一般没有余额，而科研间接费用提取后通过“预提费用”科目归集，实际支付时再从该科目转出，不同于预提租金费用。一方面，支出的经费不再按照实际的具体用途和资金性质进行明细核算，导致财务报告中无法体现该部分资金支出内容，影响财务信息的准确性和可比性；另一方面，由于科研

项目研究周期通常超过一年，当年计提的间接费用不可能完全列支，未列支部分余额期末仍然留在“预提费用”贷方，这会导致单位流动负债增加，造成财务报告信息失真。

（四）科研项目间接费用与直接费用合并拨款不利于间接费用专项核算和管理

在现行的科研项目经费管理体制下，经费拨付单位一般将间接费用和直接费用合并拨付，项目依托单位收到款项后，一并作为科研收入进行财务核算，项目负责人作为项目资金使用的直接责任人，根据项目研究需要和资金开支范围编制预算。间接费用作为科研收入，一并由项目负责人编制预算，势必对依托单位统筹安排间接费用资金造成影响。有的高校“重计提，轻使用”，缺乏科学规范的间接费用管理机制，仅通过“预提费用”科目归集和使用间接费用，在使用该项经费时简单、随意，资金使用透明度和财务监管力度大大降低。长此以往，这种管理模式可能会给高校带来一定的财务风险和内控风险。

三、关于加强科研间接费用财务管理的探讨和建议

（一）进一步完善和优化政府会计制度中“预提费用”有关内容

将政府会计制度中的“项目间接费用或管理费”改为“项目间接费用”；将《政府会计科目和报表》中关于“预提费用”的使用说明：“应当在本科目下设置‘项目间接费用或管理费’明细科目”，改为“应当在本科目下设置‘项目间接费用’二级明细科目。单位可根据实际情况，设置绩效支出、仪器设备及房屋，水、电、气、暖消耗、管理费等三级明细科目。”这样使得制度中的表述与国家科研管理办法保持一致，同时实现间接费用明细核算和资金精细化管理的需要。

（二）结合科研经费管理办法，探索与高校科研事业发展相适宜的间接费用会计核算模式

高校科研管理费的相关会计核算，不仅要符合政府会计制度的总体要求，也应当满足国家对科研项目经费管理的需要。科研间接费用是为了补偿责任单位为项目研究提供的相关支出，其实质是科研项目收入转变成了单位的事业专项收入，提取后由单位统筹管理和使用，其资金性质也发生了改变。建议科研经费到校完成预算编制后，通过收入科目将科研项目中间接费用资金转入学校事业专项，然后根据学校间接费用管理制度，从间接费用专项中列支学校为科研项目研究提供的管理支出，房屋、设备磨损折旧和水电燃料消耗，以及科研绩效支出等。

间接费用资金划拨会计核算：

（1）自有资金科研项目。财务会计：借记“事业收入——事业科研收入”科目，贷记“事业收入——事业项目收入”科目。预算会计：借记“事业预算收入——

事业科研收入（××科研项目间接费用）”科目，贷记“事业预算收入——事业项目收入（学校科研项目间接费用专项）”科目。

（2）财政资金科研项目。财务会计：借记“财政拨款收入——财政科研收入”科目，贷记“事业收入——事业项目收入”科目。预算会计：借记“财政拨款预算收入——财政拨款科研项目收入（××科研项目间接费用）”科目，贷记“事业预算收入——事业项目收入（学校科研项目间接费用专项）”科目。同时，将财政科研项目间接费用资金从零余额账户划转到自有资金账户。财务会计借记“银行存款”科目，贷记“零余额账户用款额度”科目；预算会计借记“资金结存——货币资金”科目，贷记“资金结存——零余额账户用款额度”科目。

（三）完善间接费用补偿机制，加强高校科研项目间接成本核算

国家有关科研部门应当会同财政部门建立科研项目经费财务管理联动机制，预防产生项目管理与经费管理“脱节”现象。建议科研项目直接费用与间接费用分开拨付，直接费用由项目负责人分配使用，间接费用由责任单位统筹安排。针对目前高校对间接费用“重提取，轻使用”，对科研项目成本结算介入不深的问题，建议高校应当按照“谁使用、谁承担”的原则，加强科研项目间接成本归集与核算，对间接费用进行专项管理，及时补偿学校科研项目研究对学校房屋、仪器设备、水电气暖消耗等方面的支出，减少科研对学校事业发展经费的占用。

（四）建立健全间接费用专项管理制度，促进高校科研事业发展

国家自然科学、社会科学对科研间接费用的管理总体要求，“间接费用核定应当与责任单位信用等级挂钩，具体管理规定另行制定。间接费用由责任单位统筹管理使用”，并没有出台具体的政策规定。高校应加强科研项目间接费用管理，制定与学校科研发展相适宜的间接费用管理制度，建立科研项目间接费用专项，加强该项资金财务监管，提高资金使用效率，促进学校科研事业发展和科技成果转化。

四、结语

新的政府会计制度实行时间尚短，目前很多业务还是框架和思路，需要不断地探索、修订和完善。由于各高校的业务不尽相同，面临的实际问题也有所不同，对政策的理解和把握也难免存在差异。在以后的执行中，各高校要加强交流和学习，遇到问题及时向主管部门沟通反馈，不断改进和完善，让政府会计制度的实施更加严谨和规范。

参考文献：

[1] 财政部. 政府会计制度：行政事业单位会计科目和报表［Z］. 2017.

[2] 财政部. 关于高等学校执行《政府会计制度——行政事业单位会计科目和报表》的补充规定［Z］. 2018.

[3] 财政部. 政府会计准则制度解释第 2 号（财会〔2019〕24 号）［Z］. 2019.

[4]《国家自然科学基金资助项目资金管理办法》［Z］.

[5]《国家社会科学基金项目资金管理办法》［Z］.

[6] 马德秀. 完善科研项目间接费用制度　激发科研人员积极性［J］. 中国科技产业，2016（3）：54-55.